C de C1

Rosana Acquaroni
José Amenós
Virginia González
Pedro Gras
Josefina Simkievich
Carmen Soriano
Iñaki Tarrés

Curso de español de nivel superior

difusión

C de C1

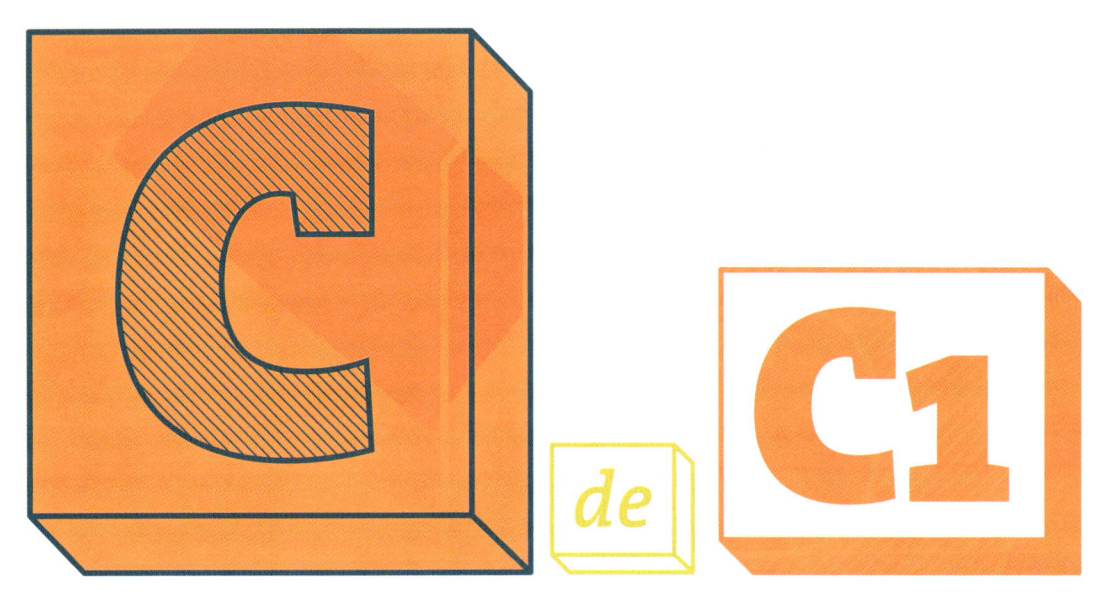

Curso de español de nivel superior

Rosana Acquaroni
José Amenós
Virginia González
Pedro Gras
Josefina Simkievich
Carmen Soriano
Iñaki Tarrés

Coordinación pedagógica
Agustín Garmendia, Pablo Garrido

Coordinación editorial y redacción
Agnès Berja, Laia Sant

Documentación audiovisual
Roberto Castón

Diseño
Laia Guarro, Besada+Cukar

Maquetación
Samanta Barés

Ilustraciones
David Buisán (pág. 166), Roger Pibernat (págs. 11 y 106)

Corrección
Marta Martínez Falcón

Locuciones: Olatz Larrea, Cecilia Simkievich, Josefina Simkievich

Agradecimientos
Àngels Aymar, Núria Murillo, Marie Rivière, Ernesto Rodríguez, Neus Sans, Clara Serfaty

© Los autores y Difusión, S.L. Barcelona 2017
ISBN: 978-84-16273-48-5
ISBN edición híbrida: 978-84-19236-38-8
Reimpresión: mayo 2022
Impreso en la UE

Queda prohibida cualquier forma de reproducción, distribución, comunicación pública y transformación de esta obra sin contar con la autorización de los titulares de la propiedad intelectual. La infracción de los derechos mencionados puede ser constitutiva de delito contra la propiedad intelectual (arts. 270 y ss. Código Penal).

difusión
Centro de Investigación y Publicaciones de Idiomas, S. L.

C/ Trafalgar, 10, entlo. 1ª
08010 Barcelona
Tel. (+34) 93 268 03 00
Fax (+34) 93 310 33 40
editorial@difusion.com

www.difusion.com

MIXTO
Papel procedente de fuentes responsables
FSC® C125125

Fotografías

A de aprendizaje ▸ pág. 12 Feng Yu/Dreamstime, pág. 13 Scanrail/Fotolia, Olaru Radian/Fotolia, pág. 14 www.vueling.com, pág. 15 George Dolgikh/Fotolia, pág. 18 www.casadellibro.com **A de arte** ▸ pág. 21 www.blogs.ua.es, www.elcruasandeaudrey.blogspot.com.es, www.truck-art-project.com, www.museo.abc.es, www.masdearte.com, pág. 22 Claire Morgan/www.perezartsplastiques.com, Anya Gallaccio/ www.lehmannmaupin.com, Céleste Boursier-Mougenot/ www.totalinspiration.blogspot.com.es, Gerda Steiner y Jorg Lenzlinger's/www.10-15saturday-night.blogspot.com.es, Chiharu Shiota/www.bucurestiinnoapte.ro, pág. 23 Chiharu Shiota/www.galleriesnow.net, Anya Gallaccio/www.blumandpoe.com, rivetti6/Fotolia, 2happy/Stockvault, pág. 24 Hugo Félix/Fotolia, Christo & Jeanne Claude, www.architen.com /Iwan Baan, pág. 27 Isabel Tallos/www.composicionnumero1.blogspot.com.es, Rafa Macarrón/www.nosoydignodetuamor.blogspot.com.es, pág. 28 Antoni Tàpies/www.tiempodehoy.com, Diego Velázquez/www.it.wikipedia.org, JMJVicente/RGBStock, Freeimages/jorge vicente pág. 29 Raoul Hausmann/www.laurenmortonart.blogspot.com.es, Edward Hopper/www.museothyssen.org, El Bosco/www.elespanol.com, pág. 30 Francis Bacon/www.almanzarbatalla.blogspot.com.es, Syda Productions/Dreamstime, Lita Cabellut/www.kaifineart.com **C de consumo** ▸ pág. 35 iconica.es, Kamigami/Dreamstime, www.distribucionactualidad.com, www.eucerin.es, pág. 39 www.eucerin.es, m.groupon.hk, unisima.com **D de datos** ▸ pág. 41 www.wikipedia.es, pág. 43 Picsfive/Dreamstime, Sergey Ishkov/Dreamstime, pág. 47 Jason Stitt/Dreamstime, pág. 48 Obama Asher Lane para Vector.net, pág. 49 ordenador, Editorial/Gettyimages, Barbara Kruguer/*New York* Magazine, Editorial/Gettyimages, pág. 50 Anton Skavronskiy/Dreamstime **D de discurso** ▸ pág. 51 www.biography.com, www.es.wikipedia.org, www.history.com, www.en.wikipedia.org, www.feelgrafix.com, Syda Productions/Dreamstime, pág. 52 www.rtve.es, www.bustle.com, pág. 53 www.nobelprize.org, www.kissfm.es, www.natesanders.com, www.ontd-deductions.livejournal.com, michaelheim/Fotolia, pág. 55 www.restauraniza.com, www.foodieandchef, www.destemperados.com.br7, pág. 56 Freeimages.com/manty, pág. 57 www.utero.pe, pág. 58 Feng Yu/Dreamstime, pág. 59 www.elconfidencial.com, Freezingpictures/Dreamstime, siraanawong/Fotolia, www.rtve.es, pág. 60 www.barcelonaolimpica.net, www.elperiodico.com **E de emociones** ▸ pág. 61 www.hughknapp.com, www.espana-diario.es, www.caminoaponiente.wordpress.com, www.lasexta.com, www.delplaneta.com.ar, www.memegen.es, www.verdadescomomuros.wordpress.com, www.hadock.es, pág. 62 www.apuntesderabona.com, pág. 63 Chris Wang/Gettyimages, pág. 64 Asten/Flickr, pág. 66 vvvita/Istockphoto, pág. 69 www.emol.com, www.amazon.es, www.casadellibro.com, www.albertespinosa.com **F de fronteras** ▸ pág. 71 www.racismoinfantil.files.wordpress.com, pág. 72 www.popularlibros.com, pág. 74 WavebreakMediaMicro/Fotolia, pág. 75 www.sensacine.com, www.imediagala.com, pág. 79 www.sensacine.com **H de horarios** ▸ pág. 81 Christian Schnettelker/Flickr, juli/Flickr, pág. 82 Krzysztof Nahlik/Dreamstime, pág. 84 Ana Blazic/Dreamstime, pág. 85 Photoshow/Dreamstime, pág. 86 Andrey Popov/Dreamstime, pág. 87 olly/Fotolia, pág. 89 www.horariosenespana.com, pág. 90 www.krismeiconversaconmigo.blogspot.com.es, Doy luz, por reflejar/Flickr **I de identidad** ▸ pág. 93 Patryk Kosmider/Dreamstime.com, Agnès Berja, Agnès Berja, pág. 94 www.economiza.com, La Fabrika Pixel S.l./Dreamstime.com, pág. 96 Freeimages/Justin Schott/Jose Conejo Saenz/Ilona Kuusel, pág. 97 italiano, pág. 99 www.100photos.time.com, pág. 100 denisismagilov **M de memoria** ▸ pág. 101 www.pixar.wikia.com, www.iamag.com, www.papelenblanco.com, www.rayman2000.deviantart.com, www.viralscape.com, www.guioteca.com, www.gamespot.com, www.wikipedia.org, pág. 102 www.sensacine.com, pág. 103 www.rosariocine.com.ar, pág. 105 www.radiosefarad.com, www.generacionjudia.wordpress.com, pág. 108 www.delimaalahabana.wordpress.com, Gitanna/Dreamstime **M de mujeres** ▸ pág. 112 Jordi Angrill, pág. 113 Jordi Angrill, pág. 114 J. Howard Miller/Wikimedia Commons, pág. 116 sebra/Fotolia, pág. 117 Aleutie/Dreamstime, pág. 118 www.adoptauntio.es, pág. 119 www.adoptauntio.es **N de naturaleza** ▸ pág. 121 Emmanouil Pavlis/Dreamstime, Studio M/Fotolia, Yves/Fotolia, Diman Oshchepkov/Dreamstime, Mahroch/Dreamstime, FatCamera/Gettyimages, pág. 122 Tanguy de Saint Cyr/Fotolia, pág. 123 Andresr/Dreamstime, pág. 124 Sergei Popov/Dreamstime, Grempz/Flickr, Tony Babcock/Flickr, Deb Snelson/Gettyimages, pág. 125 www.aire.cdmx.gob.mx, pág. 126 Glougass/Dreamstime, pág. 127 Jeka33/Dreamstime, pág. 128 Stockvault/Shi Yali, pág. 129 www.nobelprize.org, www.nobelprize.org, www.nobelprize.org, www.greenpeace.org, www.greenpeace.org **O de orígenes** ▸ pág. 132 www.fotogramas.es, pág. 133 Godsandkings/Dreamstime, Hanhanpeggy/Dreamstime, pág. 134 iceteaimages/Fotolia, pág. 136 OK Apartment/Flickr, pág. 137 Robert Gormley/Free Images, Eva Schuster/Free Images, maripepa m/Free Images, optitech/Free Images, pág. 138, pág. 139 copsadmirer/Flickr, Nuria Rius/Flickr, copsadmirer/Flickr, pág. 140 Tom Wang/Dreamstime **R de red** ▸ pág. 142 Filipa Gonçalves Ribeiro/Flickr, Renars/Flickr, Agnès Berja, gstockstudio/Fotolia, archangeldeb/Flickr, Syda Productions/Dreamstime, ClickFlashPhotos/Nicki Varkevisser/Flickr, Agnès Berja, Agnès Berja, Scrabble2/Dreamstime, Agnès Berja, Konradbak/Fotolia, Agnès Berja, André Hofmeister/Flickr, Lussoadv/Dreamstime, Thomas Hawk/Flickr, pág. 143 www.jewishbusinessnews.com, www.planetajavo.wordpress.com, pág. 146 Paul Hakimata/Fotolia, pág. 147 Christos Georghiou/Fotolia, pág. 149 Mathew Hayward/Dreamstime, pág. 150 maxaru/Fotolia, maxaru/Fotolia **S de seducción** ▸ pág 151 pág. Tangducminh/Dreamstime, pág. 152 www.pinterest.es, www.fotoseimagenes.net, www.revistafemmecolombia.com, pág. 153 www.biography.com, www.biography.com, pág. 156 Stefan Schmidt/Flickr, www.masclaroagua.blogspot.com.es, pág. 159 www.ocio.net, www.loscochesdefur.blogspot.com.es, pág. 160 www.elindependiente.com, www.mensstyle.com.au, www.biography.com, www.wallpapercrave.com, www.marieclaire.fr **T de tecnología** ▸ pág. 162 www.statisticalissues.wordpress.com, pág. 163 Phil Date/Dreamstime, pág. 164 Óscar García Ortega, pág. 165 Andrey Grechishkin/Dreamstime, Prapass/Dreamstime, Aleksandr Ugorenkov/Dreamstime, www.computerhistory.org, pág. 166 www.pinterest.es/revista *Penny*, maquinasdecoseryrefacciones.com, pág. 167 JackF/Fotolia, Evert F. Baumgardner/Wikimedia Commons/National Archives and Records Administration, Metro-Goldwyn-Mayer/Wikimedia Commons, www.historymuseum.ca, www.houseofrubi.wordpress.com, pág. 168 Jesús Llaría/*Jot down*, Feng Yu/Istockphoto, pág. 169 Paweł Kuczynski/theinspirationgrid.com, www.articulo.mercadolibre.com.ar

¿Cómo son las unidades de **C de C1**?

SECCIÓN A | ENTRAR EN EL TEMA

Página de entrada con actividades para activar los conocimientos previos de los estudiantes (en especial temáticos y léxicos) e introducir el tema de la unidad.

Prepárate en casa

→ 🏠💻 *¿Qué sabes?*

Test de diagnóstico inicial que tiene como objetivo identificar las necesidades del estudiante, así como medir su nivel de competencia. Se trata de una serie de preguntas relacionadas con el tema y contenidos de la unidad que permiten al estudiante reflexionar sobre sus propios conocimientos.

→ 🏠💻 *Texto mapeado*

Este recurso, concebido para los textos que abren las secciones B y D de cada unidad, ofrece al estudiante la oportunidad de trabajar los textos de manera autónoma, antes o después del trabajo en clase.
En los textos mapeados el estudiante encontrará destacadas colocaciones léxicas y determinadas estructuras.

→ 🏠💻 *Audio + transcripción*

→ 🏠💻 *Vídeo + transcripción*

La sección C de las unidades de *C de C1* gira en torno a un documento de audio o vídeo. El estudiante tiene a su disposición los documentos audiovisuales y la transcripción correspondiente para facilitar su comprensión.

SECCIÓN B
SECCIÓN C

Dos secciones independientes con documentos auténticos que giran en torno al eje temático de la unidad. Las actividades permiten profundizar en la comprensión de los documentos, analizar fenómenos lingüísticos presentes en ellos y consolidar los conocimientos de los alumnos.

El apartado **"PREPARAR EL DOCUMENTO"** actúa como disparador de conocimientos previos y ayuda al estudiante a una mejor comprensión del documento. Se puede llevar a cabo en el aula o de manera autónoma.

En el apartado **"ENTENDER EL DOCUMENTO"** se proponen una serie de actividades de comprensión global o secuenciada.

El apartado **"TRABAJAR EL LÉXICO"** contiene actividades de comprensión y ampliación de vocabulario. Se presta especial atención a las colocaciones y combinaciones frecuentes de palabras con el propósito de que el estudiante sea capaz de manejar léxico específico y adquiera riqueza y precisión.

En el apartado **"TRABAJAR LA GRAMÁTICA"** el estudiante tiene la oportunidad de analizar los fenómenos lingüísticos más interesantes presentes en los documentos de partida. Con ello se pretende impulsar una reflexión lingüística que active conocimientos previos y permita adquirir nuevas estructuras.

El apartado **"OBSERVAR EL DISCURSO"** tiene como objetivo analizar las características discursivas del texto y adentrarse en cuestiones pragmáticas para proporcionar así al alumno las herramientas que le permitan mejorar y enriquecer sus producciones.

Con el apartado **"OBSERVAR LA VARIEDAD DEL ESPAÑOL"** se pretende sensibilizar al estudiante sobre las variantes de la lengua española a partir de la observación de fenómenos léxicos, gramaticales y discursivos presentes en los documentos.

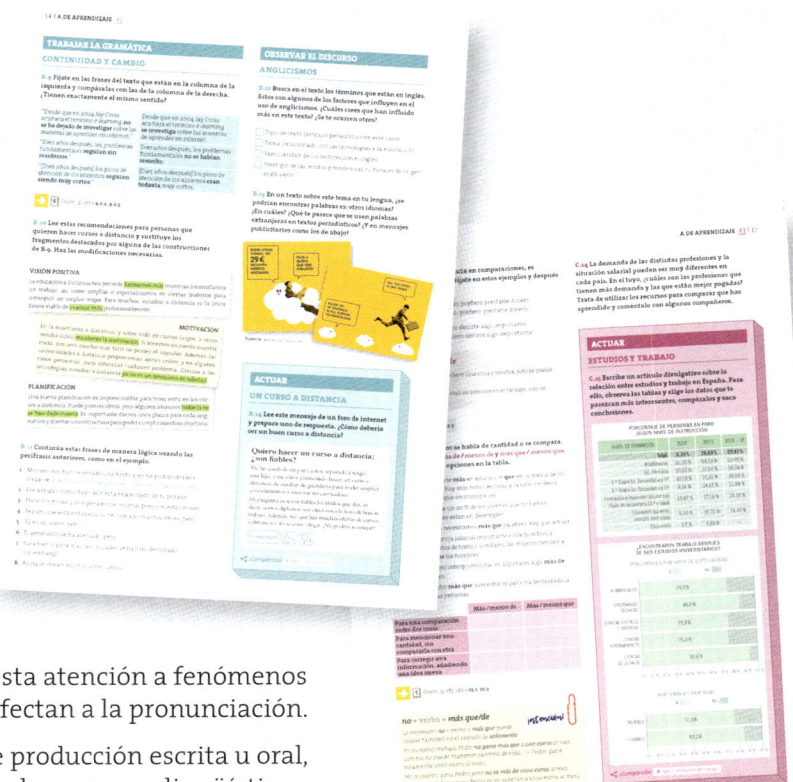

En el apartado **"OBSERVAR LA PRONUNCIACIÓN"** se presta atención a fenómenos relacionados con el habla que afectan a la pronunciación.

El apartado **"ACTUAR"** es una propuesta de tarea de producción escrita u oral, individual o cooperativa, pensada para poner en práctica los recursos lingüísticos, gramaticales o discursivos trabajados a lo largo de la sección. Se anima a los estudiantes a compartir las tareas usando el *hashtag* indicado en cada caso.

SECCIÓN D | COMPETENCIA CRÍTICA

A partir de la lectura de un texto, el estudiante realiza actividades diseñadas para desarrollar su competencia crítica. Mediante la investigación, las nociones de conocimiento del mundo y el análisis en clase, se da la oportunidad de conocer y analizar aspectos socioculturales del mundo hispano. Contiene también un apartado **"ACTUAR"** con propuestas de tareas de producción.

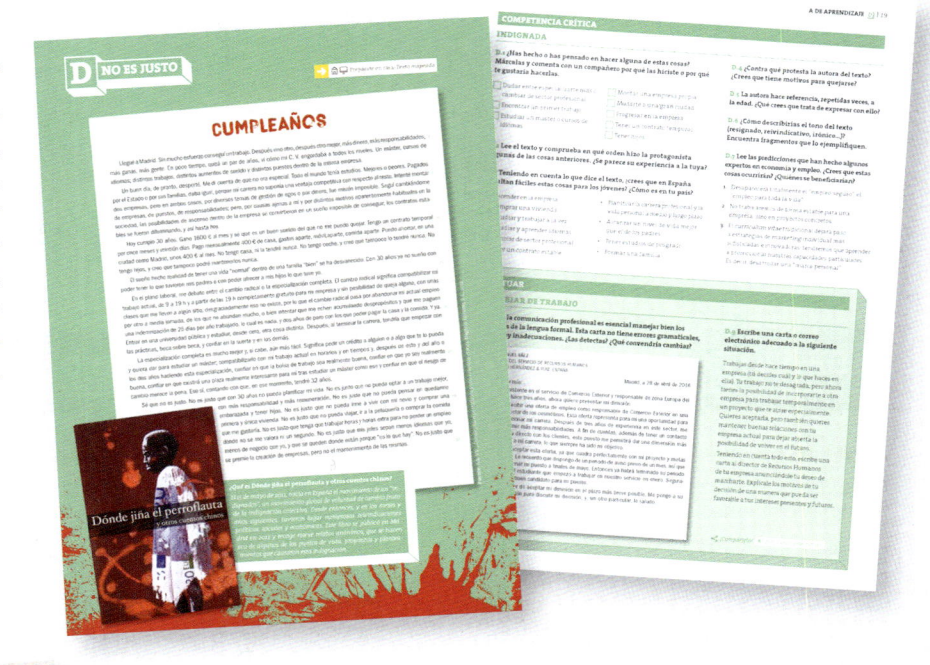

¿QUÉ HAS APRENDIDO?

Página de autoevaluación con propuestas de actividades para la reflexión y revisión de lo aprendido.

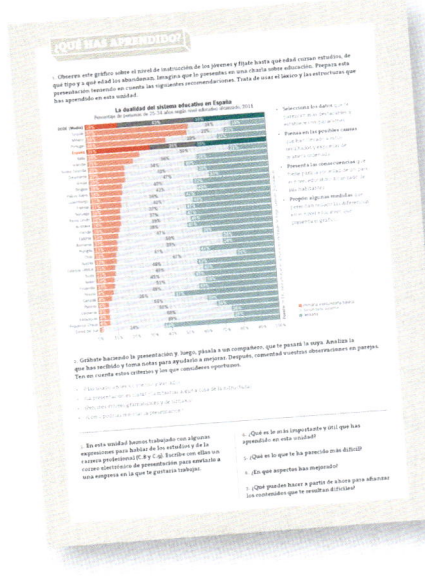

APÉNDICE GRAMATICAL

Contenidos gramaticales y discursivos propios del nivel C1 con explicaciones y ejemplos de uso. Las remisiones al apéndice gramatical a lo largo del manual facilitan su manejo.

Las unidades de *C de C1* son independientes y no siguen una progresión determinada. Por ello, se presentan en orden alfabético. Este índice de contenidos te permitirá ver cuál es el orden más adecuado para tus cursos.

A DE APRENDIZAJE

A. Cambiar de profesión
Hablar sobre los distintos momentos de la carrera profesional de una persona

B. Tendencias en el aprendizaje a distancia
TEXTO: Artículo periodístico (*El País*)
LÉXICO: Verbos y expresiones en sentido figurado: **florecer**, **acuñar**, etc. • Colocaciones con el verbo **sacar**: **sacar provecho**, **sacar partido**, etc.
GRAMÁTICA: Perífrasis de continuidad y de cambio: **seguir** + gerundio, **seguir sin** + infinitivo, **(no) dejar de** + infinitivo
CARACTERÍSTICAS DISCURSIVAS: Anglicismos

C. Volver a la escuela
AUDIO: Entrevista radiofónica (*Herrera en la Onda*)
LÉXICO: Léxico relacionado con el sistema educativo, los estudios y las titulaciones
GRAMÁTICA: Recursos para comparar: **mientras (que)**, **antes que**, **más/menos que**, **más/menos de**

D. No es justo
TEXTO: Relato (*Donde jiña el perro flauta y otros cuentos chinos*, VV. AA.)
COMPETENCIA CRÍTICA: el relato de ficción como medio de protesta

¿Qué has aprendido?

C DE CONSUMO

A. Consumidores por sus derechos
Hablar sobre los sectores más denunciados por los consumidores

B. Viajes condicionados
TEXTO: Condiciones generales de un contrato de viaje
LÉXICO: Léxico relacionado con la contratación de servicios
GRAMÁTICA: Oraciones y conectores condicionales: **salvo que**, **siempre y cuando**, **excepto que**...
CARACTERÍSTICAS DISCURSIVAS: Características de un contrato

C. ¿En qué le puedo ayudar?
VÍDEO: Cortometraje (*Ataque verbal*, 1999)
LÉXICO: Léxico relacionado con la contratación de suministros • Expresiones relacionadas con la atención telefónica y los servicios y expresiones de uso frecuente: **a nombre de**, **salirse del plazo**...
GRAMÁTICA: El adverbio **siquiera** • **Si** independiente (**No, si encima**...)
CARACTERÍSTICAS DISCURSIVAS: Recursos para quejarse y mostrar enfado • Competencia intercultural

D. Cremas antiarrugas
TEXTO: Noticia y estudio sobre cremas antiarrugas (OCU)
COMPETENCIA CRÍTICA: Reflexionar sobre la intención de una noticia • Quién debe informar, de qué y por qué

¿Qué has aprendido?

A DE ARTE

A. Arte en estado puro
Reflexionar sobre qué es el arte de vanguardia y las posibles reinterpretaciones de una obra artística

B. Arte para los sentidos
TEXTO: Entrada de blog (una muestra de arte efímero)
LÉXICO: Léxico relacionado con el arte y las exposiciones: **muestra**, **pieza**, **instalación**... • Los sentidos y la percepción: **olor dulzón**, **sonido estridente**, etc.
CARACTERÍSTICAS DISCURSIVAS: Anteposición del adjetivo

C. Arte a saco
VÍDEO: Reportaje (*Art is trash*)
LÉXICO: Expresiones de registro coloquial
GRAMÁTICA: Precisión gramatical: corrección de errores gramaticales y de concordancia • Recursos para comparar: **lo mismo**
CARACTERÍSTICAS DISCURSIVAS: El registro oral-coloquial: argot, intensificadores, etc.
PRONUNCIACIÓN: La **s** y la **j**

D. La pintura que se escribe
TEXTOS: Dos poemas (y dos obras pictóricas)
COMPETENCIA CRÍTICA: Écfrasis (o representar verbalmente una obra pictórica)

¿Qué has aprendido?

D DE DATOS

A. Polémica en las redes
Analizar una serie de datos referidos a temas y artículos polémicos publicados en Wikipedia

B. ¿Redacción o manipulación?
TEXTO: Artículo periodístico (revista *Quo*)
LÉXICO: Vocabulario relacionado con la información, los medios de comunicación y la actualidad • Combinaciones léxicas frecuentes: **dispararse las alarmas**, **desatarse un conflicto**...
GRAMÁTICA: Expresar finalidad (**para** + infinitivo, **para que** + subjuntivo, **de modo que** + subjuntivo...)

C. Protegiendo tus datos
VÍDEO: Vídeo institucional (*Ley de Protección de Datos*, Colombia)
LÉXICO: Colocaciones con la palabra **ley** • Léxico relacionado con el papeleo y la burocracia: **tramitar**, **solicitar**...
GRAMÁTICA: Participio presente: **concerniente**, **perteneciente**...
CARACTERÍSTICAS DISCURSIVAS: Características de una campaña institucional

D. Minería de datos
VÍDEO: Artículo periodístico (*El País*)
COMPETENCIA CRÍTICA: El uso de la minería de datos en campañas electorales • La relación entre la ética y la política

¿Qué has aprendido?

D DE DISCURSO

A. ¡Que hable, que hable...!
Hablar sobre discursos y frases célebres

B. Desnudarse en público
TEXTO: Artículo periodístico (*La Vanguardia*)
LÉXICO: Verbos para referir el discurso: **reivindicar, lamentar**...
GRAMÁTICA: Expresar arrepentimiento y lamentarse: infinitivo simple e infinitivo compuesto (**Siento no poder ir.** / **Lamento no haberte avisado**.)
CARACTERÍSTICAS DISCURSIVAS: Marcadores consecutivos: **en consecuencia, por consiguiente**...

C. El Perú los necesita
AUDIO: Discurso (Gastón Acurio, chef peruano)
LÉXICO: Palabras para hablar del éxito y la riqueza de un país: **tener un gran potencial, poner en valor**...
CARACTERÍSTICAS DISCURSIVAS: Técnicas discursivas: cómo preparar y pronunciar un buen discurso • Recursos para regular la densidad informativa • Recursos de enfatización

D. La política española
TEXTO: Artículo de opinión (*El País*)
COMPETENCIA CRÍTICA: Reflexionar sobre el lenguaje de los políticos • Análisis de un discurso o debate político

¿Qué has aprendido?

F DE FRONTERAS

A. Fronteras y estereotipos
Analizar algunos estereotipos

B. Espacio público, espacio privado
TEXTO: Relato (*Vivir y trabajar en el extranjero. Manual de supervivencia*, Federico J. González Tejera)
LÉXICO: Relaciones entre personas: **tratar, tener trato**...
GRAMÁTICA: El futuro y el condicional (simple y compuesto) para expresar hipótesis

C. Una película sobre tópicos
VÍDEO: Reportaje (*El fenómeno de 8 apellidos vascos*)
LÉXICO: Carácter y personalidad • Expresiones de registro coloquial
CARACTERÍSTICAS DISCURSIVAS: Estilo directo e indirecto

D. Ciudades privadas
TEXTO: Relato (*El otro lado*, Laura Santullo)
COMPETENCIA CRÍTICA: Los géneros textuales • La descripción subjetiva

¿Qué has aprendido?

E DE EMOCIONES

A. Emociones virales
Hablar sobre el contenido viral y su relación con las emociones

B. El opio de los pueblos
TEXTO: Fragmento literario (*El fútbol a sol y sombra*, E. Galeano)
LÉXICO: Vocabulario de las emociones • Colocaciones con los verbos **llorar, gritar, temblar, morir(se)**... • Los verbos **quedar** y **dejar**
GRAMÁTICA: Uso pronominal del verbo **tener: tenerle confianza, tenerle devoción**... • Algunos usos del gerundio
CARACTERÍSTICAS DISCURSIVAS: Términos relacionados con la religión en un contexto deportivo: **creyentes, plegarias**, etc.

C. Jóvenes valientes
VÍDEO: Cortometraje documental (*Jóvenes valientes*, Colombia)
LÉXICO: Léxico relacionado con los deportes y la superación • Expresar emociones y estados de ánimo: **coger / perder la confianza**
GRAMÁTICA: Pronombres reflexivos tónicos **mí, ti, él/ella/usted/sí, nosotros, vosotros, ellos/ellas/ustedes/sí** y su combinación con **mismo/a/os/as** • Perífrasis verbales de inicio de acción: **empezar/ponerse/echar(se)/romper a** + infinitivo
CARACTERÍSTICAS DISCURSIVAS: Mecanismos de generalización: **uno/a, cada cual, tú** genérico

D. Ser feliz por obligación
TEXTO: Artículo (revista *Jot Down*)
COMPETENCIA CRÍTICA: Ironía y humor como herramienta para la crítica

¿Qué has aprendido?

H DE HORARIOS

A. Descanso y ocio
Hablar de hábitos y horarios

B. Racionalizar los horarios
TEXTO: Artículo periodístico (*Verne*, *El País*)
LÉXICO: Expresiones relacionadas con el tiempo, el sueño y la TV
GRAMÁTICA: Correlación temporal en oraciones subordinadas: presente/imperfecto de subjuntivo
CARACTERÍSTICAS DISCURSIVAS: El artículo periodístico

C. ¿Trabajamos demasiadas horas?
VÍDEO: Campaña de protesta social
LÉXICO: Acepciones del verbo **tocar** • Adjetivos en -**ado** y en -**nte** • Imperativos lexicalizados: **toma, anda, vamos**...
GRAMÁTICA: Construcciones con **como** + subjuntivo: (**Como no te calles,**...) • Valores de **hasta**
CARACTERÍSTICAS DISCURSIVAS: Expresiones de registro coloquial

D. ¡Horarios racionales, ya!
TEXTO: Manifiesto (Arhoe)
COMPETENCIA CRÍTICA: Analizar las características de un manifiesto • Comentar la intención de un manifiesto y su repercusión

¿Qué has aprendido?

CONTENIDOS DE LAS UNIDADES

I DE IDENTIDAD

A. Así soy, así me ven
Reflexionar sobre la propia identidad y sobre cómo nos ven los demás

B. Pantallas que reflejan nuestra personalidad
TEXTO: Artículo periodístico (*XL Semanal*)
LÉXICO: Carácter y personalidad • Expresiones y frases hechas para hablar del carácter y de la actitud
CARACTERÍSTICAS DISCURSIVAS: Recursos para reforzar la aserción o matizar el grado de seguridad (**al parecer, según parece**...)

C. España vista desde fuera
AUDIO: Entrevista radiofónica (*Julia en la Onda*)
LÉXICO: Vocabulario y expresiones para hablar de la imagen y de la fama: **tener mala imagen, ganarse la fama de**...
GRAMÁTICA: Adverbios evaluativos terminados en -**mente**: **curiosamente, afortunadamente**...
ENTONACIÓN: Los incisos
CARACTERÍSTICAS DISCURSIVAS: Recursos para rectificar o matizar una información

D. Imagen e identidad en las redes sociales
TEXTO: Artículo periodístico (*El País*)
COMPETENCIA CRÍTICA: Recursos léxicos y estilísticos para posicionarse en relación a un tema

¿Qué has aprendido?

M DE MUJERES

A. Actitudes
Hablar sobre comportamientos sexistas

B. Mujeres en escena
TEXTO: Artículo (testimonio sobre un espectáculo teatral)
LÉXICO: La palabra **experiencia** y sus significados • Polisemia y colocaciones léxicas con **ejemplo, contacto, interés** y **práctica**
GRAMÁTICA: Perífrasis para expresar la idea de desarrollo y progreso: **ir/venir/terminar** + gerundio
CARACTERÍSTICAS DISCURSIVAS: Mecanismos discursivos para evocar y transmitir emociones

C. Escuela y desigualdad
VÍDEO: Reportaje (escuelas rurales, Perú)
LÉXICO: La (des)igualdad de género: **empoderar, invisibilizar**...
GRAMÁTICA: Usos de **se**
CARACTERÍSTICAS DISCURSIVAS: Observar el uso del denominado "español internacional" y reflexionar sobre la existencia de variantes neutras de un idioma

D. ¿Igualdad de género?
TEXTOS: Artículo de revista y entrada de blog
COMPETENCIA CRÍTICA: Identificar las características de un género textual

¿Qué has aprendido?

M DE MEMORIA

A. Recuerdos de infancia
Comentar algún recuerdo de la infancia relacionado con la TV y el cine

B. Una película sobre la dictadura argentina
TEXTO: Crítica de cine (*Clarín*)
LÉXICO: Léxico para hablar de cine (**puesta en escena, encarnar**...) y de historia (**genocidio, cautiverio**...)
GRAMÁTICA: Construcción **lo** + adjetivo
CARACTERÍSTICAS DISCURSIVAS: Las preguntas retóricas • Estructura de una reseña cinematográfica y recursos para valorar una película

C. Recuerdos de una fiesta familiar
AUDIO: Conversación familiar
LÉXICO: Celebraciones familiares y recuerdos
GRAMÁTICA: Estilo indirecto • Expresión de la involuntariedad: **se** accidental
VARIEDAD LINGÜÍSTICA: Características de la variedad rioplatense
CARACTERÍSTICAS DISCURSIVAS: Recursos para expresar duda o sorpresa o para corregir información

D. Descubrimiento o encontronazo
TEXTO: Entrada de blog y texto académico sobre la llegada de Colón a América
COMPETENCIA CRÍTICA: La objetividad en los textos sobre historia

¿Qué has aprendido?

N DE NATURALEZA

A. La naturaleza y el hombre
La relación del hombre con la naturaleza

B. El volcán Pacaya
TEXTO: Entrada de un blog (*El blog de viajes*, *El País*)
LÉXICO: Palabras y expresiones para hablar de la naturaleza y del paisaje: **tierra ubérrima, cielo despejado**...
GRAMÁTICA: Usos de **por** y **para**
CARACTERÍSTICAS DISCURSIVAS: La crónica • Recursos literarios para describir: la metáfora, la personificación y el símil

C. México contra el esmog
VÍDEO: *Reportaje* (México)
LÉXICO: Léxico relacionado con la contaminación y el medioambiente: **efecto invernadero, sustancias nocivas**...
GRAMÁTICA: Oraciones y marcadores concesivos: **aunque, a pesar de (que), aun** + gerundio...
CARACTERÍSTICAS DISCURSIVAS: Características del registro formal

D. Carta a Greenpeace
TEXTO: Carta abierta a favor de la agricultura de precisión
COMPETENCIA CRÍTICA: Analizar las causas de un conflicto y el posicionamiento de las partes implicadas

¿Qué has aprendido?

O DE ORÍGENES

A. Nuevos rostros
Describir rasgos físicos a partir de una serie de retratos

B. ¿Hogar, dulce hogar?
TEXTO: Entrada de blog (*Código nuevo*)
LÉXICO: Expresiones con el verbo **sentir(se)** • Describir emociones y estados de ánimo con **ese** + infinitivo
GRAMÁTICA: Construcciones comparativas proporcionales con **cuanto/a/os/as** (**Cuanto más gana, más dinero quiere.**)
CARACTERÍSTICAS DISCURSIVAS: Describir emociones contradictorias

C. La alegría del barrio
VÍDEO: Reportaje, entrevistas
LÉXICO: Léxico para describir el ambiente de un lugar: **palpitar, ser el corazón de, tener mala prensa**... • Vocabulario para hablar del origen de las personas: **llevar en la sangre**...
GRAMÁTICA: Oraciones concesivas: **por mucho/más/poco que**...
PRONUNCIACIÓN: El seseo

D. Mi hispanidad
TEXTOS: Artículo periodístico (*Astorga Redacción*)
COMPETENCIA CRÍTICA: La patria: qué es y cómo la sentimos • Competencia cultural

¿Qué has aprendido?

S DE SEDUCCIÓN

A. Profesionales de la seducción
Comentar maneras diferentes de seducir en función de la profesión y lo que nos seduce de otras personas

B. Las claves de la seducción
TEXTO: Artículo periodístico (*Es, La Vanguardia*)
LÉXICO: Palabras relacionadas con la seducción y la persuasión: **atraer, deslumbrar**... • Recursos para hablar de los cambios en la vida de una persona: **llevar al éxito, llevar al fracaso, hacer (de alguien) un mito**, etc.
GRAMÁTICA: Como si para comparar y ejemplificar (**Me acuerdo como si fuera ayer.**)

C. ¿Están de moda los *influencers*?
VÍDEO: Reportaje de actualidad
LÉXICO: Características y habilidades de una persona influyente: **marcar tendencia, ser líder opinión**... • Recursos para expresar cantidad: **una serie de, la mar de**... • Adjetivos en **-ble: viable, fiable**...
GRAMÁTICA: Oraciones temporales de simultaneidad: **según, conforme, a medida que**

D. Una pausa para la publicidad
TEXTO: Anuncio publicitario
COMPETENCIA CRÍTICA: Analizar un anuncio y observar las técnicas de persuasión para vender el producto • La intertextualidad en publicidad

¿Qué has aprendido?

R DE RED

A. Redes sociales
Hablar sobre las redes sociales y distintos perfiles de usuario

B. Twitter y Facebook
TEXTO: Tuits y mensajes de Facebook
LÉXICO: Derivación por sufijos apreciativos: **-azo, -ete, -ote, -ón**
GRAMÁTICA: Que independiente (**Que no vengan si no quieren.**)
CARACTERÍSTICAS DISCURSIVAS: Recursos para imitar la entonación y el lenguaje no verbal en textos escritos • Coloquialismos

C. ¿Entre vivirlo y contarlo? Contarlo
VÍDEO: Capítulo de una webserie (*Are you app?*)
LÉXICO: Relaciones amorosas y afinidades: **hacerse el duro, guardar rencor**... • Calificativos y vocabulario para referirse a personas: **pibe**...
GRAMÁTICA: Que + indicativo/subjuntivo • La estructura **¿a que...?**
CARACTERÍSTICAS DISCURSIVAS: La expresión **de estos/as / de esos/as** • Demostrativo **este/a** con referente humano • El término **tal** para referirse a una persona • Expresiones de registro vulgar

D. Un 10 para...
TEXTO: Entrada de blog (*Valencia Plaza*)
COMPETENCIA CRÍTICA: El sarcasmo y la ironía como recurso discursivo

¿Qué has aprendido?

T DE TECNOLOGÍA

A. Cambios tecnológicos
Comentar algunos cambios tecnológicos y cómo estos han afectado a nuestra forma de vida

B. El valor del conocimiento
TEXTO: Artículo divulgativo (*XL semanal*)
LÉXICO: Léxico para hablar de economía y de trabajo: **economía sumergida, trabajo precario**... • Adjetivos terminados en **-nte**
GRAMÁTICA: Contraste entre **el** y **lo** • Construcción (**no**) **todo lo** + adjetivo/adverbio + **que**

C. La revolución digital
VÍDEO: Conferencia (*TED Talk*)
LÉXICO: Léxico relacionado con la historia y la revolución tecnológica • Verbos para hablar de consecuencias: **suponer, posibilitar**... • Derivación: prefijos y sufijos para crear verbos que expresan cambios: **empequeñecer, agrandar**...
GRAMÁTICA: Verbos con **se** (voz media) • Uso del subjuntivo alternativo a la nominalización (**El cultivo de los cereales dio lugar a la sedenterización / a que los hombres fueran sedentarios.**)
CARACTERÍSTICAS DISCURSIVAS: Análisis de una conferencia

D. Expuestos y vigilados
TEXTO: Artículo de opinión (*El País*)
COMPETENCIA CRÍTICA: Grados de formalidad • Especialización y objetividad de un texto

¿Qué has aprendido?

ÍNDICE

A DE APRENDIZAJE
- A Cambiar de profesión ... 11
- B Tendencias en el aprendizaje a distancia ... 12
- C Volver a la escuela ... 15
- D No es justo ... 18
- ¿Qué has aprendido? ... 20

A DE ARTE
- A Arte en estado puro ... 21
- B Arte para los sentidos ... 22
- C Arte a saco ... 25
- D La pintura que se escribe ... 28
- ¿Qué has aprendido? ... 30

C DE CONSUMO
- A Consumidores por sus derechos ... 31
- B Viajes condicionados ... 32
- C ¿En qué le puedo ayudar? ... 35
- D Cremas antiarrugas ... 38
- ¿Qué has aprendido? ... 40

D DE DATOS
- A Polémica en las redes ... 41
- B ¿Redacción o manipulación? ... 42
- C Protegiendo tus datos ... 45
- D Minería de datos ... 48
- ¿Qué has aprendido? ... 50

D DE DISCURSO
- A ¡Que hable, que hable...! ... 51
- B Desnudarse en público ... 52
- C El Perú los necesita ... 55
- D La política española ... 58
- ¿Qué has aprendido? ... 60

E DE EMOCIONES
- A Emociones virales ... 61
- B El opio de los pueblos ... 62
- C Jóvenes valientes ... 65
- D Ser feliz por obligación ... 68
- ¿Qué has aprendido? ... 70

F DE FRONTERAS
- A Fronteras y estereotipos ... 71
- B Espacio público, espacio privado ... 72
- C Una película sobre tópicos ... 75
- D Ciudades privadas ... 78
- ¿Qué has aprendido? ... 80

H DE HORARIOS
- A Descanso y ocio ... 81
- B Racionalizar los horarios ... 82
- C ¿Trabajamos demasiadas horas? ... 85
- D ¡Horarios racionales, ya! ... 88
- ¿Qué has aprendido? ... 90

I DE IDENTIDAD
- A Así soy, así me ven ... 91
- B Pantallas que reflejan nuestra personalidad ... 92
- C Marca España ... 95
- D Imagen e identidad en las redes sociales ... 98
- ¿Qué has aprendido? ... 100

M DE MEMORIA
- A Recuerdos de infancia ... 101
- B Una película sobre la dictadura argentina ... 102
- C Recuerdos de una fiesta familiar ... 105
- D Descubrimiento o encontronazo ... 108
- ¿Qué has aprendido? ... 110

M DE MUJERES
- A Actitudes ... 111
- B Mujeres en escena ... 112
- C Escuela y desigualdad ... 115
- D ¿Igualdad de género? ... 118
- ¿Qué has aprendido? ... 120

N DE NATURALEZA
- A La naturaleza y el hombre ... 121
- B El volcán Pacaya ... 122
- C México contra el esmog ... 125
- D Carta a Greenpeace ... 128
- ¿Qué has aprendido? ... 130

O DE ORÍGENES
- A Nuevos rostros ... 131
- B ¿Hogar, dulce hogar? ... 132
- C La alegría del barrio ... 135
- D Mi hispanidad ... 138
- ¿Qué has aprendido? ... 140

R DE RED
- A Redes sociales ... 141
- B Twitter y Facebook ... 142
- C ¿Entre vivirlo y contarlo? Contarlo ... 145
- D Un 10 para... ... 148
- ¿Qué has aprendido? ... 150

S DE SEDUCCIÓN
- A Profesionales de la seducción ... 151
- B Las claves de la seducción ... 152
- C ¿Están de moda los *influencers*? ... 155
- D Una pausa para la publicidad ... 158
- ¿Qué has aprendido? ... 160

T DE TECNOLOGÍA
- A Cambios tecnológicos. ... 161
- B El valor del conocimiento ... 162
- C La revolución digital ... 165
- D Expuestos y vigilados ... 168
- ¿Qué has aprendido? ... 170

Apéndice ... 171

A de aprendizaje

A CAMBIAR DE PROFESIÓN

ENTRAR EN EL TEMA

HACER CARRERA

A.1 Esta ilustración muestra algunas etapas de la carrera profesional de una persona. Piensa en cómo es el recorrido profesional típico de alguien de tu generación. Usa las expresiones de abajo para comentarlo con un compañero.

- trabajar a > tiempo completo > tiempo parcial
- cambiar de > trabajo > empresa > sector
- hacer > (unas) prácticas > un curso de formación
- trabajo > bien remunerado > mal remunerado
- incorporarse a > un trabajo > una empresa
- empezar de > + cargo > + profesión
- mercado > de trabajo > laboral
- dejar > un trabajo > los estudios
- estar en > prácticas
- (re)orientar > la carrera
- recibir > una indemnización
- pasar de... a...
- reciclarse
- reinventarse

A.2 Comenta estas cuestiones con algunos compañeros.

- Si trabajas o has trabajado alguna vez, ¿ha sido siempre en el mismo sector? En el caso de que hayas cambiado, ¿por qué motivo fue?
- ¿Qué te parece la idea de tener un mismo empleo toda la vida?
- ¿Estarías dispuesto/a a cambiar de profesión para trabajar en un sector que no tuviera relación con tus estudios o tu preparación? ¿En qué circunstancias lo harías?
- ¿Te parece que es bueno trabajar y estudiar a la vez? ¿Por qué?
- ¿Has pensado alguna vez en algún sector o profesión para los que te gustaría formarte? ¿Cuál y por qué?

→ Prepárate en casa: ¿Qué sabes?

TENDENCIAS EN EL APRENDIZAJE A DISTANCIA

Prepárate en casa: Texto mapeado

15 de octubre de 2014

OPINIÓN

La gran escuela virtual se reinventa

Desde que en 2004 Jay Cross acuñara el término *e-learning*, que en castellano se ha traducido como formación *online*, no se ha dejado de investigar sobre las maneras de aprender en internet. Sin embargo, muchos esperaban que una década después la disrupción sería total, que la enseñanza en la red habría superado siglos de pedagogía presencial y que los alumnos aprenderían más rápido y de un modo más eficaz que en ningún otro momento de la historia.

Carol Leaman, de Axonify, una compañía innovadora de *e-learning*, advertía en un artículo en la revista *Wired* que ya era hora de darle una vuelta a la enseñanza *online*. En su opinión, diez años después los problemas fundamentales seguían sin resolverse. A saber: los contenidos eran aburridos, los picos de atención de los alumnos seguían siendo muy cortos, el diseño no era capaz de superar la fatiga por aprendizaje y los alumnos olvidaban más de lo que aprendían.

Casi todos los expertos opinan que lo que se ha denominado *e-learning* móvil, es decir, los cursos adaptados para que parte de su contenido se pueda aprender desde dispositivos móviles, el uso de la nube como gran contenedor de contenidos, la combinación del *e-learning* con técnicas sociales (como el lenguaje de los videojuegos) y la formación *online* adaptativa cada vez más flexible podrían mejorar los resultados del aprendizaje en internet.

Gracias al uso de todos estos recursos ha florecido el concepto de *flipped classroom*, en español *clase invertida*. Un intento de luchar contra el aburrimiento y la desmotivación en los cursos *online*. La clase invertida intenta cambiar el orden clásico en que se ha enseñado durante muchos años: un profesor que enseña teoría y manda deberes para casa. "Ahora se trata de sacar del aula todo lo que el alumno puede hacer de forma autónoma, gracias a los vídeos, animaciones y materiales visuales para dispositivos móviles, y que el profesor saque partido a la interacción social de tener todo un grupo unido. Por ejemplo, hacer prácticas en grupo, juegos, provocar discusiones y que el profesor tenga más oportunidades de convertirse en líder del grupo para personalizar el aprendizaje hasta donde sea posible", dice Tíscar Lara, experta en *e-learning* de la Escuela de Organización Industrial (EOI).

El aprendizaje *online* también propone aprovechar la dilatada experiencia en videojuegos que ya poseen los estudiantes de hoy. "Es una manera de crear motivación y reducir la alta tasa de abandono de muchos cursos", asegura Tíscar Lara. Ana Landeta, directora de Innovación de la Universidad a Distancia de Madrid (UDIMA), cuenta cómo han comenzado a simular juicios o pruebas de laboratorio en la plataforma de realidad virtual Second Life para los grados de Derecho y Psicología, respectivamente.

Para aplicar los principios de *gamification* (ludificación o aprender jugando) se diseñan cursos con unidades más cortas, con insignias que se obtienen pasando pantallas y superando etapas. Los elementos del juego imprimen cierta competencia al aprendizaje entre los integrantes del curso. Todo vale para matar el aburrimiento.

Expertos y gurús del *e-learning* ya adelantan cuáles serán las tendencias que, ahora sí, se espera que revolucionen el aprendizaje en internet. El uso de la analítica de datos para analizar cómo aprenden los alumnos estudiando sus propios hábitos será una herramienta de primer orden. También el diseño de cursos cuyos materiales se puedan descargar en el ordenador, el teléfono o la tableta. Se trata de adaptarse a la vida errática del estudiante de hoy, un sujeto que tendría que sacar tiempo para estudiar en cualquier sitio y en cualquier circunstancia. En la mesa de trabajo, en el autobús o en la cinta del gimnasio.

Fuente: adaptado de *El País*, 15/10/2014

PREPARAR EL DOCUMENTO

FORMACIÓN A DISTANCIA

B.1 ¿Has participado alguna vez en un curso de formación a distancia? ¿Cómo era? ¿Qué tal fue la experiencia? Habla con tus compañeros.

ENTENDER EL DOCUMENTO

TENDENCIAS

B.2 En el texto se mencionan algunas tendencias recientes en el aprendizaje a distancia. ¿Puedes explicar en qué consisten?

- *E-learning* móvil
- Combinación de *e-learning* con técnicas sociales
- *Gamification* (ludificación o aprender jugando)
- *Flipped classroom* (clase invertida)

B.3 De acuerdo con el texto, ¿qué ventajas ofrecen estas nuevas formas de aprender? ¿Estás de acuerdo?

TRABAJAR EL LÉXICO

SENTIDO FIGURADO

B.4 En el texto aparecen algunas expresiones que utilizan verbos en sentido figurado. ¿Entiendes qué significan? Trata de decir lo mismo sin usar los verbos destacados.

1. "Desde que en 2004 Jay Cross **acuñara el término** *e-learning*, no se ha dejado de investigar sobre las maneras de aprender en internet." (**acuñar** algo)
2. "Carol Leaman advertía en un artículo en la revista *Wired* que ya era hora de **darle una vuelta a la enseñanza** *online*." (**darle una vuelta** a algo)
3. "Gracias al uso de todos estos recursos **ha florecido el concepto** de *flipped classroom*, en español clase invertida." (**florecer** algo)
4. "Los elementos del juego imprimen cierta competencia al aprendizaje entre los integrantes del curso. Todo vale para **matar el aburrimiento**." (**matar** algo)

B.5 El uso de verbos en sentido figurado suele añadir ciertos matices. En parejas, comentad estos cuatro casos. Podéis buscar información y ejemplos en internet.

1. "Acuñar una moneda o un billete" significa fabricarlo y ponerlo en circulación. De esta expresión derivan otras: "acuñar una palabra", "acuñar un término", "acuñar una idea"... ¿Qué sugiere el uso de acuñar en estas últimas expresiones?
2. Si tengo una idea o un proyecto en la cabeza, pero aún no está completamente claro, puedo decir que hay que darle una vuelta. Así pues, ¿qué te sugiere esta expresión? ¿Es lo mismo "darle una vuelta a una idea" que "pensar de nuevo en una idea"?
3. Cuando una idea o un negocio salen bien y prosperan, puede decirse que florecen. En esos casos, ¿con qué estamos comparando la idea o el negocio? ¿Qué sugiere la expresión con respecto a los hechos de los que se habla?
4. En español, el verbo matar es de uso corriente en expresiones como "matar el hambre", "matar el aburrimiento", "matar el tiempo"... ¿Qué idea sugiere el verbo en esas expresiones?

B.6 ¿Existen expresiones equivalentes en tu lengua? ¿Conoces en tu idioma otras expresiones con sentido figurado que no se usan en español?

EXPRESIONES CON SACAR

B.7 Fíjate en las expresiones destacadas de estas dos frases del texto. ¿Las entiendes? ¿Por qué crees que se usa el verbo sacar? ¿En tu lengua se dicen de forma similar?

"[...], y que el profesor **saque partido** a la interacción social de tener un grupo unido."

"[...] un sujeto que tendría que **sacar tiempo** para estudiar en cualquier sitio y en cualquier circunstancia."

B.8 Las siguientes palabras también suelen combinarse con el verbo sacar. ¿Conocías estas expresiones? Comenta las dudas de significado con tus compañeros y con tu profesor. Luego, escribe una frase con cada combinación.

ventaja	faltas	conclusiones
punta (a algo)	provecho/beneficio
un tema	(el/los) billete/s	pecho
un rato (para)	el parecido

→ Dicen que Lisa se parece a Madonna, pero yo no consigo sacar el parecido.

TRABAJAR LA GRAMÁTICA
CONTINUIDAD Y CAMBIO

B.9 Fíjate en las frases del texto que están en la columna de la izquierda y compáralas con las de la columna de la derecha. ¿Tienen exactamente el mismo sentido?

"Desde que en 2004 Jay Cross acuñara el término *e-learning*, **no se ha dejado de investigar** sobre las maneras de aprender en internet."	Desde que en 2004 Jay Cross acuñara el término *e-learning* **se investiga** sobre las maneras de aprender en internet.
"Diez años después, los problemas fundamentales **seguían sin resolverse**."	Diez años después, los problemas fundamentales **no se habían resuelto**.
"[Diez años después] los picos de atención de los alumnos **seguían siendo muy cortos**."	[Diez años después] los picos de atención de los alumnos **eran todavía** muy cortos.

→ Gram., p. 177 » 9.2.2, 9.2.3

B.10 Lee estas recomendaciones para personas que quieren hacer cursos a distancia y sustituye los fragmentos destacados por alguna de las construcciones de B.9. Haz las modificaciones necesarias.

VISIÓN POSITIVA

La educación a distancia nos permite <mark>formarnos más</mark> mientras desarrollamos un trabajo, así como ampliar o especializarnos en ciertas materias para conseguir un empleo mejor. Para muchos, estudiar a distancia es la única forma viable de <mark>avanzar más</mark> profesionalmente.

MOTIVACIÓN

En la enseñanza a distancia, y sobre todo en cursos largos, a veces resulta difícil <mark>mantener la motivación</mark>. Si tenemos en mente nuestra meta, nos será mucho más fácil no perder el impulso. Además, las universidades a distancia proporcionan apoyo *online*, y en algunos casos presencial, para solventar cualquier problema. Gracias a las tecnologías, estudiar a distancia <mark>ya no es un sinónimo de soledad</mark>.

PLANIFICACIÓN

Una buena planificación es imprescindible para tener éxito en los cursos a distancia. Puede parecer obvio, pero algunos alumnos <mark>todavía no se han dado cuenta</mark>. Es importante darnos unos plazos para cada asignatura y diseñar una estructura para poder cumplir nuestros objetivos.

B.11 Continúa estas frases de manera lógica usando las perífrasis de B.9, como en el ejemplo.

1. Mis vecinos han celebrado una fiesta y no he podido dormir nada; → *la música no ha dejado de sonar en toda la noche.*
2. Ese antiguo novio tuyo aún está enamorado de ti, porque...
3. Hace dos horas que esperamos el eclipse, pero con estas nubes...
4. Seguro que está enfadada, la he llamado muchas veces, pero...
5. Ya no es joven, pero...
6. El generador se ha averiado, pero...
7. Para bien o para mal, las ciudades se han modernizado. Sin embargo,...
8. Aunque llevan muchos años juntos,...

OBSERVAR EL DISCURSO
ANGLICISMOS

B.12 Busca en el texto los términos que están en inglés. Estos son algunos de los factores que influyen en el uso de anglicismos. ¿Cuáles crees que han influido más en este texto? ¿Se te ocurren otros?

☐ Tipo de texto (artículo periodístico en este caso)
☐ Tema (relacionado con las tecnologías y la educación)
☐ Familiaridad de los lectores con el inglés
☐ Prestigio de las modas y tendencias culturales de origen anglosajón

B.13 En un texto sobre este tema en tu lengua, ¿se podrían encontrar palabras en otros idiomas? ¿En cuáles? ¿Qué te parece que se usen palabras extranjeras en textos periodísticos? ¿Y en mensajes publicitarios como los de abajo?

ENTRE OTRAS THINGS, MY 29€ INCLUYEN ASIENTO ASIGNADO.

PLUS A GUSTO QUE ONE ARBUSTO!

ENJOY MY 38 DESTINOS IN ALL EUROPA VÍA BARCELONA.

ALL THE CITIES A ONE PASO!

Fuente: www.vueling.com

ACTUAR
UN CURSO A DISTANCIA

B.14 Lee este mensaje de un foro de internet y prepara uno de respuesta. ¿Cómo debería ser un buen curso a distancia?

Quiero hacer un curso a distancia; ¿son fiables?

Me he quedado en paro, estoy separada y tengo una hija, y me estoy planteando hacer un curso a distancia de auxiliar de guardería para poder ampliar conocimientos y mejorar mi currículum.

Mi pregunta es si son fiables los títulos que dan, es decir, si esos diplomas son efectivos a la hora de buscar trabajo. Además, veo que hay muchas ofertas de cursos a distancia y no sé cómo elegir. ¿Me podéis aconsejar?

Comentar 👍3 👎4

◁ ¡Compártelo! #cdec1_forocurso

C VOLVER A LA ESCUELA

¿Qué es la OCDE?
Fundada en 1961, la Organización para la Cooperación y el Desarrollo Económicos (OCDE) agrupa a 35 países miembros y su misión es promover políticas que mejoren el bienestar económico y social de las personas alrededor del mundo.

→ 🏠💻 Prepárate en casa: *Audio + transcripción*

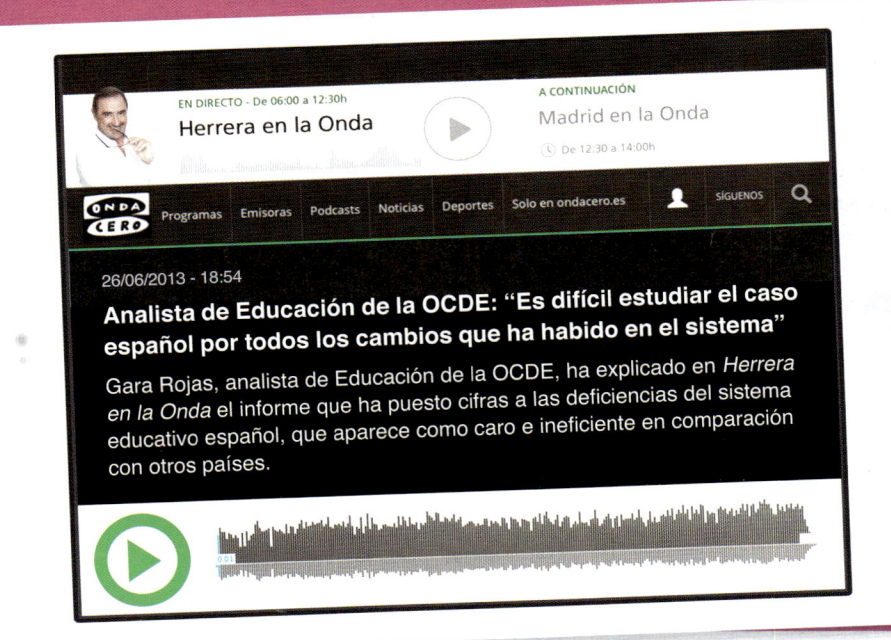

EN DIRECTO - De 06:00 a 12:30h
Herrera en la Onda
A CONTINUACIÓN
Madrid en la Onda
De 12:30 a 14:00h

ONDA CERO — Programas Emisoras Podcasts Noticias Deportes Solo en ondacero.es   SÍGUENOS

26/06/2013 - 18:54

Analista de Educación de la OCDE: "Es difícil estudiar el caso español por todos los cambios que ha habido en el sistema"

Gara Rojas, analista de Educación de la OCDE, ha explicado en *Herrera en la Onda* el informe que ha puesto cifras a las deficiencias del sistema educativo español, que aparece como caro e ineficiente en comparación con otros países.

PREPARAR EL DOCUMENTO

APRENDIZAJE PERMANENTE

C.1 Lee estas opiniones de un experto sobre el aprendizaje permanente. ¿Estás de acuerdo con lo que dice? ¿Qué aspectos positivos y negativos pueden tener esas ideas? Coméntalo con un compañero.

"El aprendizaje permanente se ha convertido en una necesidad para todos los ciudadanos. Necesitamos mejorar nuestras aptitudes y competencias a lo largo de toda nuestra vida, no solo para realizarnos personalmente y ser capaces de participar activamente en la sociedad en que vivimos, sino también para poder tener éxito en un mundo laboral en constante evolución."

"La internacionalización creciente, el rápido ritmo del cambio y el desarrollo continuo de las nuevas tecnologías implican que los europeos no solo deben mantener actualizadas las aptitudes específicas relacionadas con su trabajo, sino que deben disponer de competencias genéricas que les permitan adaptarse al cambio. Las capacidades de que disponen las personas aumentan también su motivación y satisfacción laboral e inciden, por tanto, en la calidad del trabajo."

Fuente: Jan Figel, *Competencias clave para el aprendizaje permanente - Un marco de referencia europeo*, 2007

ENTENDER EL DOCUMENTO

DEFICIENCIAS DEL SISTEMA EDUCATIVO

C.2 🎧 1 Vas a oír un fragmento de una entrevista sobre las deficiencias del sistema educativo español, en la que se compara España con otros países. Escucha y marca en la tabla si las cifras son mayores en España o en otros países de la OCDE.

	Es mayor en España	Es mayor en otros países de la OCDE
Inversión en educación		
Cantidad de horas de clase		
Número de alumnos por clase		
Nivel de fracaso escolar		
Porcentaje de jóvenes que vuelven al sistema educativo tras abandonar los estudios		

C.3 🎧 2 En la última parte de la entrevista se habla de la evolución de la situación en España en los últimos años. Antes de escuchar, piensa: ¿cuáles de estas informaciones crees que son verdaderas? Después, escucha y comprueba.

1. La crisis económica afecta al conjunto de los jóvenes, sea cual sea su nivel educativo.
2. El paro ha crecido especialmente entre los jóvenes con estudios universitarios.
3. Escolarizar a los niños cuando son muy pequeños ayuda a su éxito escolar posterior.
4. Ha habido un salto generacional en la escolarización de los ciudadanos.
5. El porcentaje de mujeres escolarizadas actualmente en España aún es muy inferior al de otros países desarrollados.

C.4 ¿Cuáles crees que son los motivos por los que los jóvenes vuelven al sistema educativo? ¿Ocurre habitualmente en tu país?

C.5 ¿Cuál es la situación en tu país en relación con los aspectos que se mencionan en la entrevista? Coméntalo con tus compañeros.

inversión en educación *cantidad de horas de clase*
número de alumnos por clase *nivel de fracaso escolar*
porcentaje de jóvenes que vuelven al sistema educativo

> En mi país se invierte mucho en educación y eso se nota en…

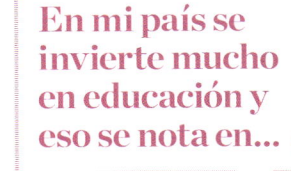

TRABAJAR EL LÉXICO

EDUCACIÓN

C.6 En la entrevista aparecen algunas expresiones y siglas comunes en España para hablar de educación. ¿Sabes qué significan? Resolved vuestras dudas en clase.

"(En España) se invierte más en educación que en la media de los países de la OCDE, hay más **horas lectivas** y la **ratio profesor-alumno** es menor que en otros países."

"Todavía hay un ingreso relativo muy superior para aquellos que tienen estudios universitarios, o incluso estudios de **FP de grado medio** y de **Bachillerato**, con respecto a los que se quedaron en **4.º de la ESO**."

C.7 ¿Cómo está organizado el sistema educativo de tu país? ¿Qué niveles tiene? Busca información en internet sobre el sistema educativo de un país hispanohablante y compáralos.

C.8 Observa estos verbos y las palabras proporcionadas más abajo. ¿Qué combinaciones puedes hacer? Después, compáralas con las de un compañero.

matricularse en | hacer | cursar
otorgar/conceder | obtener | optar a
acceder a | asistir a | tener

la universidad | estudios | una beca | una carrera | (una) plaza | un seminario | una tesis doctoral | clase / una tutoría | una asignatura | una diplomatura | una licenciatura | un título | un grado | un doctorado | un máster

C.9 Piensa en tus estudios y en tu carrera profesional y cuéntale a un compañero tu itinerario. Trata de usar algunas de estas expresiones y de las de la actividad C.8.

Estudié — en… / hasta…
Soy / Estoy — licenciado/a / graduado/a / diplomado/a — en…
Me — licencié / gradué / especialicé — en…
Tengo — experiencia — en… / con… / como…
Aspiro — a…

Estoy — especializado/a — en…
Mis — logros — son… / han sido…

"Me licencié en Derecho en 2011 y me especialicé en Derecho Ambiental. Cursé un máster en…"

TRABAJAR LA GRAMÁTICA

RECURSOS PARA COMPARAR

C.10 Lee estas frases extraídas de la entrevista. ¿Qué expresiones de las de abajo se podrían utilizar, en cada caso, en lugar de las que están destacadas?

"Todavía hay un ingreso relativo muy superior para aquellos que tienen estudios universitarios, o incluso estudios de FP de grado medio y de Bachillerato, **con respecto a** los que se quedaron en 4.º de la ESO."

"En España, solo un 3 % están en educación […], **mientras que** la media de la OCDE es 7 %."

aunque   *comparado con*
en cambio   *en comparación con*

C.11 El término *mientras* puede usarse para expresar simultaneidad o para hacer una comparación. Sin embargo, la construcción no es exactamente la misma en los dos casos. Fíjate en los ejemplos y relaciona un elemento de cada columna.

- **Mientras** yo pongo la mesa, tú puedes terminar de hacer la cena.
- *~~Mientras que~~* yo pongo la mesa, tú puedes terminar de hacer la cena.
- A Luisa le gustan las ciencias, **mientras que** Álex prefiere la historia.
- A Luisa le gustan las ciencias, **mientras** Álex prefiere la historia.

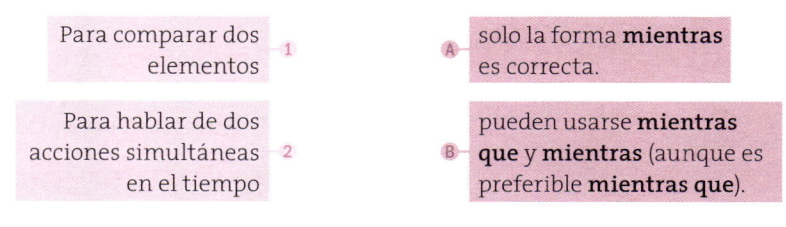

Para comparar dos elementos	1 — A	solo la forma **mientras** es correcta.
Para hablar de dos acciones simultáneas en el tiempo	2 — B	pueden usarse **mientras que** y **mientras** (aunque es preferible **mientras que**).

Gram., p. 186 ▸ **23.3**

C.12 Para expresar preferencia en comparaciones, es frecuente el uso de antes. Fíjate en estos ejemplos y después completa la regla de uso.

- **Antes que** verlo arruinado, prefiero prestarle dinero.
- *Antes de verlo arruinado, prefiero prestarle dinero.
- **Antes de** terminar, quiero decirte algo importante.
- *Antes que terminar, quiero decirte algo importante.

antes que / antes de

- Para indicar que se prefiere una cosa y no otra, solo se puede usar ....
- Para indicar que una cosa es anterior en el tiempo, solo se puede usar ....

➡ G Gram., p. 186 ▸ **23.3**

C.13 En estos ejemplos se habla de cantidad o se compara. Fíjate en el uso de más de / menos de y más que / menos que. Después, marca las opciones en la tabla.

1. En España se invierte **más** en educación **que** en la media de los países de la OCDE, hay más horas lectivas y la ratio profesor-alumno es menor que en otros países.
2. En España, **más de** un 20 % de los jóvenes que no tienen estudios superiores están en desempleo.
3. Para solucionarlo necesitamos **más que** palabras: hay que actuar.
4. Existe una diferencia salarial importante entre hombres y mujeres: en puestos de trabajo similares, las mujeres tienden a ganar **menos que** los hombres.
5. El salario mínimo interprofesional en España es algo **más de** 700 euros al mes.
6. La crisis ha hecho **más que** aumentar el paro: ha destrozado la vida de muchas personas.

	Más / menos de	Más / menos que
Para una comparación entre dos cosas		
Para mencionar una cantidad, sin compararla con otra		
Para corregir una información, añadiendo una idea nueva		

➡ G Gram., p. 185-186 ▸ **23.1, 23.3**

no + verbo + más que/de

¡atención!

La expresión **no** + verbo + **más que** puede usarse también en el sentido de **solamente**.

*En su nuevo trabajo, Pedro **no gana más que 1000 euros** al mes. Con eso no puede mantener su ritmo de vida...* (= Pedro gana solamente 1000 euros al mes.)

*No sé cuánto gana Pedro, pero **no es más de 1000 euros** al mes.* (= La cantidad que gana Pedro no es superior a 1000 euros al mes.)

C.14 La demanda de las distintas profesiones y la situación salarial pueden ser muy diferentes en cada país. En el tuyo, ¿cuáles son las profesiones que tienen más demanda y las que están mejor pagadas? Trata de utilizar los recursos para comparar que has aprendido y coméntalo con algunos compañeros.

ACTUAR

ESTUDIOS Y TRABAJO

C.15 Escribe un artículo divulgativo sobre la relación entre estudios y trabajo en España. Para ello, observa las tablas y elige los datos que te parezcan más interesantes, compáralos y saca conclusiones.

PORCENTAJE DE PERSONAS EN PARO SEGÚN NIVEL DE INSTRUCCIÓN

NIVEL DE FORMACIÓN	2007	2012	2014 – 3T
Total	8,26 %	25,03 %	23,67 %
Analfabetos	25,35 %	54,13 %	53,03 %
Ed. Primaria	10,61 %	37,54 %	38,04 %
1.ª Etapa Ed. Secundaria y FP	10,18 %	31,87 %	30,68 %
2.ª Etapa Ed. Secundaria y FP	8,14 %	24,61 %	21,89 %
Formación e inserción laboral con título de secundaria (2.ª etapa)	13,97 %	27,19 %	24,15 %
Educación superior, excepto doctorado	5,35 %	15,22 %	14,46 %
Doctorado	2,7 %	4,69 %	–

¿ENCONTRARON TRABAJO DESPUÉS DE SUS ESTUDIOS UNIVERSITARIOS?

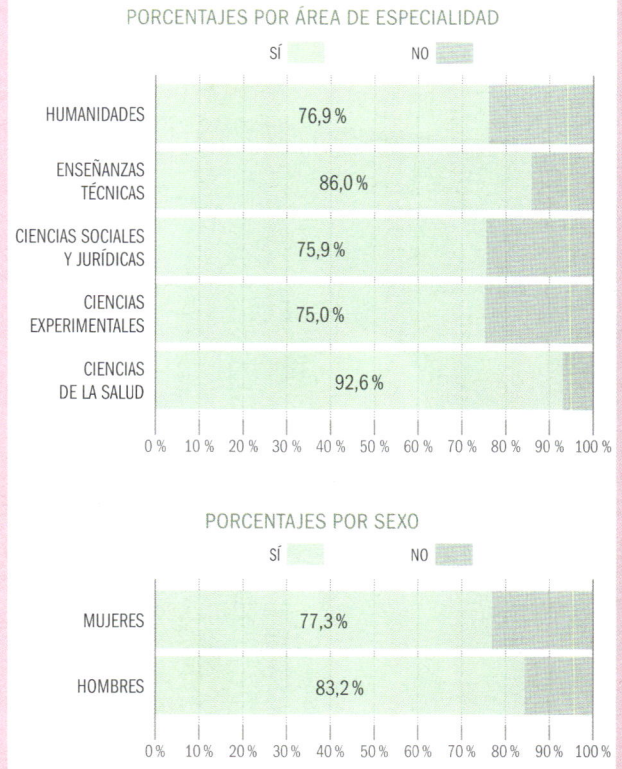

PORCENTAJES POR ÁREA DE ESPECIALIDAD

SÍ / NO

- HUMANIDADES: 76,9 %
- ENSEÑANZAS TÉCNICAS: 86,0 %
- CIENCIAS SOCIALES Y JURÍDICAS: 75,9 %
- CIENCIAS EXPERIMENTALES: 75,0 %
- CIENCIAS DE LA SALUD: 92,6 %

PORCENTAJES POR SEXO

SÍ / NO

- MUJERES: 77,3 %
- HOMBRES: 83,2 %

◂ ¡Compártelo! #cdec1_estudiosytrabajo

D NO ES JUSTO

A DE APRENDIZAJE D | 18

Prepárate en casa: *Texto mapeado*

CUMPLEAÑOS

Llegué a Madrid. Sin mucho esfuerzo conseguí un trabajo. Después vino otro, después otro mejor, más dinero, más responsabilidades, más ganas, más gente. En poco tiempo, quizá un par de años, vi cómo mi C. V. engordaba a todos los niveles. Un máster, cursos de idiomas; distintos trabajos, distintos aumentos de sueldo y distintos puestos dentro de la misma empresa.

Un buen día, de pronto, desperté. Me di cuenta de que no era especial. Todo el mundo tenía estudios. Mejores o peores. Pagados por el Estado o por sus familias, daba igual, porque mi carrera no suponía una ventaja competitiva con respecto al resto. Intenté montar dos empresas, pero en ambos casos, por diversos temas de gestión de egos o por dinero, fue misión imposible. Seguí cambiándome de empresas, de puestos, de responsabilidades; pero, por causas ajenas a mí y por distintos motivos aparentemente habituales en la sociedad, las posibilidades de ascenso dentro de la empresa se convirtieron en un sueño imposible de conseguir, los contratos estables se fueron difuminando, y así hasta hoy.

Hoy cumplo 30 años. Gano 1600 € al mes y sé que es un buen sueldo del que no me puedo quejar. Tengo un contrato temporal por once meses y veintiún días. Pago mensualmente 400 € de casa, gastos aparte, móvil aparte, comida aparte. Puedo ahorrar, en una ciudad como Madrid, unos 400 € al mes. No tengo casa, ni la tendré nunca. No tengo coche, y creo que tampoco lo tendré nunca. No tengo hijos, y creo que tampoco podré mantenerlos nunca.

El sueño hecho realidad de tener una vida "normal" dentro de una familia "bien" se ha desvanecido. Con 30 años ya no sueño con poder tener lo que tuvieron mis padres o con poder ofrecer a mis hijos lo que tuve yo.

En el plano laboral, me debato entre el cambio radical o la especialización completa. El cambio radical significa compatibilizar mi trabajo actual, de 9 a 19 h y a partir de las 19 h completamente gratuito para mi empresa y sin posibilidad de queja alguna, con unas clases que me lleven a algún sitio; desgraciadamente eso no existe, por lo que el cambio radical pasa por abandonar mi actual empleo por otro a media jornada, de los que no abundan mucho, o bien intentar que me echen acumulando despropósitos y que me paguen una indemnización de 25 días por año trabajado, lo cual es nada, y dos años de paro con los que poder pagar la casa y la comida. Y ya. Entrar en una universidad pública y estudiar, desde cero, otra cosa distinta. Después, al terminar la carrera, tendría que empezar con las prácticas, beca sobre beca, y confiar en la suerte y en los demás.

La especialización completa es mucho mejor y, si cabe, aún más fácil. Significa pedir un crédito a alguien o a algo que te lo pueda y quiera dar para estudiar un máster; compatibilizarlo con mi trabajo actual en horarios y en tiempos y, después de esto y del año o los dos años haciendo esta especialización, confiar en que la bolsa de trabajo sea realmente buena, confiar en que yo soy realmente buena, confiar en que existirá una plaza realmente interesante para mí tras estudiar un máster como ese y confiar en que el riesgo de cambio merece la pena. Eso sí, contando con que, en ese momento, tendré 32 años.

Sé que no es justo. No es justo que con 30 años no pueda planificar mi vida. No es justo que no pueda optar a un trabajo mejor, con más responsabilidad y más remuneración. No es justo que no pueda pensar en quedarme embarazada y tener hijos. No es justo que no pueda irme a vivir con mi novio y comprar una primera y única vivienda. No es justo que no pueda viajar, ir a la peluquería o comprar la comida que me gustaría. No es justo que tenga que trabajar horas y horas extra para no perder un empleo donde no se me valora ni un segundo. No es justo que mis jefes sepan menos idiomas que yo, menos de negocio que yo, y que se queden donde están porque "es lo que hay". No es justo que se premie la creación de empresas, pero no el mantenimiento de las mismas.

¿Qué es Dónde jiña el perroflauta y otros cuentos chinos?

El 15 de mayo de 2011, nacía en España el movimiento de los "indignados", un movimiento global de voluntad de cambio fruto de la indignación colectiva. Desde entonces, y en los meses y años siguientes, tuvieron lugar numerosas reivindicaciones políticas, sociales y económicas. Este libro se publicó en Madrid en 2012 y recoge nueve relatos anónimos, que se hacen eco de algunos de los puntos de vista, propósitos y planteamientos que causaron esta indignación.

Fuente: AA. VV., *Dónde jiña el perroflauta y otros cuentos chinos*, Nagrela Editores, S. L., 2012

COMPETENCIA CRÍTICA

INDIGNADA

D.1 ¿Has hecho o has pensado en hacer alguna de estas cosas? Márcalas y comenta con un compañero por qué las hiciste o por qué te gustaría hacerlas.

- ☐ Dudar entre especializarte más o cambiar de sector profesional
- ☐ Encontrar un primer trabajo
- ☐ Estudiar un máster o cursos de idiomas
- ☐ Montar una empresa propia
- ☐ Mudarte a una gran ciudad
- ☐ Progresar en la empresa
- ☐ Tener un contrato temporal
- ☐ Tener hijos

D.2 Lee el texto y comprueba en qué orden hizo la protagonista algunas de las cosas anteriores. ¿Se parece su experiencia a la tuya?

D.3 Teniendo en cuenta lo que dice el texto, ¿crees que en España resultan fáciles estas cosas para los jóvenes? ¿Cómo es en tu país?

- Ascender en la empresa
- Comprar una vivienda
- Estudiar y trabajar a la vez
- Estudiar y aprender idiomas
- Cambiar de sector profesional
- Tener un contrato estable
- Planificar la carrera profesional y la vida personal a medio y largo plazo
- Alcanzar un nivel de vida mejor que el de los padres
- Tener estudios de posgrado
- Formar una familia

D.4 ¿Contra qué protesta la autora del texto? ¿Crees que tiene motivos para quejarse?

D.5 La autora hace referencia, repetidas veces, a la edad. ¿Qué crees que trata de expresar con ello?

D.6 ¿Cómo describirías el tono del texto (resignado, reivindicativo, irónico...)? Encuentra fragmentos que lo ejemplifiquen.

D.7 Lee las predicciones que han hecho algunos expertos en economía y empleo. ¿Crees que estas cosas ocurrirán? ¿Quiénes se beneficiarían?

1. Desaparecerá totalmente el "empleo seguro", el "empleo para toda la vida".
2. No trabajaremos de forma estable para una empresa, sino en proyectos concretos.
3. El *curriculum vitae* tradicional dejará paso a estrategias de *marketing* individual más sofisticadas e innovadoras: tendremos que aprender a promocionar nuestras capacidades particulares. Es decir, desarrollar una "marca personal".

ACTUAR

CAMBIAR DE TRABAJO

D.8 En la comunicación profesional es esencial manejar bien los matices de la lengua formal. Esta carta no tiene errores gramaticales, pero hay inadecuaciones. ¿Las detectas? ¿Qué convendría cambiar?

JOSÉ MANUEL SÁEZ
DIRECTOR DEL SERVICIO DE RECURSOS HUMANOS
PERFUMES HERNÁNDEZ & RUIZ, ESPAÑA

Madrid, a 28 de abril de 2016

Muy señor mío:

Tras ser asistente en el servicio de Comercio Exterior y responsable de zona Europa del Sur desde hace tres años, ahora quiero presentar mi dimisión.

Acabo de recibir una oferta de empleo como responsable de Comercio Exterior en una pyme del sector de los cosméticos. Esta oferta representa para mí una oportunidad para hacer evolucionar mi carrera. Después de tres años de experiencia en este sector, me apetece asumir más responsabilidades. A fin de cuentas, además de tener un contacto más amplio y directo con los clientes, este puesto me permitirá dar una dimensión más internacional a mi carrera, lo que siempre ha sido mi objetivo.

He decidido aceptar esta oferta, ya que cuadra perfectamente con mi proyecto y metas profesionales. Le recuerdo que dispongo de un periodo de aviso previo de un mes, así que pienso abandonar mi puesto a finales de mayo. Entonces ya habrá terminado su periodo de prácticas el estudiante que empezó a trabajar en nuestro servicio en enero. Seguramente será un buen candidato para mi puesto.

Hágame el favor de aceptar mi dimisión en el plazo más breve posible. Me pongo a su entera disposición para discutir mi decisión, y, sin otro particular, le saludo.

Sylvie Dubois

D.9 Escribe una carta o correo electrónico adecuado a la siguiente situación.

Trabajas desde hace tiempo en una empresa (tú decides cuál y lo que haces en ella). Tu trabajo no te desagrada, pero ahora tienes la posibilidad de incorporarte a otra empresa para trabajar temporalmente en un proyecto que te atrae especialmente. Quieres aceptarla, pero también quieres mantener buenas relaciones con tu empresa actual para dejar abierta la posibilidad de volver en el futuro.

Teniendo en cuenta todo esto, escribe una carta al director de Recursos Humanos de tu empresa anunciándole tu deseo de marcharte. Explícale los motivos de tu decisión de una manera que pueda ser favorable a tus intereses presentes y futuros.

¡Compártelo! #cdec1_cambiardetrabajo

¿QUÉ HAS APRENDIDO?

1. Observa este gráfico sobre el nivel de instrucción de los jóvenes y fíjate hasta qué edad cursan estudios, de qué tipo y a qué edad los abandonan. Imagina que lo presentas en una charla sobre educación. Prepara esta presentación teniendo en cuenta las siguientes recomendaciones. Trata de usar el léxico y las estructuras que has aprendido en esta unidad.

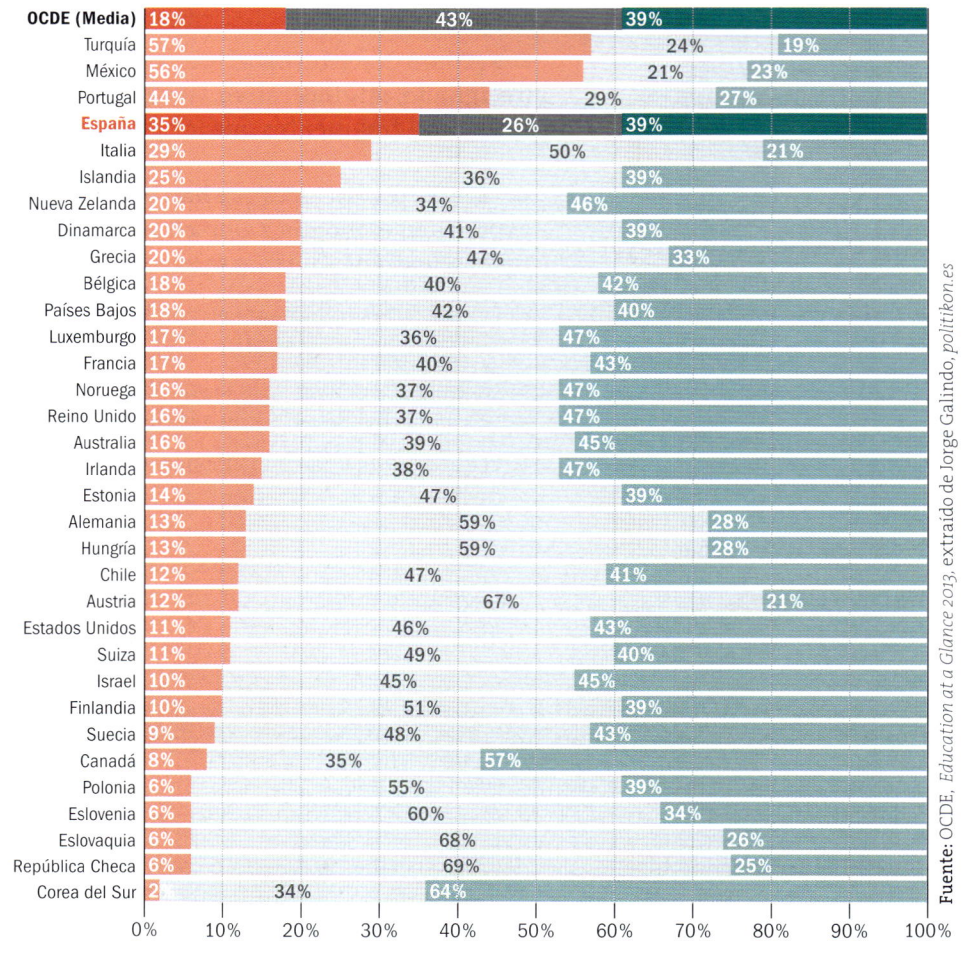

La dualidad del sistema educativo en España
Porcentaje de personas de 25-34 años según nivel educativo alcanzado, 2011

País	Primaria y secundaria básica	Secundaria superior	Terciaria
OCDE (Media)	18%	43%	39%
Turquía	57%	24%	19%
México	56%	21%	23%
Portugal	44%	29%	27%
España	**35%**	**26%**	**39%**
Italia	29%	50%	21%
Islandia	25%	36%	39%
Nueva Zelanda	20%	34%	46%
Dinamarca	20%	41%	39%
Grecia	20%	47%	33%
Bélgica	18%	40%	42%
Países Bajos	18%	42%	40%
Luxemburgo	17%	36%	47%
Francia	17%	40%	43%
Noruega	16%	37%	47%
Reino Unido	16%	37%	47%
Australia	16%	39%	45%
Irlanda	15%	38%	47%
Estonia	14%	47%	39%
Alemania	13%	59%	28%
Hungría	13%	59%	28%
Chile	12%	47%	41%
Austria	12%	67%	21%
Estados Unidos	11%	46%	43%
Suiza	11%	49%	40%
Israel	10%	45%	45%
Finlandia	10%	51%	39%
Suecia	9%	48%	43%
Canadá	8%	35%	57%
Polonia	6%	55%	39%
Eslovenia	6%	60%	34%
Eslovaquia	6%	68%	26%
República Checa	6%	69%	25%
Corea del Sur	2%	34%	64%

Fuente: OCDE, *Education at a Glance 2013*, extraído de Jorge Galindo, *politikon.es*

- **Selecciona los datos** que te parezcan más destacables y establece comparaciones.
- **Piensa en las posibles causas** que han llevado a estos resultados y exponlas de manera ordenada.
- **Presenta las consecuencias** que tiene para la sociedad de un país el nivel educativo alcanzado de sus habitantes.
- **Propón algunas medidas** que permitan reducir las diferencias en el nivel educativo que presenta el gráfico.

2. Grábate haciendo la presentación y, luego, pásala a un compañero, que te pasará la suya. Analiza la que has recibido y toma notas para ayudarlo a mejorar. Después, comentad vuestras observaciones en parejas. Ten en cuenta estos criterios y los que consideres oportunos.

- ¿Has usado un léxico preciso y variado?
- ¿La presentación es clara? ¿Cambiarías alguna cosa de la estructura?
- ¿Percibes errores gramaticales y de sintaxis?
- ¿Cómo podrías mejorar la presentación?

3. En esta unidad hemos trabajado con algunas expresiones para hablar de los estudios y de la carrera profesional (C.8 y C.9). Escribe con ellas un correo electrónico de presentación para enviarlo a una empresa en la que te gustaría trabajar.

4. ¿Qué es lo más importante y útil que has aprendido en esta unidad?

5. ¿Qué es lo que te ha parecido más difícil?

6. ¿En qué aspectos has mejorado?

7. ¿Qué puedes hacer a partir de ahora para afianzar los contenidos que te resultan difíciles?

A de arte

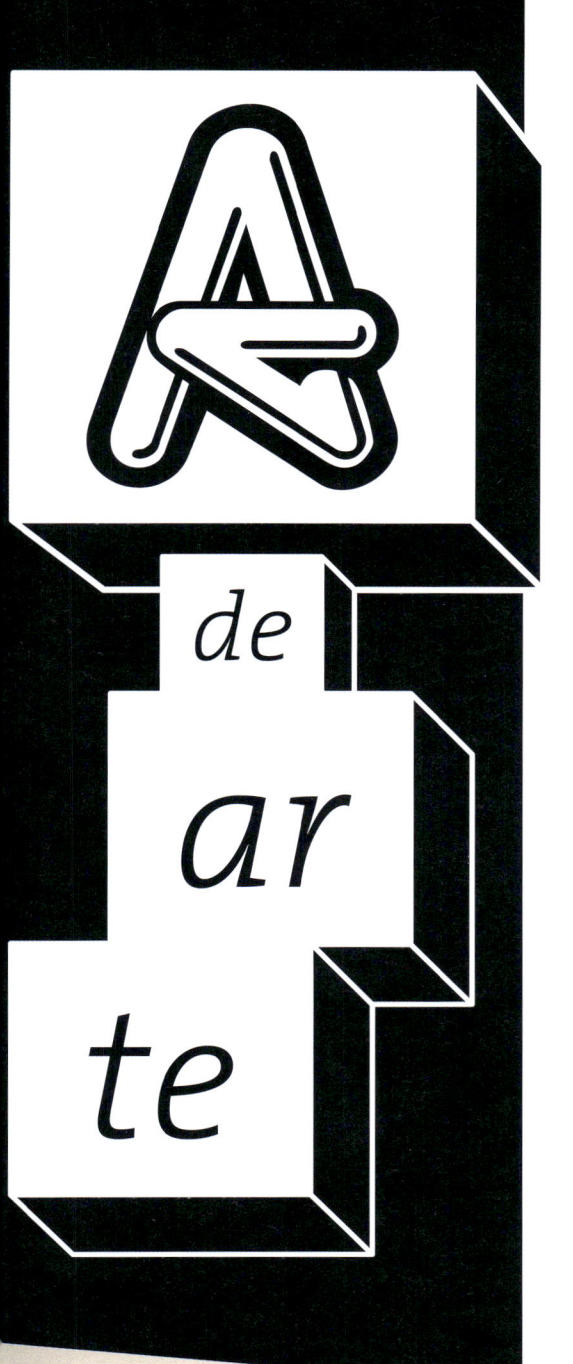

A ARTE EN ESTADO PURO

ENTRAR EN EL TEMA

ARTE DE VANGUARDIA

A.1 ¿Qué entiendes por **arte de vanguardia**? Lee estas preguntas y coméntalas con algunos compañeros.

- ¿Podrías poner algún ejemplo de arte de vanguardia?
- ¿Te parece que lo entiendes? ¿Crees que hay que entenderlo?
- ¿Crees que es mejor o peor que el arte de otras épocas? ¿Por qué?
- ¿Qué diferencias ves entre los artistas contemporáneos y los de otras épocas?
- ¿Qué críticas se oyen sobre el arte moderno? ¿Estás de acuerdo con ellas?

A.2 Mira estos grupos escultóricos. ¿Qué relación hay entre los dos? ¿Cómo describirías la reinterpretación de la obra original? ¿Te gusta?

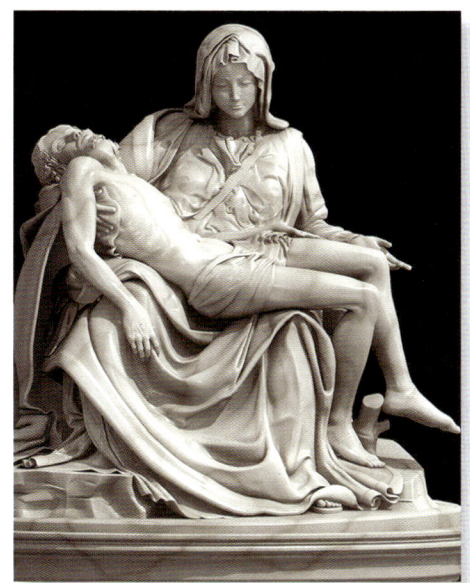

La Piedad (Miguel Ángel, 1498-1499)

La Piedad invertida (Marina Vargas, 2012)

¿Quién es Marina Vargas?
La Piedad invertida (o La madre muerta) es una escultura ideada por la joven artista española Marina Vargas, licenciada en Bellas Artes en la Universidad de Granada. Ha expuesto su obra en ciudades como Granada, Sevilla, Córdoba, Málaga, Nueva York, Milán o La Habana. Ganadora de numerosos premios, la artista española es reconocida y cotizada ya internacionalmente. Entre sus más recientes exposiciones se hallan Ni animal ni tampoco ángel, La muerte por las manos y Nadie es inmune.

A.3 ¿Conoces otros ejemplos similares? Busca en internet una reinterpretación de una obra clásica y preséntala brevemente en clase. ¿Os gustan más las originales o las versiones?

A.4 ¿Hasta qué punto consideras lícitas esta clase de reinterpretaciones?

→ 🏠 💻 Prepárate en casa: *¿Qué sabes?*

ARTE PARA LOS SENTIDOS

A DE ARTE | 22

→ 🏠🖥 Prepárate en casa: *Texto mapeado*

Globedia
El diario colaborativo

on&on, arte efímero en La Casa Encendida
22/12/2010 21:49

No sé por qué he tardado tanto en hacer esta entrada, porque la verdad es que ha sido una de las exposiciones más interesantes de las que he visto últimamente, en cuanto a arte contemporáneo se refiere. La Casa Encendida nos propone "on&on", una muestra donde la premisa ha sido la creación de arte efímero, piezas que, una vez que termine la muestra, desaparecerán. Y no solo eso, sino que cada vez que el espectador la visite, verá algo diferente. Se trata de piezas sensoriales que buscan estimular otros sentidos, no solo la vista, sino también el olfato y el oído. Una muestra que conecta con el yo primitivo e interior del espectador; aquí no es necesario entender de historia del arte, tan solo acercarnos a las piezas y dejarnos estimular, permitir que nos hablen.

Claire Morgan – *Fluid*
Claire Morgan nos sorprende con un montón de fresas suspendidas del techo que van pudriéndose poco a poco, rodeadas de pájaros disecados y moscas de la fruta. Aunque parezca lo contrario, no resulta desagradable, al contrario, el olor de la fruta extremadamente madura envuelve todo con un dulzón olor a fresas. Las fronteras entre la vida y la muerte se diluyen, ya que la muerte de unos genera la vida de otros.

Anya Gallaccio – *Aspire*
Una de las instalaciones más hermosas es la de Anya Gallaccio, que nos muestra una sala cubierta de auténtico chocolate con un banco en el centro del mismo, hecho del mismo material. Podemos oler el intenso aroma del chocolate que nos envuelve dentro de la habitación. Al salir, nos encontramos con una sala llena de velas que se van derritiendo y dejan unos preciosos círculos de cera en el suelo.

Céleste Boursier-Mougenot – *From here to ear*
Realmente impactante y bonita es la de Céleste Boursier-Mougenot. Entramos en una sala decorada como si nos encontráramos en medio de un paraje desértico, con instrumentos musicales diseminados por aquí y por allá, y revoloteando por toda la sala un montón de pájaros. Es realmente interesante observar cómo interactúan con los instrumentos, se posan en ellos y, gracias a unos amplificadores, se oye el sonido que hacen; pero también construyen nidos entre las cuerdas de una guitarra, o comen al lado de los platos de una batería.

Gerda Steiner y Jörg Lenzlinger – *The Conference*
Es de una sorprendente belleza la idea plasmada por Gerda Steiner y Jörg Lenzlinger, donde una sala de reuniones llena de ordenadores se ha visto invadida por una colonia de cristales (un fertilizante que se expande como si fuese un coral rosa) que van creciendo día a día. El mundo cotidiano del trabajo se ve invadido por lo insólito.

Chiharu Shiota – *Dialogue with absence*
Impacta entrar a una sala donde vemos un piano y unas sillas quemadas, todo ello rodeado de una enorme madeja de hilo negro, como si el tiempo se hubiera detenido. El piano ha perdido su función, es inservible, el silencio se adueña de la estancia. Parece como si el tiempo se hubiese detenido en medio de un recital, como si el mundo hubiese desaparecido, en la instalación de Chiharu Shiota.

Pero estas son solo algunas de las cosas que podemos ver en esta exposición; lo mejor es acercarse y dejarse envolver por las sensaciones que nos aporten cada una de las obras.

Fuente: www.lacasaencendida.es

PREPARAR EL DOCUMENTO

ARTE EFÍMERO

B.1 ¿Qué te sugiere la expresión arte efímero? Relaciona este concepto con las imágenes que acompañan el texto.

B.2 Lee estas declaraciones de los comisarios de la exposición. ¿Se parece a lo que has pensado en B.1?

"Vivimos en un mundo sometido a un control constante por parte de los medios. Los artistas responden con obras efímeras que, por su naturaleza, no se pueden rastrear realmente. Usan materiales que tienen una vida limitada o que están en constante evolución. Estas obras tan dispares, diseñadas en algunos casos para un entorno concreto, tienen en común su interés por los estados de cambio. Evolución, disolución, memoria, fragilidad y envejecimiento."

ENTENDER EL DOCUMENTO

LAS IMÁGENES Y EL TEXTO

B.3 Lee el texto y comenta estas cuestiones con algunos compañeros.

- ¿Identificas en las imágenes los aspectos descritos?
- ¿Qué cosas que se ven en las imágenes no describe el texto?
- ¿Qué obras te parecen más interesantes?
- ¿Irías a ver la exposición? ¿Por qué?

> En la foto de las fresas colgadas no se ven ni los pájaros disecados ni las moscas de la fruta. Pero sí se describen las sensaciones que produce la obra y eso no se percibe en una imagen.

TRABAJAR EL LÉXICO

HABLAR DE ARTE

B.4 Busca en el texto expresiones que sirvan para hablar de arte y clasifícalas en los siguientes grupos. ¿Cuáles sueles usar tú? ¿Podrías añadir otras? Comparte tus listas con el resto de la clase.

1. Expresiones para hablar de los **estilos** y **épocas** y para **valorar el arte**
2. Expresiones **no relacionadas con el arte** pero que pueden servir para hablar de él

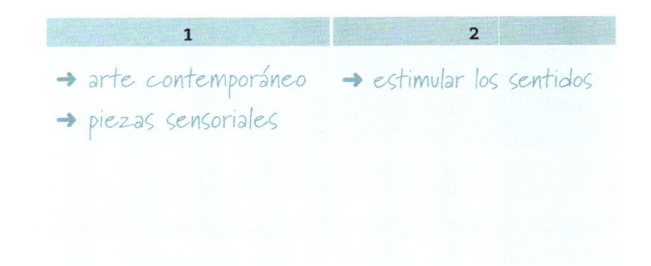

1	2
→ arte contemporáneo → piezas sensoriales	→ estimular los sentidos

LOS CINCO SENTIDOS

B.5 El autor del blog califica las obras de "piezas sensoriales". ¿Qué sentidos crees que estimula cada una? Justifícalo basándote en fragmentos del texto.

EL GUSTO · EL OÍDO · EL TACTO · LA VISTA · EL OLFATO

B.6 Lee esta frase extraída del texto. ¿Entiendes qué significa dulzón? Además de un olor, ¿qué otra cosa puede ser dulzona?

"El olor de la fruta extremadamente madura envuelve todo con un **dulzón** olor a fresas."

B.7 Observa estos adjetivos. ¿A qué puede referirse cada uno? Después, coméntalo con algunos compañeros. Pon ejemplos concretos.

cálido/a   apagado/a   encendido/a   intenso/a   estridente
duro/a   rancio/a   penetrante   embriagador/a   vibrante
armónico/a   delicado/a   frío/a   blando/a   áspero/a
nauseabundo/a   empalagoso/a   denso/a   tenue   vivaz

- Un olor →
- Un sabor →
- Un sonido →
- Un tacto →
- Un color →
- Una mirada →

> Una mirada puede ser fría cuando no refleja ningún sentimiento. Y también hay colores fríos, como el azul.

B.8 ¿Cuáles de los adjetivos de B.7 pueden servir para hablar de arte? Escribe algunas frases de ejemplo. ¿El uso de esos adjetivos tendría connotaciones positivas o negativas?

B.9 ¿Cuáles de los adjetivos de B.7 servirían para hablar de una película? ¿Y de una pieza musical?

> Una peli es vibrante cuando hay mucha acción, por ejemplo. Y un personaje puede ser blando, ¿no?, cuando no tiene mucha personalidad o es muy benévolo.

OBSERVAR EL DISCURSO
RECURSOS ESTILÍSTICOS

B.10 En el texto se dice que la idea plasmada por Gerda Steiner y Jörg Lenzlinger es de una sorprendente belleza. ¿Significaría lo mismo decir es de una belleza sorprendente? Coméntalo con un compañero.

B.11 En español los adjetivos con sentido valorativo o afectivo se pueden anteponer al sustantivo. Sin embargo, los de fuerte contenido descriptivo no. Decide en cuáles de estos casos se puede anteponer el adjetivo y justifica tu respuesta.

uñas postizas   amigo entrañable   concierto inaugural
pimentón picante   reunión interminable   actividad intensa
subasta benéfica   exposición magnífica   obra dramática

B.12 Localiza en el texto otros casos donde el adjetivo se antepone al sustantivo. ¿Suenan igual de bien detrás del sustantivo? Haz la prueba y coméntalo con un compañero.

ACTUAR
EL ARTE QUE HABLA

B.13 Busca en internet algún otro ejemplo de arte efímero y escribe un texto evocador que describa las sensaciones y las ideas que despierta.

B.14 Lee los textos de tus compañeros. ¿Cuál te ha evocado más sensaciones? ¿Cómo te imaginas la obra?

B.15 Buscad imágenes de las obras que habéis descrito. ¿Os las imaginabais así?

¡Compártelo!   #cdec1_elartequehabla

C ARTE EN LA CALLE

A DE ARTE | 25

¿Quién es Francisco de Pájaro?
Bajo la consigna "El arte es basura", Francisco de Pájaro, pintor autodidacta, se autodefine como **obrero del arte**. Este artista extremeño aprovecha los materiales que encuentra en la basura de las calles para crear sus obras en los mismos lugares en que los localiza. De Pájaro ha trabajado en diferentes ciudades españolas y extranjeras. Con sus ácidos mensajes y espectaculares representaciones, sus obras reflexionan sobre el sentido del arte.

→ Prepárate en casa: Vídeo + transcripción

PREPARAR EL DOCUMENTO

EL ARTE ES ¿BASURA?

C.1 Vas a ver un vídeo titulado *Art is trash (El arte es basura)*. Fíjate en las imágenes de esta página. ¿Por qué se relaciona el arte con la basura?

C.2 Ve el vídeo sin sonido hasta el minuto 0:30. ¿Qué etiqueta (o etiquetas) define mejor lo que hace este artista? Justifica tu respuesta.

- arte comprometido
- arte improvisado
- arte efímero
- arte callejero
- arte urbano
- arte de vanguardia

Yo diría que es un arte improvisado, porque parece hecho de cosas que hay en la basura. Pero también…

C.3 ¿Qué opinas sobre las obras de Francisco de Pájaro? ¿Qué diferencias encuentras entre su arte y el arte de un grafitero? Coméntalas con tus compañeros.

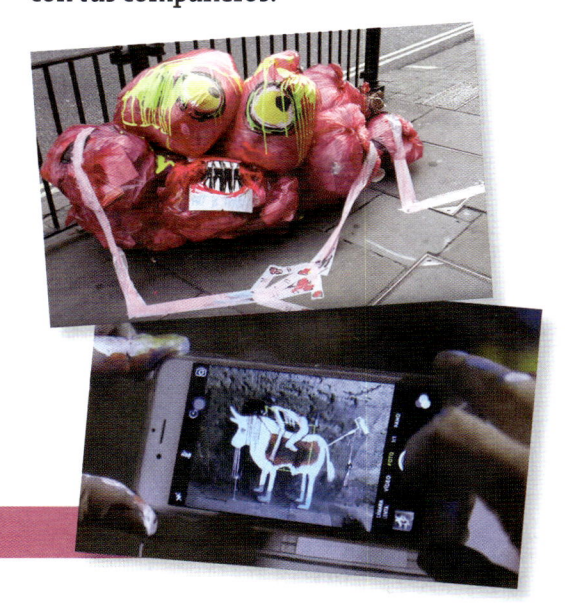

ENTENDER EL DOCUMENTO

EL ARTISTA Y SU ARTE

C.4 Ve el vídeo con sonido desde el principio y continúa esta lista de los temas principales que se tratan. Plantea al menos una pregunta para cada tema.

→ • Presentación: ¿Quién es el artista? ¿Qué hace?
- La fealdad de su obra: ¿Cómo define su propia obra?
- Sus trabajos: ¿Pinta por vocación? ¿De qué ha trabajado?
- …

C.5 Vuelve a ver el vídeo y responde a las preguntas anteriores. Después, compara la información que has escrito con la de un compañero.

C.6 Lee esta frase que dice Francisco de Pájaro en el reportaje. ¿Qué quiere decir con ello? ¿Cómo se relaciona esta frase con lo que él hace?

"Soy el pastelero que hace pasteles."

C.7 Al final del vídeo De Pájaro dice esta otra frase. ¿A qué personas se refiere? ¿Cuál es ese mensaje? ¿Cómo es su manera de entender el arte? Justifícalo haciendo referencia a algunos fragmentos del vídeo.

"[…] no entienden el mensaje que yo quiero decir. No poseer tantas cosas, ¿no?"

TRABAJAR EL LÉXICO

EXPRESIONES

C.8 Lee estas frases extraídas del vídeo. ¿Sabes qué significan las expresiones marcadas? Comentadlo en parejas. ¿Hay equivalencias con tu lengua u otra que conozcas?

1. "Si yo quiero componer ahí **cualquier movida**, no lo veo, ¿sabes?"
2. "Siempre he trabajado, y trabajo todavía, con taquicardias que **se te sale el corazón por la boca**."
3. "[…] porque tienes que trabajar muy rápido y tienes que **cuidarte las espaldas**."
4. "Con **ojos en todos lados**."
5. "Los **maderos**, los **maderos**. Que vienen los **maderitos**."
6. "¿Me pagan por ello? **Pues ¡olé!**"
7. "Lo más normal, que pinte cosas que se van a vender, **así de claro**, ¿sabes?"

TRABAJAR LA GRAMÁTICA

ESTRUCTURA GRAMATICAL

C.9 En el vídeo De Pájaro comete omisiones e imprecisiones propias del registro oral coloquial que afectan a la estructura gramatical. ¿Las detectas? Fíjate en el ejemplo y reescribe las frases correctamente. No hay una solución única.

1. "Las obras que yo hacía antes no se me hacía mucho caso."
   → *Las obras que yo hacía antes no llamaban la atención de las galerías. / Con las obras que yo hacía antes no se me hacía mucho caso.*
2. "Esos personajes representan las minorías y son mis héroes, donde siempre ganan al sistema."
3. "Siempre he trabajado, y trabajo todavía, con taquicardias que se te sale el corazón por la boca."
4. "Cuando yo salgo a la calle a pintar y hago 'el arte es basura' ahí… Eso es salvaje, o sea, no tiene nada que ver a trabajar aquí en un estudio, aquí en tu intimidad."
5. "Lo siento por el que no pueda, pero… que no decaigan, ¿sabes? Y que busquen su sueño y su camino."
6. "Entonces… Lo más normal, que pinte cosas que se van a vender, así de claro, ¿sabes?"
7. "Sé que he aprendido que lo más importante es esa comunicación con las personas y de lo que yo quiero decir, de lo que yo quiero hablar, pintando."
8. "Aunque luego sé que hay muchas personas que se lo lleva a su casa y lo cuelga."

LO MISMO

C.10 Fíjate en este fragmento del vídeo y reformula la frase usando otras palabras. ¿Entiendes qué significa lo mismo?

"Yo he trabajado de muchas cosas. **Lo mismo** pintaba habitaciones en los hoteles, que **lo mismo** trabajaba de camarero, que **lo mismo** limpiaba fosas en el cementerio de Montjuic."

C.11 Lee estas frases. ¿En cuáles lo mismo se corresponde con el significado de la frase de C.10? ¿Qué significa en las otras?

1. Mario es imprevisible. **Lo mismo** te llama todos los días que no te llama en un mes.
2. Siempre hace **lo mismo**. Cuando es la hora manda un mensaje diciendo que sale de casa y que llega tarde. ¡Que salga antes!
3. Todavía no sabemos cómo ocurrió. **Lo mismo** se le cayó el móvil al agua, quiso cogerlo y se ahogó.
4. Este cocinero es de los mejores. **Lo mismo** hace un plato de vanguardia que prepara un plato de lo más tradicional. Y todo exquisito.

→ G Gram., p. 186 » 23.3

OBSERVAR EL DISCURSO

REGISTRO ORAL COLOQUIAL

C.12 Aquí tienes algunos ejemplos de las características fundamentales del registro oral coloquial que hay en el vídeo. Vuelve a verlo y trabaja con la transcripción. Localiza algún ejemplo más para cada fenómeno.

- Argot: → *Si yo quiero componer ahí cualquier movida, [...].*
- Intensificadores: → *Pero la mayoría de las cosas que hago es pura mierda.*
- Recursos de cierre enumerativo: → *Aunque luego sé que hay muchas personas que se lo lleva a su casa y lo cuelga, y eso es una cosa también que me molesta bastante.*
- Alargamientos fónicos y repeticiones de palabras:
  → *Los maderos, los maderos. Que vienen los maderitos.*
- Relajación o pérdida de sonidos: → *Es intencionadamente feo pa(ra) que toque los cojones a la gente, claro.*
- Marcadores que regulan y controlan el contacto: → *No hay que darle más vueltas, ¿sabes?*
- Reformulación: → *[...] porque tienes que trabajar muy rápido y tienes que cuidarte las espaldas porque... pa(ra) que no venga la policía, ¿sabes?*

C.13 De Pájaro emplea algunas expresiones vulgares o malsonantes. ¿Sabes qué significan? ¿Tienen equivalente en tu lengua? ¿En qué contextos las podrías usar? Piénsalo y coméntalo con un compañero.

1. "Es intencionadamente feo pa(ra) que **toque los cojones** a la gente, claro."
2. "Pero, **qué coño**, prefiero ser Francisco de Pájaro y dibujar."
3. "A veces tengo la suerte de que sale algo **de puta madre**."
4. "La mayoría de cosas que hago es **pura mierda**."

OBSERVAR LA PRONUNCIACIÓN

LA S Y LA J

C.14 3-4 Francisco de Pájaro es extremeño, de Zafra (Badajoz). Escucha estos fragmentos del vídeo y fíjate en cómo pronuncia algunas *s* y *j*. ¿Qué notas? ¿Te recuerda a otras variantes del español?

"Soy Francisco de Pájaro, este es mi nuevo estudio y en mi otro estudio, que es la calle, está "el arte es basura"."

"Siempre he trabajado, y trabajo todavía, con taquicardias que se te sale el corazón por la boca porque tienes que trabajar muy rápido y tienes que cuidarte las espaldas, o sea, porque... pa(ra) que no venga la policía, ¿sabes?"

FRANCISCO DE PÁJARO
ART IS TRASH

ACTUAR

JÓVENES PROMESAS

C.15 Aquí tienes un comentario de una bloguera sobre el trabajo de Francisco de Pájaro. ¿Estás de acuerdo? Escribe un comentario de cuatro o cinco líneas con tu opinión. Después, compártelo con toda la clase.

> ¡Interesantísimo! Leí una nota sobre el artista y empecé a investigar sobre su trabajo; me atrajo su abordaje romántico de la basura y su interpretación del lado del consumismo que no vemos, que desechamos.

C.16 En grupo, buscad información sobre alguna joven promesa del arte (español, latinoamericano o de vuestro país) y preparad una presentación sobre cómo han sido sus inicios y cuáles son sus principales obras.

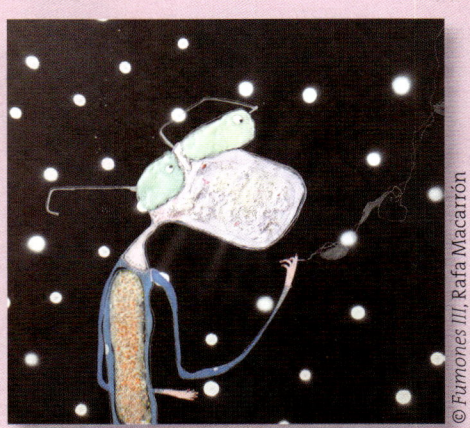

© Isabel Tallos

© Fumones III, Rafa Macarrón

< ¡Compártelo! #cdec1_jóvenespromesas

DESCRIBIR PINTURA, PINTAR POESÍA

Prepárate en casa: *Texto mapeado*

Materia sobre tela (Antoni Tàpies, 1964)

Vista del jardín de la Villa Médici, en Roma [La entrada de la gruta]
(Diego Velázquez, 1630)

Poema 1

(puertas)

1
hombre en la ventana
mediopunto negro

ángel ciego o dormido

2
puerta con noche encima
abajo y dentro

3
ubre de yeso   lágrima de yeso
pisada en el centro de la nube

4
como el mundo
puerta entre la sombra y la luz
entre la vida y la muerte

5
el justo golpe
la mano   la música de la mano
la rebusca en el fuego

Blanca Varela (*Canto Villano*, 1978)

Poema 2

Cuando se vayan esos tres lacayos
y cese su tarea misteriosa
—¿qué hace en la balaustrada uno de ellos
desplegando ese lienzo?: pareciera
que pone una mortaja a muertas piedras
como si reclamaran los cipreses
un aire funeral— debo acercarme
a ver por las rendijas de esas tablas.

¿Qué habrá? No sé. La estatua
no esclarece el misterio, nada quiere
saber: es muda piedra. Me imagino
que nada malo habrá tras ese arco
donde la sombra es solo mera ausencia
de la luz otoñal que todo invade.

Aníbal Núñez (*Figura en un paisaje*, 1974)

¿Quién es Antoni Tàpies?

Tàpies (1923-2012), pintor, escultor y teórico del arte español, está considerado una de las figuras más destacadas del arte de vanguardia del siglo xx. Creó un estilo propio, abstracto, pero lleno de simbolismo. Tradicional e innovadora al mismo tiempo, la obra de Tàpies ha sido expuesta en museos y galerías de todo el mundo.

¿Quién es Diego Velázquez?

Velázquez (1599-1660) es considerado uno de los máximos exponentes de la pintura española. Su estilo, influenciado por el pintor lombardo Caravaggio, es naturalista y tenebrista. Fue pintor de la corte del rey Felipe II. Entre sus obras más alabadas, destacan La rendición de Breda, Las meninas y Las hilanderas.

COMPETENCIA CRÍTICA

POEMAS Y CUADROS

D.1 Mira los cuadros. ¿Cómo definirías su estilo? Elige entre estos adjetivos o propón otros. Comenta y justifica tu elección con un compañero.

tenebrista *abstracto* *impresionista*
figurativo *realista* *clásico* *barroco*
informalista *naturalista* *expresionista*

D.2 Lee las cajas de información cultural.

- ¿Qué dicen sobre el estilo de estos pintores? ¿Coincide con lo que habéis comentado en D.1?
- ¿Conoces otras obras de Tàpies o de Velázquez? Comentadlo entre todos en clase.

D.3 🎧 5-6 Escucha estos dos poemas mientras observas los cuadros. ¿A cuál de ellos se refiere cada uno? ¿Por qué lo crees?

D.4 Ahora lee los dos poemas. ¿Qué imágenes o elementos identificas en los cuadros? Clasifícalos en una tabla y luego compárala con la de un compañero.

- ¿Qué imágenes os parecen más reconocibles?
- ¿Cuáles son más poéticas?
- ¿Cuál es la imagen que os gusta más?

Poema 1	Poema 2
hombre en la ventana	mortaja

D.5 Lee de nuevo el poema de Blanca Varela y fíjate en los siguientes aspectos. ¿Crees que plasman el lenguaje pictórico del cuadro de Tàpies? ¿Por qué?

- Tratamiento del espacio (separación entre palabras, entre versos, etc.)
- Puntuación
- Estructura del poema
- Verbos
- Artículos indefinidos/definidos
- Adverbios
- Adjetivos

D.6 Lee esta definición de écfrasis. Luego, comentad en clase si los poemas que habéis leído son buenos ejemplos de écfrasis y por qué.

El término **écfrasis** proviene de los vocablos griegos *ek* 'afuera' y *phrasein* 'decir, declamar, pronunciar'. Las primeras referencias sobre el concepto se encuentran en Hermógenes de Tarso (siglo II) dentro de *Ecphrasis Progymnasmata* y lo define como la "descripción extendida, detallada, vívida, que permitía presentar el objeto ante los ojos".
En el siglo XX, retomó el término Jean Hagstrum (1958) en *The Sister Arts: The Tradition of Literary Pictorialism and English Poetry from Dryden to Gray*, donde estudia su etimología y limita el significado a poemas sobre obras de arte mudas. En 1962, Leo Spitzer en *The Ode on a Grecian Urn, or Content vs. Metagrammar* acota todavía más al definir écfrasis como "la descripción poética de una obra de arte pictórica o escultórica", postulado similar al más frecuentado en la actualidad; es decir, el de James Heffernan (1993), quien menciona en *Museum of Words. The Poetics of Ekprasis from Homer to Ashbery* que écfrasis es "la representación verbal de una representación visual".

Fuente: *www.es.wikipedia.org*

D.7 Después de la lectura de los poemas y del análisis que has hecho, ¿cuál de los dos te gusta más? ¿Y de las pinturas?

ACTUAR

PINTAR UN POEMA, ESCRIBIR UN CUADRO

D.8 Acabamos de ver dos ejemplos de cómo se puede pasar de una representación visual a su recreación verbal. ¿Te animarías a pintar un poema o a escribir un cuadro? Busca una obra visual que te guste (un cuadro, un dibujo, un grabado, una escultura, una foto, etc.) y escribe un texto a partir de esa imagen. También puedes recorrer el camino contrario: partir de un texto (poema, cuento, etc.) y "pintarlo". Cuando termines, compártelo con el resto de la clase, pero sin revelar a qué texto o cuadro se refiere. ¿Sabrías adivinar a cuáles corresponden los de tus compañeros?

¡Compártelo! #cdec1_ecfrasis

¿QUÉ HAS APRENDIDO?

1. Describe esta serie de autorretratos del pintor inglés Francis Bacon utilizando los recursos que has aprendido a lo largo de la unidad. ¿A qué estilo crees que pertenecen?

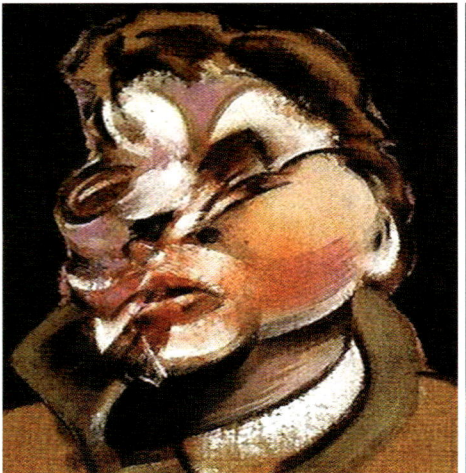

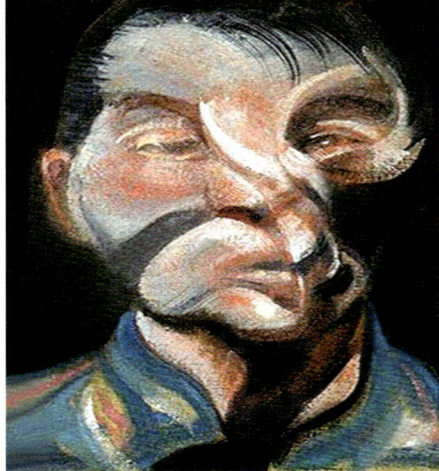

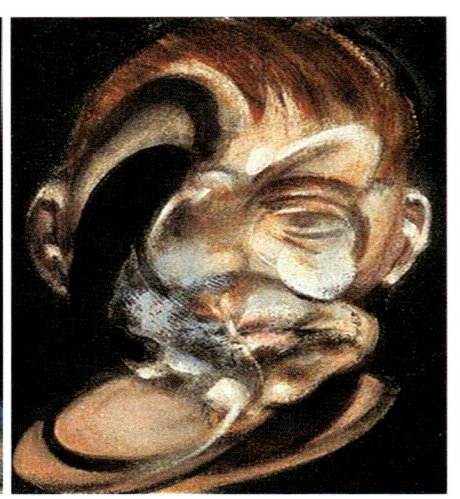

2. Completa las siguientes frases de manera lógica teniendo en cuenta los significados de *lo mismo* que has aprendido en la actividad C.11.

1. Este chico es un manitas: lo mismo ....
2. Cada año es lo mismo: ....
3. ¡Quién sabe! Lo mismo ....
4. ¿Que a dónde nos vamos de vacaciones? Pues todavía no lo tenemos decidido. Lo mismo ....

→ G Gram., p. 186 › **23.3**

3. Transforma este diálogo entre dos compañeros de clase incorporando algunos de los recursos de C.12 y C.13. Después, grábalo en audio con ayuda de un compañero.

JUAN: ¿Te vas ya?

MIGUEL: Sí, porque a las siete he quedado con Ana, la amiga de Maite.

JUAN: Ah, qué bien... ¡pero son las cinco y media!

MIGUEL: Ya... pero mientras llego a casa, me cambio y todo...

JUAN: ¿Dónde vais?

MIGUEL: A una galería... a ver una exposición de un fotógrafo; no sé cómo se llama...

JUAN: Vale, te veo mañana en clase.

4. Busca en internet una reproducción de una obra de arte que te guste. Haz una lista de cinco palabras o expresiones que se te ocurran mientras la observas. Intercambia la obra con tu compañero y haz lo mismo con su reproducción. Luego, comparad vuestras listas. ¿Os han evocado las mismas cosas?

© Lita Cabellut

- poder
- altivez
- frialdad
- vibrante
- elegancia

5. ¿Qué es para ti el arte? ¿Cómo lo definirías? En tu opinión, ¿qué características tiene que reunir una obra de arte para serlo? Repasa las distintas secciones de la unidad y prepara una breve exposición oral.

6. ¿Qué es lo más importante y útil que has aprendido en esta unidad?

7. ¿Qué es lo que te ha parecido más difícil?

8. ¿En qué aspectos has mejorado?

9. ¿Qué puedes hacer a partir de ahora para afianzar los contenidos que te resultan difíciles?

C de consumo

A CONSUMIDORES POR SUS DERECHOS

ENTRAR EN EL TEMA

DENUNCIAS

A.1 El gráfico presenta porcentajes de reclamaciones de consumidores en España. Usa el vocabulario de ayuda para comentar estas cuestiones con tus compañeros.

- ¿Cuáles crees que son las razones de las quejas?
- ¿Crees que los datos sobre reclamaciones en tu país serían semejantes?

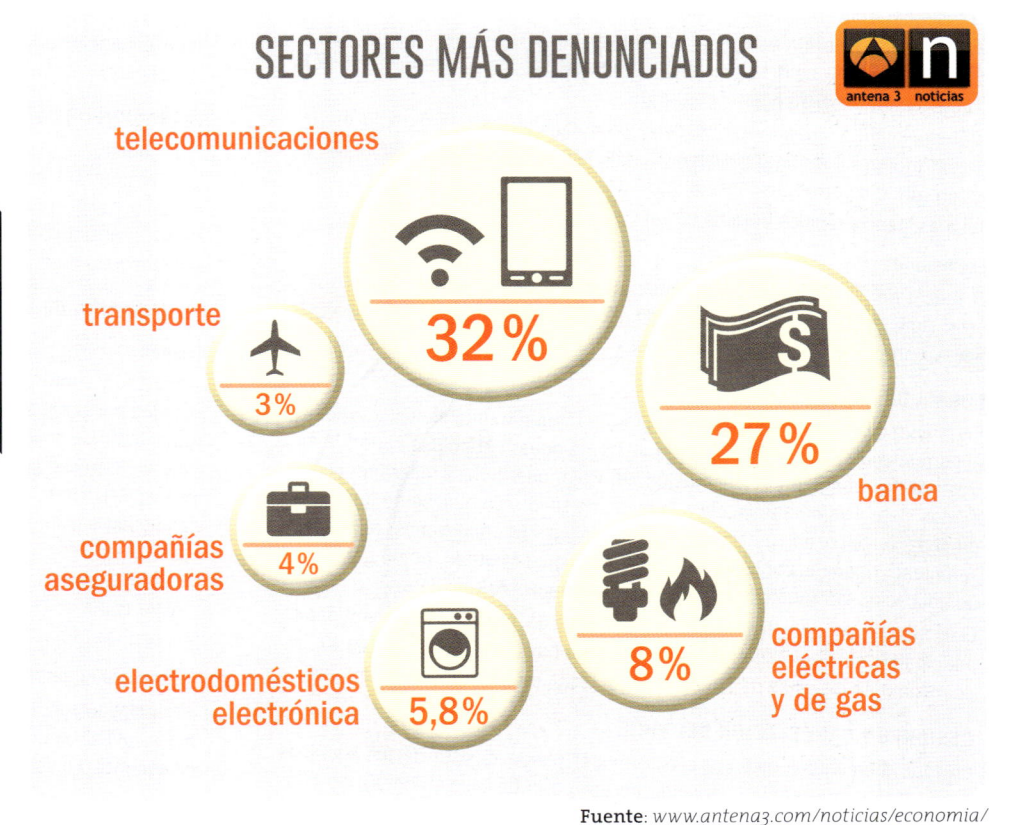

SECTORES MÁS DENUNCIADOS

- telecomunicaciones: 32%
- transporte: 3%
- compañías aseguradoras: 4%
- electrodomésticos electrónica: 5,8%
- compañías eléctricas y de gas: 8%
- banca: 27%

Fuente: www.antena3.com/noticias/economia/

- *contratar/cancelar* un servicio
- *darse* de alta/baja
- *rescindir/prolongar* un contrato
- *(in)cumplir* las condiciones de un contrato
- *pedir/exigir/recibir* una indemnización
- *cubrir/hacerse cargo de/responsabilizarse de* los gastos / los desperfectos
- *cláusula* abusiva / de rescisión
- *publicidad/ofertas* engañosa/s
- *quejarse (de)*
- *engañar/estafar*
- *protestar (por/contra)*

A.2 ¿En qué ámbitos de los anteriores serías capaz de defenderte, en español, como consumidor? ¿En cuáles crees que te resultaría difícil? ¿Por qué? Coméntalo con un compañero. ¿Tenéis competencias similares?

→ Prepárate en casa: *¿Qué sabes?*

B VIAJES CONDICIONADOS

Prepárate en casa: Texto mapeado

CONDICIONES GENERALES DEL CONTRATO DE VIAJES COMBINADOS

A los efectos de las presentes condiciones generales, el programa/oferta es el documento informativo al que estas se incorporan. La información contenida en el programa/oferta es vinculante para el organizador o detallista, salvo que concurra alguna de las siguientes circunstancias:
 a. Que los cambios en dicha información se hayan comunicado claramente por escrito al consumidor y usuario antes de la celebración del contrato.
 b. Que se produzcan posteriormente modificaciones, previo acuerdo por escrito entre las partes contratantes.

PRECIO

Cualquier variación del precio de los elementos sobre los que se calcula el precio del viaje podrá dar lugar a la revisión del coste final de este, tanto al alza como a la baja. En ningún caso se revisará al alza en los veinte días anteriores a la fecha de salida del viaje.

El precio del viaje combinado incluye:
 1. El transporte de ida y regreso, cuando este servicio esté incluido en el programa/oferta contratado, según el tipo de transporte, características y categoría que consten en el contrato.
 2. El alojamiento, cuando este servicio esté incluido en el programa/oferta contratado, en el establecimiento y régimen alimenticio que figura en el contrato o en otros similares en caso de sustitución.
 3. La asistencia técnica durante el viaje.

Exclusiones

El precio del viaje combinado no incluye excursiones o visitas facultativas. Estas actividades no forman parte del contrato de viaje combinado y se rigen por sus propios términos y condiciones.

FORMA DE PAGO

En el acto de la inscripción, la agencia podrá requerir un anticipo, y expedirá el correspondiente recibo. El importe restante deberá abonarse contra la entrega de los bonos o documentación del viaje, que deberá realizarse con al menos siete días de antelación a la fecha de salida. En el caso de que no se proceda al pago del precio total del viaje en las condiciones señaladas, se entenderá que el consumidor desiste del viaje solicitado, por lo que serán de aplicación las condiciones previstas en el apartado siguiente.

El usuario tendrá derecho al reembolso del total del precio o de las cantidades anticipadas siempre y cuando la agencia se lo haya notificado por escrito con un mínimo de diez días de antelación a la fecha prevista de inicio del viaje.

CESIONES Y CANCELACIÓN DEL VIAJE

En todo momento el usuario o consumidor puede desistir de los servicios solicitados o contratados, teniendo derecho a la devolución de las cantidades que hubiera abonado, tanto si se trata del precio total como del anticipo previsto en el apartado precedente, pero deberá indemnizar al organizador o detallista, salvo que el desistimiento se produzca por causas de fuerza mayor.

El consumidor del viaje combinado podrá ceder su reserva a una tercera persona, comunicándolo por escrito con un mínimo de quince días de antelación a la fecha de inicio del viaje. El cesionario tendrá que reunir los mismos requisitos que tenía el cedente, exigidos con carácter general para el viaje combinado, y ambos responderán solidariamente del pago de los gastos adicionales justificados de la cesión.

ALTERACIONES

La agencia se compromete a facilitar a sus clientes la totalidad de los servicios. No existirá obligación de indemnizar en los siguientes supuestos:
 1. Cuando la cancelación se deba a que el número de personas inscritas para el viaje combinado sea inferior al exigido y así se comunique por escrito al consumidor con un mínimo de diez días de antelación.
 2. Cuando la cancelación del viaje, salvo en los supuestos de exceso de reservas, se deba a motivos de fuerza mayor, entendiendo por tales aquellas circunstancias ajenas a quien las invoca, anormales e imprevisibles, cuyas consecuencias no habrían podido evitarse a pesar de haber actuado con la diligencia debida.

OBLIGACIÓN DE COMUNICAR TODO INCUMPLIMIENTO

El consumidor está obligado a comunicar todo incumplimiento en la ejecución del contrato preferentemente *in situ* al representante del organizador en destino, según consta en la documentación de viaje, o, en otro caso, a la mayor brevedad posible, por escrito o en cualquier otra forma en que quede constancia, al organizador o al detallista.

DELIMITACIÓN DE LOS SERVICIOS DEL VIAJE COMBINADO

Hoteles

La calidad y contenido de los servicios prestados por el hotel vendrán determinados por la categoría turística oficial, si la hubiere, asignada por el órgano competente de su país. En caso de no haberla, la categoría de los hoteles se mide en estrellas sobre la base de criterios comunes al sector hotelero con base en sus servicios e instalaciones y con mero carácter orientativo. Dada la vigente legislación al respecto, que establece solo la existencia de habitaciones individuales y dobles, permitiendo que en alguna de estas últimas pueda habilitarse una tercera cama, se estimará siempre que la utilización de la tercera cama se hace con el conocimiento y consentimiento de las personas que ocupan la habitación.

Transporte en circuitos

Si en alguna salida no se llega a un número suficiente de viajeros, es posible que se utilice un minibús, monovolumen o similar, que, salvo indicación expresa en contrato, no tienen los asientos reclinables ni aire acondicionado.

PASAPORTES, VISADOS Y DOCUMENTACIÓN

Todos los usuarios, sin excepción (niños incluidos), deberán llevar en regla su documentación personal y familiar correspondiente según las leyes del país o países que se visitan. Será por cuenta de ellos, cuando los viajes así lo requieran, la obtención de visados, pasaportes, certificados de vacunación, etc. Caso de ser rechazada por alguna autoridad la concesión de visados o ser denegada su entrada en el país, la agencia organizadora declina toda responsabilidad.

Fuente: adaptado de www.quelonea.com

C DE CONSUMO B | 33

PREPARAR EL DOCUMENTO

DERECHOS Y OBLIGACIONES

B.1 Escribe una definición de contrato lo más detallada posible (objetivo, estructura, estilo, etc.). Luego, compárala con la de un diccionario.

B.2 Comenta con algunos compañeros estas preguntas.

- ¿Alguna vez has firmado un contrato para un viaje? ¿Qué tipo de viaje era?
- ¿Conoces los derechos y obligaciones generales de los viajeros?
- ¿Qué aspectos crees que regulan las condiciones generales de un contrato de viaje?
- ¿Crees que los viajeros leen las condiciones del contrato? ¿Qué pueden hacer si no se cumplen?

ENTENDER EL DOCUMENTO

UN CONTRATO DE VIAJE

B.3 Lee las condiciones del contrato y decide si las quejas de estas personas, que lo han firmado, están justificadas.

1. Un viajero se ha presentado el día de la salida en el punto de encuentro con las maletas y la 2.ª parte del pago. No le han dejado entrar en el autocar. Ahora reclama la devolución de lo que pagó.

2. El viajero no tenía el pasaporte al día y no le dejaron entrar en el país. Tuvo que regresar a España. Quiere que le devuelvan una parte del dinero.

3. Siete días antes de la fecha de salida, la agencia se ha puesto en contacto con los viajeros para comunicarles que se ha producido un ligero incremento en el coste final del viaje y que deben pagar ese importe en un plazo máximo de tres días.

4. Un viajero propuso al grupo hacer una excursión a unas cuevas que él conocía y buscó un guía local que les cobró cierta cantidad de dinero. Después del viaje, los viajeros piden a la agencia que les devuelva ese dinero.

5. Un viajero quería ceder su reserva a otra persona y escribió un correo a la agencia veinte días antes de la fecha de inicio del viaje. La agencia rechazó la solicitud porque estaba fuera del plazo.

6. Durante una excursión programada a un oasis, el todoterreno se estropeó y tuvieron que esperar cinco horas a que pasara un coche, que les pidió una "buena propina". Además, los viajeros pagaron la grúa. Ahora reclaman que les devuelvan el coste de la propina y de la grúa.

TRABAJAR EL LÉXICO

VERBOS CON SIGNIFICADOS DIFERENTES

B.4 Lee las frases del contrato subrayadas y reformúlalas usando un lenguaje más sencillo. Luego, compáralas con las de un compañero. ¿Las habéis interpretado de la misma forma?

B.5 En estas frases aparecen algunos de los verbos de las frases subrayadas en el contrato. ¿Qué diferencias de significado y de construcción observas?

1. El expresidente de la Comunidad de Madrid **se ha incorporado** ya como consejero **al** Consejo Consultivo de la región.
2. Si haces algún ejercicio tumbado o sentado, **incorpórate** despacio, así evitarás mareos y caídas.
3. Cada volumen **consta de** ocho unidades.
4. No me **consta** que hayan retrasado el proyecto. Me podrían haber avisado…
5. **Figura** que es feliz, pero sé que lo está pasando mal.
6. **Me figuro** que nos avisarán por escrito del cese del contrato.
7. Leonard Cohen **figura entre** los mejores compositores de la historia de la música.
8. Un experto en el funcionamiento de los centros urbanos afirmó en una charla que las leyes que **rigen** la naturaleza son las mismas que las que rigen el crecimiento de las ciudades.
9. Antes de sembrar es conveniente **abonar** la tierra para mejorar la fertilidad de las plantas.
10. Desde que **me aboné al** canal de cine, veo al menos cuatro o cinco películas por semana.
11. Esta información **procede de** fuentes fiables.
12. Para tener una convivencia más apacible, los dos **hemos cedido en** algo: Jorge tocará la guitarra solo el fin de semana o cuando yo no esté y yo no permitiré que el gato duerma en el sofá.
13. El puente **ha cedido por** el peso y se ha derrumbado.
14. El ministro **ha cedido ante** la presión popular y ha dimitido.
15. Este equipo de profesionales del deporte siempre **ha respondido ante** soluciones difíciles con soluciones muy creativas.
16. No me gustó nada que dijera todo aquello. Sus indiscreciones me **comprometieron** ante la junta directiva.
17. Hoy, en clase de alemán, hemos aprendido a **declinar** los sustantivos y los adjetivos.

B.6 ¿Qué combinaciones puedes hacer con estas palabras y los verbos anteriores? Haz las modificaciones necesarias y escribe algunas frases de ejemplo.

una revista	la invitación	cuatro fases	la ley	un cargo
el pasaporte	las normas	el asiento	la justicia	un trabajo
las peticiones	los ruegos	la detención	una oferta
las súplicas	el terreno	un puesto	cinco capítulos	el premio

→ El proceso de selección consta de cuatro fases. (constar de cuatro fases)

TRABAJAR LA GRAMÁTICA

CONDICIONES

B.7 Lee estos fragmentos del contrato y observa las expresiones destacadas. Todas introducen una condición, pero aportan matices diferentes. Escribe en el cuadro qué estructura corresponde a cada uso.

"**En el caso de** que no se proceda al pago del precio total del viaje en las condiciones señaladas, se entenderá que el consumidor desiste del viaje solicitado."

"La información contenida en el programa/oferta es vinculante para el organizador o detallista, **salvo que** concurra alguna de las siguientes circunstancias."

"El usuario tendrá derecho al reembolso del total del precio **siempre y cuando** la agencia se lo haya notificado por escrito con un mínimo de diez días de antelación."

→ Gram., p. 181-182 › 18

Conectores condicionales

a. .... → Introduce una condición. Corresponde a *si* en un registro formal.

b. .... → Introduce un requisito para que algo se cumpla. Corresponde a *a condición de (que)*.

c. .... → Introduce una excepción. Corresponde a *con la excepción de que*.

- Otras estructuras establecen la misma relación lógica:
  a. Introducir una condición: *de* + infinitivo.
  b. Introducir un requisito: **siempre que**, **solo si**, **con tal de que** (coloq.), **cuando**.
  c. Introducir una excepción: **a menos que**, **a no ser que**, **excepto si/que**.

- Todas las expresiones para poner condiciones se construyen con subjuntivo, excepto las que incluyen la forma *si*, que se construyen como las condicionales con *si*, y *de* + infinitivo.
- *En el caso de* acepta modificaciones según el grado de probabilidad: *en el hipotético caso de que*...

B.8 Completa estas obligaciones y derechos con una condición, como en el ejemplo.

> Curso de lengua y cultura
> - No presentarse al examen el día y a la hora indicados supondrá el suspenso automático del curso... → *a no ser que se demuestren causas de fuerza mayor.*
> - Es obligatorio asistir al 80% de las clases...
> - El importe de la matrícula no podrá ser reembolsado...
> - La evaluación final y el certificado del curso se expedirán por correo electrónico...
> - El profesor será reemplazado...
> - El horario del curso se podrá cambiar puntualmente...
> - El centro no se responsabiliza de posibles accidentes o daños de los estudiantes durante el curso...

OBSERVAR EL DISCURSO

CONTRATOS

B.9 ¿Qué características del texto te ayudan a identificarlo como un contrato? Selecciona de la lista los elementos más característicos y añade alguno más.

- [ ] El tamaño de la letra
- [ ] La abundancia de información
- [ ] La sucesión de condiciones que permiten o impiden los derechos de una de las partes
- [ ] Las formulaciones oscuras, engorrosas, enrevesadas o ambiguas
- [ ] El uso de un vocabulario específico y, a veces, arcaico
- [ ] La organización en artículos, cláusulas, etc.

ACTUAR

ACUERDO DE CONVIVENCIA

B.10 Un compañero y tú habéis decidido alquilar un piso y tenéis que encontrar dos inquilinos más. Para evitar conflictos, habéis decidido establecer una serie de condiciones generales de convivencia. Poneos de acuerdo en las obligaciones y derechos sobre estos temas u otros.

espacios comunes y espacios privados	fiestas
visitas	mobiliario	gastos	resolución de conflictos
cese de la convivencia	limpieza

B.11 Ahora, redactad el contrato.

Se deberá comunicar
- por escrito.
- con un mes de antelación.
- a la mayor brevedad posible.

Es obligatorio respetar
- los turnos de limpieza.
- la fecha de pago del alquiler.

Los daños o desperfectos
- corren a cuenta de quien los haya causado.

Es responsabilidad del inquilino
- cuidar el mobiliario.

¡Compártelo! #cdec1_acuerdodeconvivencia

C ¿EN QUÉ LE PUEDO AYUDAR?

Ataque verbal *(Miguel Albaladejo, 1999)*
Película formada por siete episodios, siete "ataques", en cada uno de los cuales intervienen solamente dos personajes y en los que la comunicación verbal es el eje principal de la trama. En unos casos esta comunicación es más intelectual, mientras que en otros es más vivencial, pero en todos ellos la palabra es el motor de las historias.
Fuente: www.sensacine.es

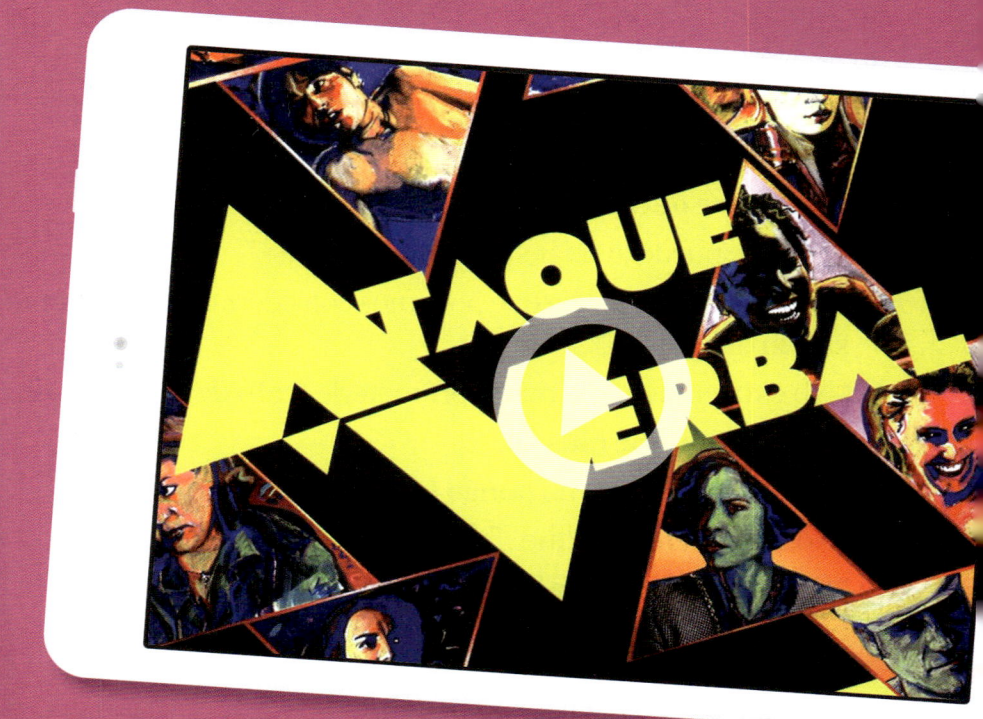

→ Prepárate en casa: *Vídeo + transcripción*

PREPARAR EL DOCUMENTO

ATENCIÓN AL CLIENTE

C.1 ¿Has hablado alguna vez con el servicio de atención al cliente de alguna empresa? ¿Para qué era? Coméntalo con algunos compañeros.

- Para hacer una reclamación
- Para protestar por algún trato inapropiado
- Para solicitar algún cambio en un contrato
- Para responder a una encuesta
- Para solicitar información
- Otros

C.2 Piensa en ocasiones en las que has hablado con el servicio de atención al cliente y marca si sucedieron algunas de estas cosas.

☐ Pusieron música mientras te mantenían en espera.
☐ El operador u operadora se presentó antes de empezar la conversación.
☐ Te informaron de que iban a grabar la conversación.
☐ El operador u operadora pidió que te identificaras.
☐ El trato fue amable. Si había un problema, el operador u operadora mostró empatía.
☐ El operador u operadora mostró una actitud colaborativa.
☐ Tuviste que insistir mucho para conseguir que solucionaran tu problema.
☐ El operador u operadora te pasó con otra persona.
☐ Al final te pidieron que valoraras la información y el trato recibidos.

ENTENDER EL DOCUMENTO

RECLAMAR POR TELÉFONO

C.3 Ve el vídeo. ¿Qué cosas de C.1 y C.2 suceden?

C.4 ¿Qué historia cuenta el cortometraje? Escribe un resumen teniendo en cuenta la situación inusual que se produce.

C.5 El cortometraje tiene claramente dos partes: ¿en qué cambia la actitud de cada personaje? Intenta describirlo con cierto detalle.

C.6 Ponte en el lugar de uno de los dos personajes e intenta resumir la situación desde su punto de vista. Luego, cuéntaselo a un compañero.

TRABAJAR EL LÉXICO

SUMINISTROS

C.7 En el vídeo se usan los verbos dar, servir, conectar, suministrar y poner para hablar del suministro de agua.

- ¿Cuáles de los verbos anteriores te parecen más formales o especializados?
- ¿En tu lengua se usan los equivalentes a estos verbos para lo mismo?
- ¿Qué verbos usas o usarías para hablar de otros suministros (gas, luz...)? ¿Son los mismos que para hablar del agua?

QUÉ MÁS DA

C.8 Estas expresiones se usan en el vídeo. ¿Las entiendes?

1. "**A nombre de** MS Asociados."
2. "Yo no le puedo ayudar si **se pone** usted **así**."
3. "Ayer fue el primer día que podemos considerar que **nos hemos salido del plazo**."
4. "No **está en nuestra mano** prometerle **trato de favor** a nadie."
5. "Pero bueno, **qué más da**."
6. "Que no se diga que no **pongo todo de mi parte**."
7. "No, si **no tiene por qué**…"
8. "Bueno…, **se me ha caído el mundo encima** y estoy **echándoles la culpa** a ustedes."
9. "Es que usted es muy amable y no quiero que un instalador con pocas ganas de trabajar **le haga quedar mal**."
10. "**Hay que ver** qué pesado estás con lo del engaño."
11. "De verdad, no sabes **hasta qué punto** te lo digo de verdad."

TRABAJAR LA GRAMÁTICA

SIQUIERA

C.9 Estas tres frases contienen la palabra siquiera. Indica con el número correspondiente de la frase qué significa esta partícula.

1. Desde que ha entrado en la adolescencia se ha vuelto un chico muy reservado. No quiere decirnos **siquiera** cómo se llaman sus nuevos amigos.
2. Hazme caso, **siquiera** sea por una vez.
3. Ya sé que me dijiste que me ibas a invitar a la cena, pero deja que pague **siquiera** el vino.

☐ Equivale a **aunque**.
☐ Equivale a **ni tan solo**.
☐ Equivale a **al menos**.

Gram., p. 175 › 6

C.10 Lee la pregunta que le hace Jorge a Laura cuando hablan sobre su relación. ¿Para qué crees que se usa ni? ¿Qué se consigue? ¿Podrías usarlo en alguna de las frases de C.9?

LAURA: Ya te he dicho que es algo en lo que nunca pienso.

JORGE: ¿**Ni siquiera** cuando te viniste a vivir a Madrid?

NO, SI…

C.11 Observa ahora el uso de si en estas dos intervenciones de Jorge. ¿Te parece una expresión de registro formal o informal? ¿Para qué crees que sirve?

"No, **si** nadie puede ayudar a nadie."

"No, **si** encima tendré que pedirle disculpas."

Gram., p. 187 › 25

HABER DE + INFINITIVO

C.12 Fíjate en la parte destacada de estas dos frases. ¿Qué expresa haber de + infinitivo? ¿Conoces otros recursos que sirvan para lo mismo? ¿Podrías usarlos en estas frases?

"¿Por qué **habría de** mentirle?"

"¿Y por qué **habría de** confiar en ti?"

Gram., p. 176 › 9.1

C.13 Reacciona usando haber de + infinitivo u otra perífrasis de obligación. Hay más de una opción posible.

1. ¿Has llamado ya a tus padres?
2. Te recomiendo que hables con un profesional sobre el asunto.
3. ¿Vas a invitar a Manuela a tu boda?
4. Creo que lo que le dijiste a Carmen no fue justo.

OBSERVAR EL DISCURSO
RECLAMACIÓN TELEFÓNICA

C.14 Muchas empresas suelen dar indicaciones a sus trabajadores sobre cómo dirigirse a los clientes. ¿Cuáles de las siguientes sigue Laura? ¿Crees que le han dado otras? Si lo necesitas, vuelve a ver el vídeo.

- [ ] Responda al teléfono de manera educada y preséntese: "Buenos días, le habla Carolina. ¿En qué puedo ayudarle?".
- [ ] Hable con un tono de voz adecuado y vocalice bien.
- [ ] Tenga paciencia y nunca pierda ni los nervios ni los buenos modales.
- [ ] Mantenga una postura erguida: la postura del cuerpo influye en la voz.
- [ ] Repita el mensaje escuchado.
- [ ] Analice el estado de ánimo de su interlocutor y muéstrese empático.
- [ ] Tome notas escritas para recordar.
- [ ] Trate de usted a todo el mundo.

C.15 Observa este otro fragmento de la conversación. ¿Qué intención se puede atribuir al comentario de Laura? ¿Te parece pertinente? ¿Cómo reacciona Jorge y por qué? Comentadlo.

LAURA: Quizás **si hubiese dado** de alta el agua a su nombre…

JORGE: A ver, a ver, perdone, ¿cómo ha dicho?, ¿qué me está diciendo?, ¿que sería más humano?, ¿que me tratarían mejor si hubiese rellenado la solicitud a nombre de Jorge Martínez Soto en vez de MS Asociados?

C.16 Ve de nuevo el vídeo y marca qué hace Jorge al hablar. Después, coméntalo con algunos compañeros poniendo ejemplos concretos.

- [ ] Repite varias veces el mismo argumento.
- [ ] Usa frases exclamativas.
- [ ] Muestra desaprobación ante lo dicho por la otra persona.
- [ ] Eleva el tono de voz.
- [ ] Gesticula en exceso.
- [ ] Usa un tono irónico o sarcástico.
- [ ] Falta al respeto.
- [ ] Repite lo dicho por la otra persona.

C.17 Lee las siguientes intervenciones de Jorge. ¿Dirías que muestran enfado? ¿Puedes establecer alguna relación con las actitudes de C.16?

1. "No, si me va a decir que efectivamente tengo razón y que me tenían que haber servido ya el agua, y me va a decir que puedo reclamar y usted me tramita la reclamación. Pero lo que le estoy diciendo es que eso ya lo he hecho."

2. "Mire, el Canal no se compromete a nada. O sea, el Canal dice una cosa y luego hace lo que le da la gana. Y las tienen a ustedes ahí como a loros para que digan la misma mentira."

3. "Perdone, qué más me gustaría a mí que tener una casa y un despacho aparte."

4. "Señorita, le estoy diciendo que no voy a hacer ningún tipo de reclamación. Ustedes marcan el ritmo de todo. Claro, hasta me dice cada cuánto tiempo puedo reclamar: cada 48 horas, ¿no?"

5. "Pero ¿para qué? ¡Si… si ya llamé ayer! Vamos a ver, ustedes me van a dar el agua cuando les dé la gana y usted está ahí para hacerme perder el tiempo y darme largas. A ver, ¿para qué voy a llamar mañana?"

6. "La compañía cuenta con todos los días hábiles que le dé la gana porque no hay otra compañía donde uno pueda ir a contratar el agua."

C.18 ¿Te parece que las actitudes de C.16 son útiles a la hora de reclamar o protestar por algo? ¿Crees que son apropiadas? Coméntalo con algunos compañeros.

ACTUAR
UN DIÁLOGO

C.19 Con un compañero, lee y selecciona una de estas situaciones y prepara un diálogo entre el viajero y un empleado de la empresa organizadora. Ten en cuenta las condiciones generales del contrato que has leído en la sección B.

1. Al llegar a una de las ciudades del itinerario, los viajeros se alojaron en un hotel de dos estrellas, y el programa lo ofrecía de cuatro. Quieren que les devuelvan dinero o que les hagan algún tipo de descuento en otro viaje.

2. El viaje incluía una serie de excursiones de un día a destinos cercanos. Durante el viaje, el guía les comunicó que se cancelaba la salida programada para ese día debido a la previsión de mal tiempo, pero luego el tiempo mejoró. Los viajeros reclaman una compensación económica.

3. Una pareja de viajeros llevaba a una niña de dos años y en uno de los hoteles del itinerario les pidieron un suplemento por una tercera cama que no habían solicitado. Se negaron a pagar el suplemento y ahora la agencia lo reclama por escrito.

¡Compártelo! #cdec1_viajeorganizado

CREMAS ANTIARRUGAS

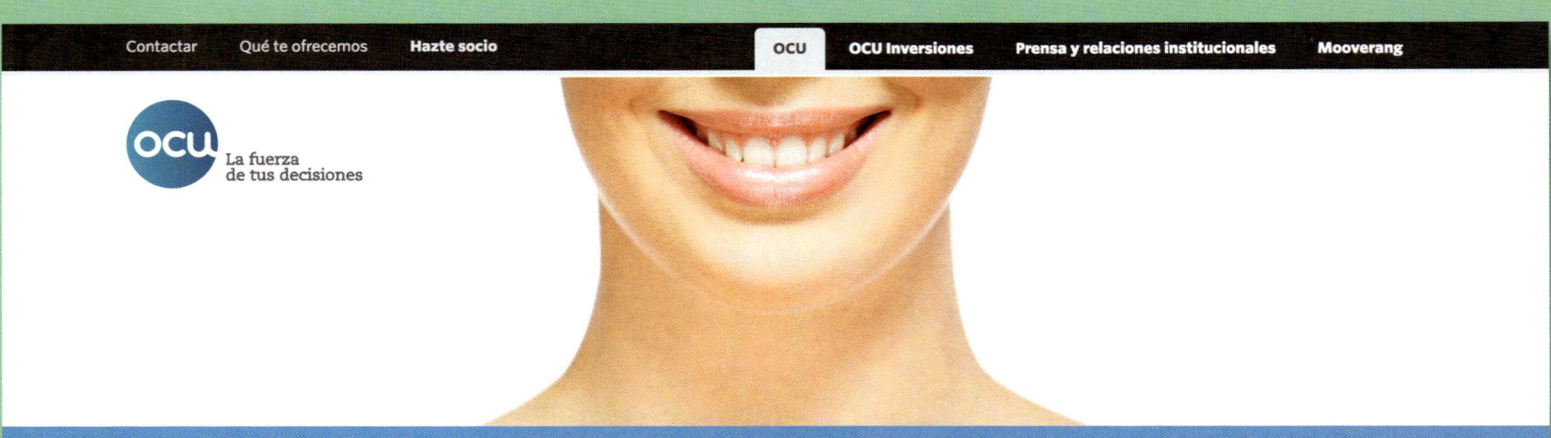

C DE CONSUMO | 38

→ 🏠💻 Prepárate en casa: *Texto mapeado*

Cremas antiarrugas: la mejor, por 3 euros

No te gastes un dineral en una antiarrugas. OCU comprueba que una crema de 3 euros resulta más eficaz que muchas que valen hasta 30 veces más. Y es que no hay que creerse la publicidad ni la magia de esos exóticos ingredientes de eficacia probada.

BUENA PIEL SIN ARRUINARTE

¿Sirven de algo las cremas antiarrugas? ¿Cumplen sus promesas? Para averiguarlo, hemos llevado a un laboratorio 14 cremas antiarrugas, 995 mujeres las han probado en condiciones controladas frente a una crema estándar y hemos medido sus efectos tras un mes de uso. Y la conclusión no deja lugar a dudas: **no es necesario gastar mucho dinero para tener una buena crema antiarrugas, pues la mejor de nuestro estudio es también la más barata.** Una auténtica compra maestra... y todo un acierto.

COMPARA 14 CREMAS ANTIARRUGAS

PROMETEN MUCHO MÁS DE LO QUE DAN

No quitan las arrugas, pero algunas llegan a reducirlas: después de un mes de uso, solo algunos productos han conseguido reducir levemente las arrugas, de hecho solo dos de las catorce cremas analizadas las reducen más que una crema estándar de eficacia conocida.

En general sí hidratan la piel, algo básico para mejorar el aspecto de las arrugas y el cutis. Pero hay tres que hidratan poco.

El recurso a ingredientes casi mágicos, de esos de "eficacia probada", apenas da resultado: en los cosméticos, incluso las sustancias que por sí solas han demostrado algo de eficacia frente a las arrugas, como los alfa hidroxiácidos, el retinol, la coenzima Q10, el colágeno, normalmente no están en la concentración necesaria para ejercer ese efecto.

La presencia de algunos de esos **ingredientes se utiliza como reclamo para dar sensación de eficacia**. La realidad que nos hemos encontrado es que en los cosméticos la eficacia depende de la fórmula y no de un ingrediente concreto.

PERO A LAS USUARIAS NOS GUSTAN

Aunque en general las casi mil usuarias que probaron las cremas piensan que su eficacia en la reducción de arrugas es muy limitada, no opinan igual de sus propiedades cosméticas. Es decir, nuestra percepción subjetiva sí que está de parte de estas cremas: nos gustan sus propiedades cosméticas (textura, absorción, untuosidad, sensación en la piel, etc.).

¿CUÁLES SON LAS MEJORES?

Sus limitados efectos hacen que no haya ninguna crema de resultados espectaculares. Lo espectacular es la conclusión: nuestro análisis demuestra que **la mejor de las analizadas es una crema que cuesta apenas 3 euros**... mientras que otras que cuestan treinta veces más son menos eficaces. De las catorce cremas analizadas, dos destacan sobre el resto por su eficacia antiarrugas:

Cien Crema de día Q10
Todo tipo de pieles (Lidl)
– Valoración sobre 100: 64
– Precio: 2,99 euros

Eucerin Hyaluron-Filler
Pieles normales a mixtas
– Valoración sobre 100: 61
– Precio: 26,90-39 euros

¿Y la tuya? Comprueba sus características y resultados.

¿Qué es OCU?
OCU es una asociación que asesora, informa y defiende los derechos del consumidor "haciendo que se escuche tu voz", como dicen en su página web. Independencia, rigor y experiencia son, según ellos, sus armas y tu garantía.

Fuente: http://www.ocu.org/salud/cuidado-piel/noticias/mejor-crema-antiarrugas, 2014

COMPETENCIA CRÍTICA

¿MÁS CARO, MÁS CALIDAD?

D.1 Observa estos resultados de un estudio de cremas antiarrugas y responde a las preguntas.

- ¿Qué analiza el estudio?
- ¿Crees que los datos que puede reflejar un estudio como este son fiables?
- Como consumidor, ¿crees que este tipo de estudios influyen realmente en el consumo de un producto o de una marca? ¿Conoces algún caso?

	EUCERIN Hyaluron-Filler antiedad	LANCÔME Rénergie Multi-Lift	DELIPLUS (MERCADONA) LuxeCaviar reafirmante
	26,90 € – 39,00 €	72,10 € – 112,63 €	8,00 €
CALIDAD	61 buena calidad	50 calidad media	21 no comprar

RESULTADOS

RESULTADOS DEL LABORATORIO			
Eficacia antiarrugas	★★★★★	★★★☆☆	★☆☆☆☆
Hidratación	★★★★☆	★★★★☆	★★☆☆☆
PRUEBA DE USUARIAS			
Textura	★★★★☆	★★★★☆	★★★★☆
Aplicación sobre la piel	★★★★☆	★★★★☆	★★★★☆
Tacto pegajoso	★★★★☆	★★★★☆	★★★★☆
Tacto grasoso	★★★☆☆	★★★★☆	★★★★☆
Suavidad	★★★☆☆	★★★★☆	★★★★★
Sensación sobre la piel	★★★☆☆	★★★★☆	★★★★★
Eficacia antiarrugas percibida	★★☆☆☆	★★☆☆☆	★★☆☆☆
ETIQUETADO			
Etiquetado	★★★★☆	★★★☆☆	★★★★☆

CARACTERÍSTICAS

CARACTERÍSTICAS GENERALES			
Protección UVB (SPF)	15	15	8
Protección UVA	sí	15	sí
Contenido	50,00 ml	50,00 ml	50,00 ml
Precio por 50 ml	32,00 €	94,00 €	8,00 €
INGREDIENTES			
Perfume	sí	sí	sí
Sustancias alérgicas	no	sí	no
Parabenos	no	no	sí
PUNTO DE VENTA Y FABRICANTE			
Dónde comprarlo	farmacia y parafarmacia	perfumería	supermercado e hipermercado
Fabricante	Beiersdorf	L'Oréal Paris	RNB para Mercadona

D.2 Ahora lee el texto y comenta estas preguntas con un compañero.

- ¿Qué párrafos o frases hacen referencia al estudio hecho sobre las cremas?
- ¿Te parece que el artículo es fiel al estudio o que intenta suavizarlo para no dañar la imagen de alguna marca?
- ¿A qué puede deberse la diferencia de precios? ¿Se podría tratar de un caso de publicidad engañosa?
- ¿Cuál es la intención del texto? ¿A quién se dirige?
- ¿Cuál es la opinión de las usuarias de las cremas antiarrugas?

D.3 Imagina que tienes que aconsejar a una persona sobre qué cremas comprar a partir de la información del estudio. ¿Qué le dirías? Justifica tu respuesta con fragmentos del artículo.

D.4 Entra en la página web de OCU y navega por sus secciones y artículos. Comenta con algunos compañeros estas cuestiones.

- ¿Quién puede estar interesado en el contenido de esta página?
- ¿Qué medios usan para su propósito?
- ¿Qué impresión te causa la asociación?
- ¿Dirías que la asociación tiene alguna finalidad comercial?
- ¿Crees que asociaciones como OCU deben dar este tipo de información o debería ser el Estado?

ACTUAR

BOICOT

D.5 Observa esta iniciativa de una asociación ecologista. ¿Por qué crees que animan a boicotear los alimentos transgénicos? ¿Qué otras razones podría haber para boicotear un producto?

D.6 ¿Te parece apropiado llamar a boicotear determinados productos? ¿Es una buena medida de presión?

D.7 Escribe una carta al director (250 palabras) con tu opinión sobre la iniciativa de la actividad D.5. Muestra claramente tu posición a favor o en contra de la campaña.

¡Compártelo! #cdec1_boicot

¿QUÉ HAS APRENDIDO?

1. Completa las frases con alguno de los siguientes verbos. Haz las modificaciones necesarias.

incorporar(se) (a)   constar (en/de)   figurar(se) (en/entre)   proceder (de/a)   responder (de/ante)   comprometer(se) (a)

1. WhatsApp .... nuevos emoticonos debido a las críticas por la prevalencia de dibujos masculinos frente a los femeninos.
2. No puede pasar, su nombre no .... la lista.
3. Un soneto .... dos cuartetos y dos tercetos.
4. El incendio se estaba propagando y los bomberos .... desalojar el edificio.
5. Esta película .... las favoritas de la Academia. Seguro que se lleva algún premio.
6. Los políticos deberán .... la justicia por los casos de corrupción de los que se los acusa.
7. ¿Ahora .... que no sabemos nada? ¿No podemos decirle que ya lo sabemos?
8. Por favor, no digas nada que pueda .... Te podrían despedir.

2. Lee estos fragmentos de dos contratos y responde a las preguntas con tus propias palabras.

Condiciones generales del contrato de suministro eléctrico	Condiciones de uso de un contrato de telefonía
El cliente podrá traspasar su contrato a otro consumidor que vaya a hacer uso del mismo en idénticas condiciones siempre y cuando esté al corriente del pago de los plazos del servicio.	Los costes derivados de la reparación de averías serán cubiertos por la COMPAÑÍA, a no ser que sean imputables a la negligencia o mal uso del CLIENTE.
¿Qué derecho tiene el cliente y cuál es el requisito para disfrutarlo?	¿Qué obligación tiene la compañía en relación con las averías? ¿En qué casos se la exime de esta obligación?

→ Gram., p. 181-182 » 18

3. Dibuja un mapa conceptual en torno a los temas principales de la unidad. Puedes seguir el criterio que te resulte más útil para recordar las nuevas palabras y expresiones (temático, categoría gramatical, etc.).

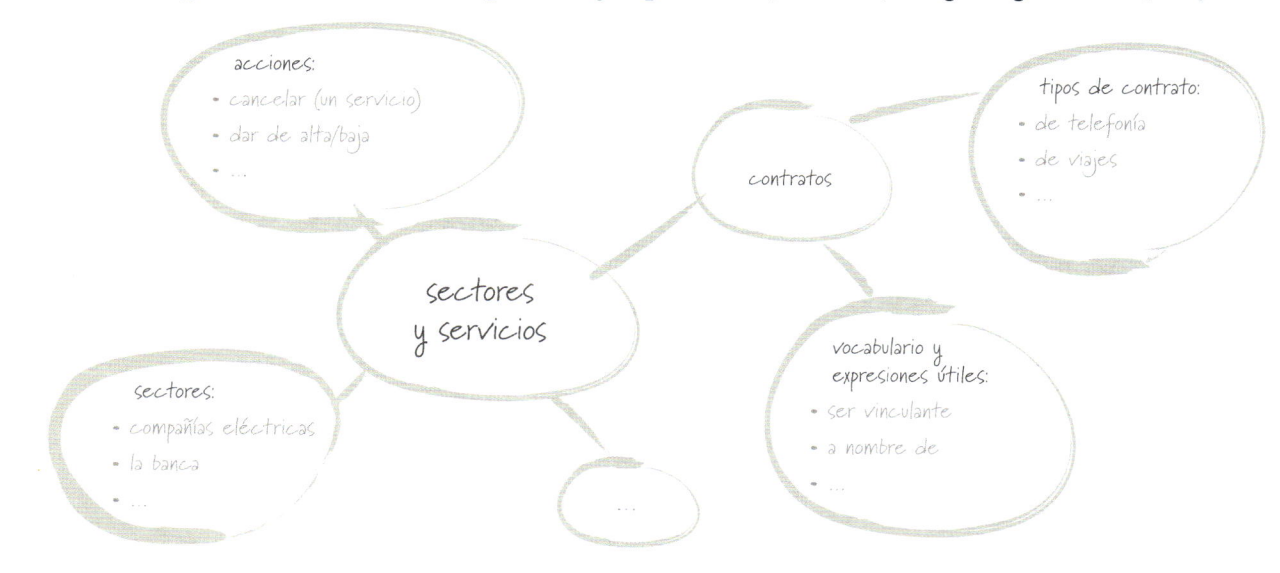

- acciones:
  - cancelar (un servicio)
  - dar de alta/baja
  - ...
- tipos de contrato:
  - de telefonía
  - de viajes
  - ...
- contratos
- sectores y servicios
- vocabulario y expresiones útiles:
  - ser vinculante
  - a nombre de
  - ...
- sectores:
  - compañías eléctricas
  - la banca
  - ...

4. Lee de nuevo las situaciones de C.19 y escribe frases explicando, en cada caso, si los viajeros tienen derecho a reclamar y por qué. Usa algunos de los conectores de B.7.

→ Gram., p. 181-182 » 18

5. Piensa en una situación que hayas vivido relacionada con la contratación de servicios e inventa un diálogo en el que reclames alguna cosa o protestes por algo.

6. ¿Qué es lo más importante y útil que has aprendido en esta unidad?

7. ¿Qué es lo que te ha parecido más difícil?

8. ¿En qué aspectos has mejorado?

9. ¿Qué puedes hacer a partir de ahora para afianzar los contenidos que te resultan difíciles?

D de datos

A | POLÉMICA EN LAS REDES

ENTRAR EN EL TEMA

ESTADÍSTICAS

A.1 Mira las estadísticas sobre el porcentaje de visitas de algunas ediciones de Wikipedia y el gráfico con el número de artículos existentes en varias lenguas. ¿Hay datos que te sorprendan?

#	WIKIPEDIA	VISITAS
1	en.wikipedia.org (en inglés)	60,0 %
2	es.wikipedia.org (en español)	8,0 %
3	de.wikipedia.org (en alemán)	7,1 %
4	ja.wikipedia.org (en japonés)	7,0 %
5	ru.wikipedia.org (en ruso)	5,5 %
6	fr.wikipedia.org (en francés)	3,5 %
7	it.wikipedia.org (en italiano)	2,9 %
8	wikipedia.org	1,6 %
9	pl.wikipedia.org (en polaco)	1,5 %
10	pt.wikipedia.org (en portugués)	1,5 %
11	zh.wikipedia.org (en chino)	1,1 %
12	ar.wikipedia.org (en árabe)	0,7 %
14	fa.wikipedia.org (en persa)	0,6 %
19	cs.wikipedia.org (en checo)	0,3 %
20	he.wikipedia.org (en hebreo)	0,2 %
24	hu.wikipedia.org (en húngaro)	0,1 %
27	ro.wikipedia.org (en rumano)	0,1 %

Inglés (5 305 587)
Sueco (3 783 278)
Cebuano (3 515 821)
Alemán (2 008 652)
Neerlandés (1 885 608)
Francés (1 882 670)
Ruso (1 358 976)
Italiano (1 317 318)
Español (1 302 283)
Samareño (1 261 969)
Polaco (1 197 258)
Vietnamita (1 151 549)
Japonés (1 041 419)
Portugués (948 996)
Chino (915 159)

Fuente: www.es.wikipedia.org

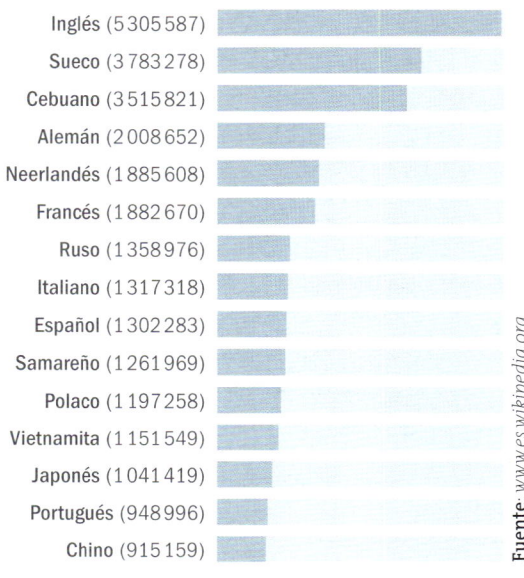

A.2 Observa ahora esta tabla comparativa de los artículos más polémicos en Wikipedia. ¿Qué conclusiones puedes sacar? Ten en cuenta los datos de A.1 y coméntalo con algunos compañeros. Usa las palabras y expresiones de ayuda.

ARTÍCULOS MÁS POLÉMICOS EN WIKIPEDIA

	EUROAMERICANAS				CENTROEUROPEAS			ORIENTE PRÓXIMO		
	en	de	fr	es	cs	hu	ro	ar	fa	he
Israel	•			•				•	•	•
Hitler	•	•			•		•			•
Holocausto			•		•	•				•
Dios	•		•		•					•
Ateísmo	•	•			•					•
Europa				•		•	•		•	
Evolución	•				•					
Jesús	•		•		•	•				
Islam	•		•					•	•	•
Mahoma	•	•						•	•	
Testigos de Jehová	•		•		•					
Calentamiento global	•		•							
Google			•			•				
Homeopatía	•	•								

en comparación con
en contraste con
a diferencia de
al contrario que
de la misma manera
al mismo tiempo
por un lado… por otro…
sorprende que
coincide que

Fuente: *The most controversial topics in Wikipedia: A multilingual and geographical analysis*, Scarecrow Press, 2014

→ A mí no me sorprende que la evolución, a diferencia de otros temas, sea una cuestión polémica en la edición en inglés.

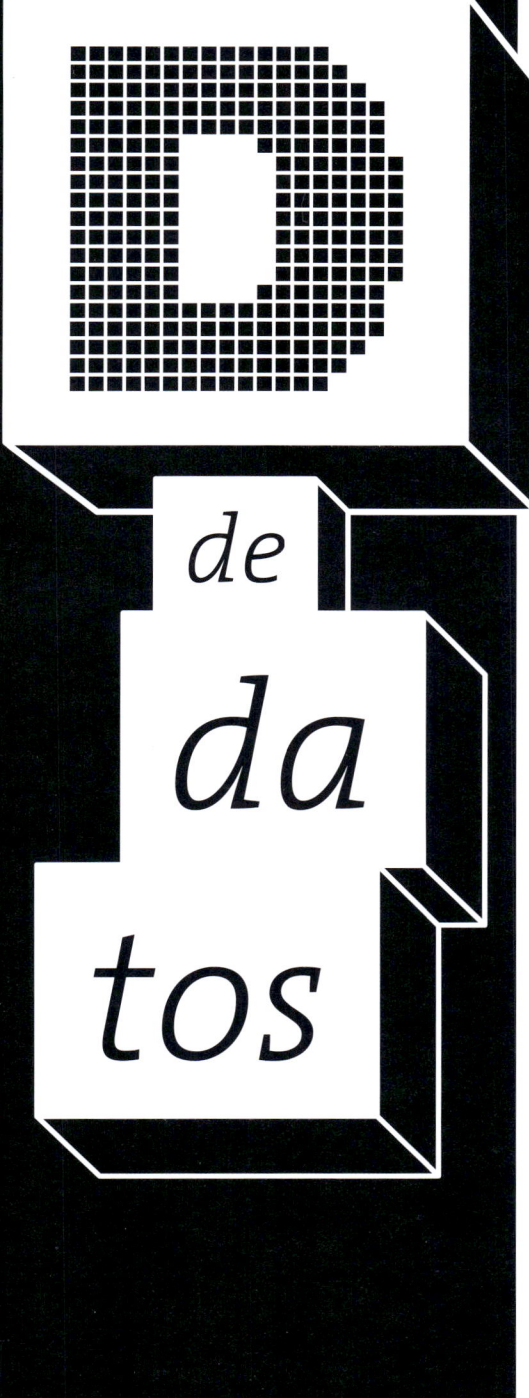

Prepárate en casa: ¿Qué sabes?

¿REDACCIÓN O MANIPULACIÓN?

D DE DATOS | 42

→ Prepárate en casa: *Texto mapeado*

WIKIGUERRAS
Pelear hasta por los pokemon

Se repiten, se desautorizan, se calumnian... La Wikipedia se convierte a veces en un campo de batalla que es difícil de pacificar.

Las empresas intentan utilizarla para promocionar sus productos, los fanáticos para ofrecer una versión sesgada de los acontecimientos y las religiones para hacer proselitismo. También están los que, con una visión errónea, tratan machaconamente de introducir su criterio. No faltan las interminables confrontaciones intelectuales que tanta zozobra crean en el lector, ni aquellos que no sin cierta coquetería modifican su fecha de nacimiento. Para saber qué grado de reversiones y modificaciones tiene una página, un equipo de investigadores de diferentes universidades estadounidenses ha desarrollado una herramienta, SearchCrystal, que permite medir la controversia en diez lenguas diferentes. Resultado: en España es el fútbol el que excita la algarada; y en los países árabes, la guerra de Gaza.

GUARDIANES DE LA VERACIDAD [LOS BIBLIOTECARIOS]

¿Qué pasa si se desata un conflicto, si dos editores tienen versiones diversas? ¿O en el supuesto de que se produzca un acto de vandalismo lingüístico? ¿Y si, sencillamente, se crea un artículo que es una memez? Los bibliotecarios ponen orden. Son usuarios expertos, 88 en total en español, elegidos por la comunidad de wikipedistas. Pueden fusionar dos entradas con contenido similar, restringir la participación de usuarios vandálicos y mediar en las confrontaciones de afirmaciones, negaciones y reversiones. "En estos casos intervenimos y, si no se llega a ningún acuerdo, se publican todas las versiones, siempre que estén referenciadas", expone Jorge Sierra, presidente de Wikipedia España. A veces, cuando el conflicto es muy elevado, se bloquea la página total o parcialmente, de modo que solo la puedan modificar los usuarios autorizados por la comunidad. También tienen capacidad para, previa votación entre los wikipedistas, eliminar un artículo si es falso, tendencioso o insulso.

TÚ PUEDES SER WIKIPEDISTA [LOS EDITORES]

Hay 2 675 000 editores en español. Cualquier usuario que haya realizado más de cincuenta aportaciones a la Wikipedia puede serlo. Junto con el resto de la comunidad de wikipedistas, interviene en políticas generales del proyecto, como si el apellido debe ir delante o después del nombre, y la manera de escribir las fechas. Más responsabilidad asume cuando la votación atañe a artículos que requieren una toma de decisiones. Fue el caso de 150 personajes de Pokémon. Las dudas sobre si cada uno de ellos debía tener una página propia desembocó en una votación entre editores: por mayoría se decidió que debían ser anexos de la página principal.

CÓMO SE DETECTAN LAS POLÉMICAS

Desde que se creó en 2003, cada artículo ha experimentado una media de 17,16 ediciones. Las entradas correspondientes a melón, hámster —y en general todas las de ciencia— tienen poco grado de discusión, pero hay otras que generan una gran polémica. Para controlarlo, los editores voluntarios de esta enciclopedia tienen listas de seguimiento. Además, existe una serie de herramientas informáticas que detectan automáticamente intentos de vandalismo, como ocurre en el caso de los insultos y las descalificaciones. A partir de las cien ediciones diarias se disparan las alarmas y los editores deciden intervenir bloqueando o protegiendo un artículo para evitar más agresiones. Normalmente, este tipo de limitaciones no suelen durar más de quince días o un mes para no coartar la participación.

EL AT. DE MADRID Y MOURINHO, AL ROJO VIVO

Las probables victorias de los equipos se anuncian antes de que el árbitro toque el silbato.

En la final de la Copa del Rey entre el Real Madrid y el Atlético de Madrid, el entusiasmo de un hincha llevó a dar como campeón al equipo colchonero antes del final del encuentro. A las 22:37 h del 17 de mayo de 2013, una hora y diecisiete minutos después del inicio del partido, en la entrada que la Wikipedia asigna al club se daba al Atlético como vencedor. Apenas tres minutos después, esa información incorrecta desapareció, para volver a ser introducida insistentemente un minuto después.

ASÍ MANIPULAN LAS EMPRESAS

Hay compañías españolas que introducen o anulan información según sus intereses.

Protagonistas de algunas incidencias acaecidas en Wikipedia han sido Gas Natural Fenosa y la agencia de comunicación Archibald Ingall. Desde ambos entornos —según se recoge en el artículo que la compañía tiene en la enciclopedia y denunció Expansión— "se modifica continuamente la página. Al final del año pasado eliminaron la referencia a la OPA frustrada que en el año 2005 lanzó sobre Endesa y que fue tan polémica en su momento". A la aseguradora Mapfre también le tuvieron que llamar la atención los responsables de Wikipedia para que dejara de intervenir en su propia página. Y en el caso de la constructora OHL, se terminó detectando que varias modificaciones procedían de un empleado de la compañía; la solución fue bloquear la participación de ese usuario.

QUO | 135

Fuente: adaptado de *Quo*, agosto de 2013

PREPARAR EL DOCUMENTO
ENCICLOPEDIAS

B.1 Reflexiona sobre estas cuestiones y, luego, coméntalas con un compañero.

- ¿Para qué sirve una enciclopedia?
- ¿Sabes algo de su proceso de creación?
- ¿Cómo se valora hoy en día en tu cultura el saber enciclopédico?
- ¿Qué sabes de Wikipedia?

ENTENDER EL DOCUMENTO
WIKIPEDIA

B.2 Responde a estas preguntas basándote en fragmentos del texto.

- Además de como fuente de información, ¿para qué otros propósitos se usa Wikipedia?
- ¿Quién interviene en la publicación y redacción de los artículos?
- ¿Qué conflictos describe el texto? ¿A qué se deben?
- ¿Cuáles son las medidas utilizadas para poner fin a conflictos y polémicas?
- ¿Los wikipedistas participan en la edición de la enciclopedia con fines lucrativos?

B.3 El texto menciona el vandalismo lingüístico. ¿Sabes a qué se refiere? ¿Quién puede perpetrar este tipo de actos? ¿Crees que puede llegar a ser delito? Si lo necesitas, busca información en internet.

TRABAJAR EL LÉXICO
SE CALUMNIA, SE COARTA, SE GENERA

B.4 Estas palabras aparecen en el texto. ¿Las conoces? Si lo necesitas, consulta el texto para entender mejor su significado.

calumniar   sesgado/a   machaconamente   zozobra   coquetería   algarada   memez   tendencioso/a
insulso/a   atañer (a)   desembocar (en)   hincha   acaecer

B.5 Sustituye las palabras anteriores por otras sin cambiar el sentido original. Escribe las frases y, luego, compáralas con las que ha escrito un compañero.

B.6 En el artículo aparecen varias combinaciones de palabras muy frecuentes. Busca con qué palabras se combinan estas y anótalas aquí.

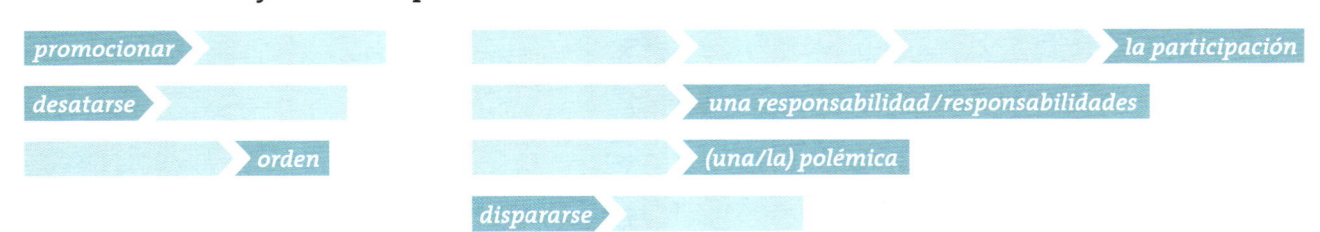

- promocionar ▶ _____ ▶ la participación
- desatarse ▶ _____ ▶ una responsabilidad/responsabilidades
- _____ ▶ orden ▶ (una/la) polémica
- dispararse

B.7 Observa ahora nuevas combinaciones frecuentes con las palabras anteriores. ¿Las entiendes todas? Propón dos o tres más para cada una. Si quieres, busca en un diccionario combinatorio o en internet.

- promocionar ▶ un deporte   una candidatura
- desatarse ▶ una guerra   los zapatos
- mantener   reinar   restituir ▶ el orden
- incentivar ▶ la participación • participación ▶ masiva   ciudadana
- declinar   eludir ▶ una responsabilidad / responsabilidades
- suscitar   zanjar   alimentar ▶ (una/la) polémica
- dispararse ▶ las ventas   el precio

B.8 Escribe seis titulares de noticias con alguna de las nuevas combinaciones de palabras o de las tuyas (B.7).

→ Quieren premiar a los votantes para incentivar la participación en las elecciones.

TRABAJAR LA GRAMÁTICA
¿PARA QUÉ?

B.9 Lee estos fragmentos del texto. ¿Qué expresan los conectores destacados? ¿Conoces otros que expresen lo mismo?

"**Para** saber qué grado de reversiones y modificaciones tiene una página, un equipo de investigadores [...] ha desarrollado una herramienta, SearchCrystal, que permite medir la controversia."

"A veces, cuando el conflicto es muy elevado, se bloquea la página total o parcialmente, **de modo que** solo la puedan modificar los usuarios autorizados por la comunidad."

"A la aseguradora Mapfre también le tuvieron que llamar la atención [...] **para que** dejara de intervenir en su propia página."

→ G Gram., p. 180 › 16

B.10 Observa este cuadro y completa las frases con el conector más adecuado. No se pueden repetir.

Conectores para expresar finalidad
- Neutros: **para (que)** + infinitivo o subjuntivo
- Neutros formales: **con el objeto de (que), a fin de (que), con el propósito de (que), con la intención de (que)** + infinitivo o subjuntivo
- Con verbos de movimiento (**ir, venir, parar, llevar, traer, pasar**, etc.) o de influencia (**animar, obligar, instar, invitar**, etc.): verbo + **a (que)** + infinitivo o subjuntivo
- Con valor consecutivo y formales: **de modo que, de manera que** + subjuntivo
- Presentan un peligro que se desea evitar: **no sea/fuera que, no vaya/fuera a ser que** + subjuntivo

de manera que   para (que)   a (que)   con la intención de (que)

1. Iré _____ me cambien el vestido. La cremallera está rota.
2. Se lo expliqué _____ pudiera entenderlo.
3. ¿Llamo _____ reservar o crees que habrá mesa?
4. Fue a Vietnam _____ conocer a sus padres biológicos.

de modo que   no vaya a ser que   a (que)   con el objeto de (que)

5. Mejor no tiendas la ropa fuera; _____ llueva.
6. Entró por la puerta trasera _____ nadie lo viera.
7. Paramos _____ preguntar la dirección.
8. La carta decía que, _____ garantizar una mejor cobertura, necesitaban algunos datos adicionales.

B.11 Continúa estas frases de manera lógica usando alguno de los conectores de B.10.

1. Marisa creó el blog de moda...
2. La recaudación de impuestos se hace...
3. Los padres deben apoyar y animar a sus hijos...
4. Miles de personas salieron a la calle...
5. Esta situación es insostenible, hay que hacer algo...
6. He comprado el doble de pan...

ACTUAR
SER WIKIPEDISTA

B.12 ¿Qué características debería tener un wikipedista? En grupos, haced una lista.

B.13 Lee el perfil de estos candidatos y elige al más adecuado para ser wikipedista. ¿Habéis elegido todos a la misma persona?

Alberto. 27 años
Licenciado en Historia del Arte con excelentes calificaciones. Está haciendo un doctorado y ha colaborado como becario en varios museos. Tiene un carácter huraño y poco comunicativo, pero es un excelente investigador.

Laura. 35 años
Funcionaria. Ha participado en varios programas de televisión de preguntas y respuestas. Recientemente se ha hecho famosa por ser la vencedora en uno de esos concursos.

Roberto. 59 años
Electricista prejubilado muy aficionado a las revistas divulgativas. Tiene una memoria privilegiada para los datos. Le cuesta sintetizar la información.

Raquel. 46 años
Es jefa de redacción de un periódico digital y militante de un partido político. Es una gran aficionada a la arqueología industrial. Es una persona analítica, curiosa y proactiva.

B.14 Busca en Wikipedia un tema, un lugar o una persona importante en tu cultura y compara la entrada en tu lengua y en español. ¿Existe en las dos ediciones? ¿Se trata el tema de la misma forma?

B.15 Crea o mejora la entrada en español respetando el registro y el estilo de estos textos.

◁ ¡Compártelo!   #cdec1_wikipedia

C PROTEGIENDO TUS DATOS

D DE DATOS | c | 45

→ 🏠 🖥 Prepárate en casa: *Vídeo + transcripción*

PREPARAR EL DOCUMENTO

DATOS PERSONALES

C.1 Vas a ver un vídeo sobre la Ley de Protección de Datos Personales de Colombia. Antes, responde a estas preguntas.

- ¿Qué entiendes por **datos personales**?
- ¿Qué crees que es una ley de protección de datos? ¿Qué finalidad puede tener?
- ¿Quién puede hacer un uso indebido de esos datos?
- ¿Sabes si existe una ley similar en tu país?

ENTENDER EL DOCUMENTO

LEY DE PROTECCIÓN DE DATOS

C.2 🎥 Ve el vídeo y comprueba si tus respuestas a las preguntas de C.1 son correctas.

C.3 🎥 Estas son las consultas sobre la Ley de Protección de Datos Personales de algunos ciudadanos colombianos. Léelas y vuelve a ver el vídeo. ¿Qué les responderías?

> Tengo un apartamento alquilado y el propietario quiere rescindir el contrato porque dice que encontró en internet una lista de morosos de hace tres años en la que aparezco yo. ¿Puede usar esos datos? ¿Dónde puedo informarme?

> Un banco me ofreció una tarjeta de crédito. Según indicaba la carta que me mandaron, mis datos los habían obtenido de un almacén de muebles del que fui cliente hará ya unos tres años. ¿Tengo algún derecho al respecto?

> Soy el propietario de un almacén de productos alimentarios. Vino la policía a investigar sobre un robo que hubo la semana pasada y me pidió que les proporcionara todos los datos de mis empleados y principales clientes. ¿Pueden hacerlo? ¿Debo pedir permiso a los empleados?

C.4 En el vídeo se habla de "utilizar únicamente los datos personales que hayan sido obtenidos mediante autorización a menos que no se requieran". ¿En qué casos puede no ser necesaria una autorización?

TRABAJAR EL LÉXICO
LEYES

C.5 Lee esta frase que se dice en el vídeo. ¿Entiendes la expresión destacada?

"Como Daniela, debes conocer los derechos y deberes que como ciudadano tienes para proteger tus datos personales **bajo el amparo de la ley.**"

C.6 Relaciona un elemento de cada columna. Luego, busca información en internet y escribe un breve texto describiendo las fases de publicación de una ley.

promulgar una ley	1	A	Lo hacen, o deben hacerlo, los ciudadanos, las empresas, las instituciones...
cumplir la ley	2	B	Hacer público que se ha aprobado una ley.
aprobar una ley	3	C	Sucede una vez se aprueba y es sancionada por el jefe de Estado.
establecer (la ley establece)	4	D	Regular, legislar.
entrar en vigor (una ley)	5	E	Anularla.
estar en vigor (una ley)	6	F	Cuando el parlamento la acepta.
derogar una ley	7	G	Ser vigente.

C.7 ¿Qué otras combinaciones se pueden hacer con la palabra ley? Con un compañero, haz una lista. Podéis informaros en internet y buscar ejemplos de uso. Luego, ponedlo en común con el resto de la clase.

C.8 ¿Entiendes estas expresiones que se usan en el vídeo? Fíjate en el uso de los verbos y en las preposiciones y complementos que los acompañan y compara cómo se dicen en tu lengua y cómo se dicen en español.

1. **cumplir** las instrucciones y requerimientos
2. **garantizar** el ejercicio de los derechos
3. **acceder a** los datos
4. **velar por** el cumplimiento de las normas
5. **solicitar** la prueba de autorización
6. **respetar** las condiciones de seguridad
7. **hacer** una denuncia o demanda
8. **tramitar** las consultas, solicitudes y reclamos
9. **utilizar** bases de datos

C.9 Observa con qué otras palabras y expresiones relacionadas con el tema de la unidad se pueden combinar los verbos de C.8. Selecciona una por cada verbo y escribe una frase de ejemplo.

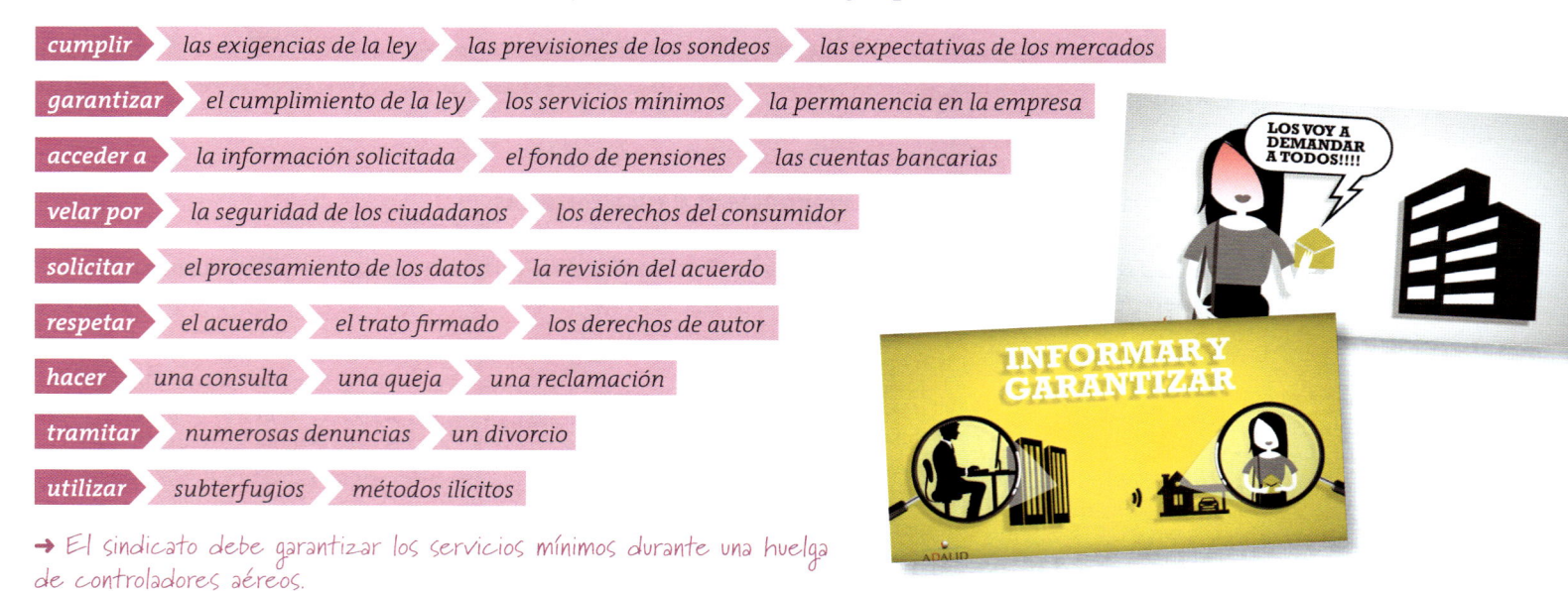

cumplir	las exigencias de la ley	las previsiones de los sondeos	las expectativas de los mercados
garantizar	el cumplimiento de la ley	los servicios mínimos	la permanencia en la empresa
acceder a	la información solicitada	el fondo de pensiones	las cuentas bancarias
velar por	la seguridad de los ciudadanos	los derechos del consumidor	
solicitar	el procesamiento de los datos	la revisión del acuerdo	
respetar	el acuerdo	el trato firmado	los derechos de autor
hacer	una consulta	una queja	una reclamación
tramitar	numerosas denuncias	un divorcio	
utilizar	subterfugios	métodos ilícitos	

→ El sindicato debe garantizar los servicios mínimos durante una huelga de controladores aéreos.

C.10 ¿Conoces algún caso de uso indebido —sin autorización expresa— de datos personales? ¿Sabes qué hizo la persona o personas afectadas? Usa algunas de las expresiones de C.8 y C.9 para explicarlo.

TRABAJAR LA GRAMÁTICA

PARTICIPIO PRESENTE

C.11 Observa las siguientes frases del vídeo y trata de decir lo mismo sin usar el participio presente (en negrita).

> "Un dato personal es la información **concerniente** a individuos concretos."

> "[...] debes informar y garantizar el ejercicio de los derechos **pertenecientes** a los titulares de los datos personales."

C.12 Sustituye la parte destacada por un participio presente, manteniendo el sentido de la frase original, como en el ejemplo.

1. Los abogados presentaron pruebas **que permiten sacar conclusiones**.
   → Los abogados presentaron pruebas concluyentes.
2. Los datos de la empresa **que contrata** deben aparecer en el documento.
3. Los expertos auguran que el año **que entra** reportará beneficios a escala global.
4. El presidente **que sale** ha llamado a su rival para felicitarlo personalmente.
5. El festival Rocktiembre recupera el rock **que precedió** a la movida madrileña.
6. Los pisos y casas **que proceden** de herencias ofrecen posibilidades para el negocio inmobiliario.
7. En lo **que se refiere** a las escuelas, la inversión fue de 1,5 millones de euros.
8. El único documento **que existe** que prueba los acontecimientos se encuentra en manos del juez.
9. **Los que firman abajo** certifican la autenticidad de los datos proporcionados.
10. Había más de cien **personas que solicitaron** la beca.
11. **La persona que donó los órganos** falleció a causa de un accidente de tráfico.

→ [G] Gram., p. 178 » 10

OBSERVAR EL DISCURSO

COMUNICACIÓN INSTITUCIONAL

C.13 Piensa en la comunicación institucional en tu país y comenta estas cuestiones con un compañero.

- ¿Qué temas o ámbitos se tratan?
- ¿Qué formato suele tener: anuncios de televisión, avisos en la prensa...?
- ¿Qué efecto tiene esa comunicación en la sociedad? ¿Cumple su objetivo?
- ¿Hay alguna campaña institucional que te guste o que recuerdes especialmente?

C.14 En grupos, haced una lista de las estrategias que permiten a una campaña divulgativa transmitir el mensaje de manera clara. Luego, volved a ver el vídeo. ¿Es un buen ejemplo de divulgación de una ley? Poned ejemplos concretos.

> Tiene una entonación muy expresiva, por ejemplo cuando dice "... y dos meses después la han bombardeado con miles de ofrecimientos..."

ACTUAR

CAMPAÑA DIVULGATIVA

C.15 Piensa en cierta información o en algún derecho o ley poco conocidos, que pueda ser de interés para los ciudadanos del lugar donde vives.

C.16 Prepara una campaña divulgativa (vídeo, PowerPoint, folleto informativo, cartel publicitario...). Podéis trabajar en grupos.

RECOMENDACIONES

Campaña divulgativa

- Piensa en **cosas prácticas y de interés general**, como: día de entrada gratuita en los museos, el derecho a tener un día libre por mudanza, el derecho a la devolución del importe de tu billete de avión si tu vuelo sale con más de cinco horas de retraso, etc.
- Piensa en lo que quieres decir y **estructura la información**.
- Pon **ejemplos concretos** para facilitar la comprensión.
- Usa un **lenguaje preciso y sintético** a la vez que simple.
- Emplea **imágenes**.

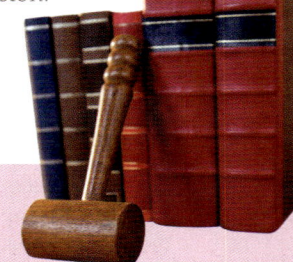

¡Compártelo!
#cdec1_campaña

MINERÍA DE DATOS

D DE DATOS | 48

Prepárate en casa: *Texto mapeado*

ESPAÑA AMÉRICA BRASIL CATALUÑA

EL PAÍS

INTERNACIONAL

EUROPA EE UU MÉXICO AMÉRICA LATINA ORIENTE PRÓXIMO ASIA ÁFRICA FOTOS OPINIÓN BLOGS TITULARES »

EL ARMA SECRETA DE OBAMA

La superioridad en el uso de la tecnología de la microsegmentación, que facilita la personalización de los mensajes políticos, facilitará la reelección.

MOISÉS NAÍM — 20 OCT. 2012 - 20:55 CEST

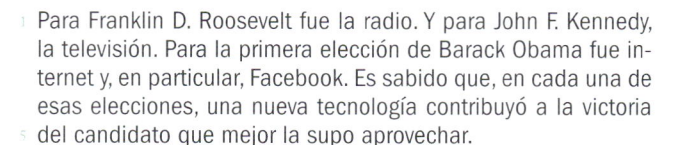

Para Franklin D. Roosevelt fue la radio. Y para John F. Kennedy, la televisión. Para la primera elección de Barack Obama fue internet y, en particular, Facebook. Es sabido que, en cada una de esas elecciones, una nueva tecnología contribuyó a la victoria del candidato que mejor la supo aprovechar.

¿Cuál será la innovación tecnológica que tendrá más peso en determinar el ganador de las próximas elecciones en EE. UU.? La respuesta es *data mining*, la minería de datos, y más concretamente el *microtargeting* o la microsegmentación.

Entre los expertos existe el consenso de que, en este campo, el equipo de la campaña electoral del presidente lleva una gran ventaja al de Romney. Es el arma secreta de Obama, y sus principales asesores están convencidos de que, en una elección tan reñida como esta, la superioridad en el uso de estas tecnologías va a ser el factor determinante en su reelección.

La minería de datos es una rama de las ciencias de la información que utiliza complejos algoritmos y métodos estadísticos para identificar los patrones que puedan existir en las enormes bases de datos que hoy en día se acumulan gracias a las nuevas tecnologías. Se trata de convertir esa información en conocimiento útil para la toma de decisiones. En el mundo de la empresa privada, el *data mining* se usa hace tiempo y con gran sofisticación. Cuando usted entra en internet y aparece una publicidad, es probable que su contenido resulte del uso de estas tecnologías. El mensaje específico es seleccionado de una lista de posibles anuncios, y la máquina escoge cuál enviarle a partir de un cálculo que se nutre de información sobre quién es usted (mujer, 37 años, casada, con hijos, vive en la ciudad X, barrio Y), qué le gusta (ha comprado esto y aquello), qué hace (visita regularmente las páginas A y B en la red) y la información extraída de una base de datos de personas con sus mismas características, gustos y hábitos. Todo esto revela los patrones más comunes sobre las motivaciones que determinan una decisión de compra en su segmento. Así, la publicidad que usted recibe apunta a sus motivaciones, posibilidades y deseos. Esto es el *microtargeting*: apuntar micrométricamente no a un mercado, al público o a los votantes, sino a segmentos muy específicos dentro de esas categorías.

En el mundo de la política estas tecnologías se habían utilizado menos, pero ahora se han vuelto indispensables.

La ventaja de Obama en este campo se remonta a las elecciones primarias de 2007 y luego a su campaña presidencial de 2008. Su candidatura atrajo a un número sin precedentes de jóvenes, novatos en política pero magos en el uso de internet. Terry McAuliffe, quien fuera el jefe del Partido Demócrata, me dijo: "Obama tiene a la mejor gente del mundo en el uso de internet para campañas políticas. Lo sé porque lo sufrí en carne propia: ¡yo dirigí la campaña de Hillary en las primarias contra Obama! Eran extraordinarios. Y esa tecnología y esa gente ni siquiera son del partido. Son de la organización de Obama".

Muchos de ellos son empleados a tiempo completo y provienen de empresas como Google, Facebook o Amazon. Actualmente, Harper Reed, antiguo *hacker* y exitoso vendedor de camisetas por internet, dirige la operación de *data mining* de Obama. No da entrevistas y sus actividades se mantienen en secreto. Pero ha montado la más ambiciosa y eficiente estructura tecnológica para saber a quiénes acudir, qué decirles y qué pedirles (su voto, una donación, los votos de sus amigos y familiares, hacer llamadas telefónicas, un coche para llevar a la gente a votar, etc.). De hecho, la tecnología les permite enviar mensajes distintos a dos personas de la misma familia que viven en la misma casa.

En contraste, la campaña de Romney, que también hace un amplio uso de estas tecnologías, depende más de empresas privadas cuyos servicios el candidato utilizó con éxito en sus tiempos de empresario.

La tasa de desempleo, el dinero del que los candidatos disponen para su campaña y los Super PACs, los comités de acción política que pueden dedicar enormes sumas de dinero a favor —o en contra— de Obama o Romney; los debates, la personalidad de los candidatos y su oferta electoral son algunos de los factores que van a influir en quién será el próximo presidente de EE. UU. Y esta lista es aún más larga. Pero la capacidad para convertir información masiva y desordenada en conocimiento que aporta votos estará en lo más alto de esa lista.

Fuente: adaptado de www.elpais.com

COMPETENCIA CRÍTICA

TRIUNFO ELECTORAL

D.1 Resume en dos o tres líneas la tesis del artículo. Luego, compáralo con lo que han escrito algunos compañeros.

D.2 El autor del texto, Moisés Naím, presenta la minería de datos como un factor clave en el, por entonces, posible triunfo de Obama. ¿Por qué?

D.3 Obama ganó las elecciones. ¿Crees que la minería de datos fue un factor determinante?

D.4 Comenta estas cuestiones con algunos compañeros.

- ¿El uso de los bancos de datos sería posible hoy en día en una campaña como la descrita en el artículo? ¿Sería posible en cualquier país del mundo?
- ¿Es lícito transferir las estrategias comerciales al mundo de la política? ¿Conoces otros ejemplos?
- ¿Hay diferencias entre generaciones en este aspecto?

D.5 Busca en el texto los criterios que se siguen para elegir el mensaje y el receptor del mensaje. ¿Te parecen útiles y efectivos? ¿Añadirías otros?

D.6 ¿Qué quiere decir el autor del texto con esta frase? ¿Cuál crees que es su opinión sobre los voluntarios en la campaña de Obama? ¿Estás de acuerdo?

> "Su candidatura atrajo a un número sin precedentes de jóvenes, novatos en política pero magos en el uso de internet."

D.7 ¿Qué otros factores, según el texto, pueden influir en el triunfo de uno u otro candidato? ¿Te parece que son importantes?

D.8 ¿Qué otras finalidades podrían conseguirse a través de los bancos de datos en campañas electorales? Haz una lista de propósitos que consideres éticamente aceptables, y otra de propósitos no aceptables.

D.9 ¿Crees que el periódico y Moisés Naím apoyan la candidatura y la carrera política de Obama? ¿En qué te basas? Justifícalo con fragmentos del texto.

ACTUAR

EL ARMA SECRETA DE...

D.10 Piensa en el triunfo de algún político, en tu país o en otro, que te parezca interesante. ¿Por qué ganó? Investiga y haz un análisis de su campaña y del resultado que obtuvo. Escribe un texto exponiendo ese caso. Puedes titularlo "El arma secreta de...".

¡Compártelo! #cdec1_elarmasecretade

¿QUÉ HAS APRENDIDO?

1. Aquí tienes una serie de titulares de periódico en los que aparecen palabras del texto "Wikiguerras". Traduce los titulares a tu lengua.

> **CONFIRMAN BAJA PARTICIPACIÓN EN ELECCIONES HAITIANAS**

> *La inflación se dispara al 3% en enero por la subida de la luz y la gasolina*

> En una sola semana de mandato de Trump ya se ha desatado el caos: crisis diplomática con México

> **MALLORCA SE PROMOCIONA CON IMÁGENES DE CÓMIC**

> Polanski causa polémica en Francia por presidir los César

> "No se bajará la guardia para mantener el orden y la paz social en Cancún", advierte el presidente municipal de la ciudad mexicana, Benito Juárez

2. Estos son los diez artículos más editados de la versión en español de Wikipedia. Elige uno y lee la entrada. ¿Por qué crees que ha sufrido tantas modificaciones? Trata de explicarlo en un breve texto. Si lo necesitas, busca información sobre ese tema en internet.

1. Venezuela (7037)
2. *Los Simpson* (6775)
3. Argentina (6686)
4. Colombia (5829)
5. *Dragon Ball* (5353)
6. México (5303)
7. España (5282)
8. Perú (4953)
9. Idioma español (4937)
10. Chile (4787)

3. Aquí tienes las 10 estrategias de manipulación mediática según el lingüista y filósofo Noam Chomsky. Intenta explicar esas técnicas hablando de sus objetivos o finalidades, como en el ejemplo.

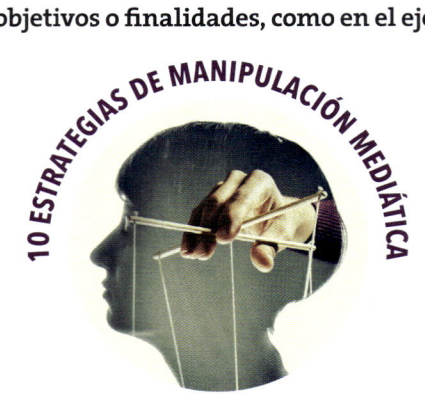

10 ESTRATEGIAS DE MANIPULACIÓN MEDIÁTICA

LA ESTRATEGIA DE LA DISTRACCIÓN
Desviar la atención del público con información insignificante

CREAR PROBLEMAS
y fingir proponer las soluciones

DIFERIR UNA MEDIDA FUTURA
Es más fácil aceptar un sacrificio futuro que uno inmediato

LA ESTRATEGIA DE LA GRADUALIDAD
Imponer una medida radical e inaceptable, pero en pequeñas dosis

DIRIGIRSE AL PÚBLICO COMO SI TUVIERA DIEZ AÑOS
Utilizar un discurso, argumentos, personajes y entonación particularmente infantiles

PENSAMIENTO EMOCIONAL VS. PENSAMIENTO CRÍTICO
Inducir ideas, pensamientos, deseos y comportamientos impulsivos y sin fundamentos

MANTENER AL PÚBLICO EN LA IGNORANCIA
Las clases sociales inferiores no deben conseguir las herramientas que necesitan para el crecimiento social

ESTIMULAR A SER COMPLACIENTE CON LA MEDIOCRIDAD
El estándar de moda: ser estúpido, vulgar e inculto

REFORZAR LA AUTOCULPABILIDAD
La falta de inteligencia, capacidades y esfuerzo son los culpables de su propia desgracia, no el sistema

CONOCER A LA AUDIENCIA
mejor de lo que ellos se conocen a sí mismos

→ *Distracción: los medios de comunicación distraen la atención del público de manera que no vean qué decisiones o informaciones les afectan realmente.*

Gram., p. 180 › **16**

4. Busca en internet algún vídeo divulgativo de una ley, en español o en otra lengua que conozcas. Resume los puntos más importantes y valora si se ha usado una buena estrategia de comunicación y divulgación.

5. ¿Qué es lo más importante y útil que has aprendido en esta unidad?

6. ¿Qué es lo que te ha parecido más difícil?

7. ¿En qué aspectos has mejorado?

8. ¿Qué puedes hacer a partir de ahora para afianzar los contenidos que te resultan difíciles?

d de discurso

A ¡QUE HABLE, QUE HABLE...!

ENTRAR EN EL TEMA

PASARON A LA HISTORIA

A.1 ¿Conoces estas frases célebres? Comentad en clase en qué momento y contexto histórico se dijeron. Puedes buscar información en internet.

"No preguntes lo que tu país puede hacer por ti; pregunta lo que puedes hacer tú por tu país."
— John F. Kennedy

"No tengo nada que ofrecer sino sangre, esfuerzo, sudor y lágrimas."
— Winston Churchill

"Venceréis, pero no convenceréis."
— Miguel de Unamuno

"Sueño que mis cuatro hijos vivirán un día en una nación donde serán juzgados no por el color de su piel, sino por su carácter."
— Martin Luther King

"Seamos realistas y hagamos lo imposible."
— Ernesto "Che" Guevara

A.2 ¿Qué frases célebres son conocidas en tu país? ¿Quién las dijo? ¿En qué contexto?

A.3 ¿En qué situaciones se dan discursos en tu cultura? ¿Quién los da?

En la empresa
- Cuando alguien empieza a trabajar, se jubila, asciende, etc.
- En las grandes ocasiones: Navidad, aniversarios (del personal, de la fundación de la empresa...), al iniciar o cerrar un periodo económico, etc.

En familia
- En Navidad u otras celebraciones
- En bodas, bautizos, funerales, etc.

En la escuela o la universidad
- En la inauguración o el final del curso
- En la ceremonia de graduación
- En conferencias y charlas

A.4 Y tú, ¿en cuántas de las situaciones anteriores has tenido que dar un discurso? ¿Cómo lo preparaste?

> Yo una vez tuve que dar un discurso, cuando me gradué. Me ayudaron mis padres, y lo ensayaba con ellos o con mis amigos.

→ Prepárate en casa: ¿Qué sabes?

DESNUDARSE EN PÚBLICO

D DE DISCURSO | 52

➡️ Prepárate en casa: *Texto mapeado*

El nuevo patio de butacas de los sentimientos

PREMIOS PARA DESNUDARSE

La intimidad gana a la reivindicación en el discurso del galardonado.

JAVIER RICOU

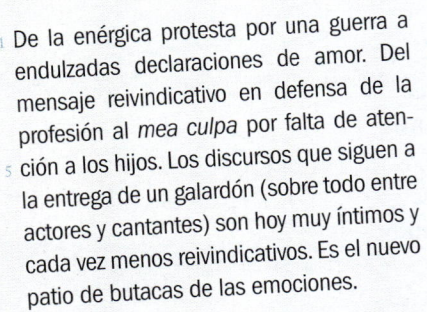

1 De la enérgica protesta por una guerra a endulzadas declaraciones de amor. Del mensaje reivindicativo en defensa de la profesión al *mea culpa* por falta de aten-
5 ción a los hijos. Los discursos que siguen a la entrega de un galardón (sobre todo entre actores y cantantes) son hoy muy íntimos y cada vez menos reivindicativos. Es el nuevo patio de butacas de las emociones.
10 ¿Los últimos ejemplos? Antonio Banderas suplicó, en la última ceremonia de los Goya, el perdón de su hija Stella del Carmen por no haberle dedicado todo el tiempo que habría querido. George Clooney
15 protagonizó uno de los momentos más sentimentales de la edición 72 de los Globos de Oro al declarar públicamente su amor por su mujer, Amal Alamuddin. Dani Rovira se fundió en un apasionado
20 beso con su compañera, Clara Lago, solo conocer que era el galardonado, en los Goya 2015, con el premio actor revelación por su interpretación en la película *Ocho apellidos vascos*. Cierra esta lista Emma
25 Watson, que dedicó uno de sus últimos premios –el Bafta entregado en Los Ángeles como mejor artista británica– a su hámster, muerto diez años atrás.

El cambio en el tono de esos discursos
30 tiene mucho que ver, interpretan psicólogos y sociólogos, con el uso que esos actores y cantantes hacen de las redes sociales. "Esos canales han dinamitado las fronteras entre lo público y lo privado
35 y los famosos han participado abierta y decididamente en esta tendencia", afirma Ferran Lalueza, director de los Estudios de Ciencias de la Información y de la Comunicación de la Universitat Oberta
40 de Catalunya (UOC). Y añade: "Incorporar elementos de la vida personal en un discurso público ha dejado de ser una rareza extravagante y casi se ha convertido en norma de obligado cumplimiento.
45 De este modo, el famoso se humaniza ante su público, es percibido como una figura más próxima y se establece con él un vínculo emocional mucho más sólido y efectivo que la conexión aséptica que
50 pueda generar un discurso meramente racional". [...]

"Hace unos años –continúa Lalueza– tener la capacidad de llegar a grandes audiencias era un privilegio en manos
55 de unos pocos, que, en consecuencia, se veían impelidos a aprovechar sus tribunas para defender las causas que consideraban más legitimadas. Hoy todos podemos dirigirnos (lo que incluye
60 a las celebridades) a públicos masivos y globales gracias a los *social media*, de modo que la presión que recae en el famoso para abanderar causas nobles se difumina". [...]

65 La emoción del momento y la empatía que suele contagiarse entre el público ante un discurso íntimo no deben hacer perder de vista, sin embargo, el hecho de que ese famoso que desnuda sus emo-
70 ciones aproveche el momento –con todos los focos centrados en él– para conseguir una mayor repercusión mediática. "Siempre que afloran las emociones en público suele haber –indica el sociólogo
75 Núñez Mosteo– un momento catártico para el protagonista (liberación, sinceridad), pero esos discursos generan también catarsis entre los que escuchan al reconocerse en esas palabras". Aunque
80 hay que medir bien las palabras, aconseja Núñez, "porque luego, en frío, ese discurso puede no resultar tan heroico o, a veces, tornarse hasta inapropiado".

El orador solo cuenta con 30 segundos para captar la atención.

LAS CLAVES

El arranque
El orador se lo juega todo en su arranque. Ha de ser capaz de captar la atención del público en los primeros treinta segundos. Si tarda más, lo tendrá difícil para empatizar con la audiencia.

El mensaje
Antes de pronunciar la primera palabra hay que tener muy claro qué mensaje se quiere transmitir. Si hay dudas, mejor no subir a la tribuna.

La adaptación
Hay que intentar siempre que la información ofrecida sea la que interesa al público y ajustarse, con rigor, al tiempo acordado para el discurso.

Los agradecimientos
La lista debe ser corta. Si se hace interminable (le pasó a Pedro Almodóvar con su Óscar), el público desconecta. Además, tanto agradecimiento resta relevancia a las personas mencionadas y puede crear animadversión en las excluidas.

Fuente: adaptado de *La Vanguardia. Tendencias*, 16/2/2015

PREPARAR EL DOCUMENTO

PREMIOS

B.1 ¿Qué premio te gustaría ganar? Imagina que lo has recibido y prepara un breve discurso de agradecimiento. Grábalo y luego escuchadlos todos en clase. ¿Cuál es el más cómico, familiar, reivindicativo, emotivo…?

B.2 Lee el título del artículo. ¿Qué te sugiere? ¿De qué crees que va a tratar?

ENTENDER EL DOCUMENTO

INTIMIDAD VS. REIVINDICACIÓN

B.3 Lee el artículo. ¿Se corresponde con lo que has pensado en B.2?

B.4 ¿Cuál es la idea esencial de cada párrafo? Resume cada uno en dos frases.

→ *Los discursos de agradecimiento de actores y cantantes son hoy…*

B.5 Como oyente expuesto a discursos de actores, académicos, etc., ¿te sientes identificado con lo que dice el autor?

B.6 ¿Tu discurso (B.1) está en la línea de la tendencia que comenta el artículo? ¿Cumple alguna de las características que aparecen en el recuadro "Las claves"?

TRABAJAR EL LÉXICO

HABLAMOS

B.7 Lee estos grupos de frases y fíjate en los verbos. ¿Qué diferencias de significado observas? ¿Y de construcción?

1. Antonio Banderas **suplicó** el perdón de su hija Stella del Carmen.
2. La víctima **suplicó por** su vida, pero aun así le dispararon.
3. George Clooney protagonizó uno de los momentos más sentimentales al **declarar** públicamente su amor por su mujer.
4. Los acusados **declararon** ante el juez, que finalmente los **declaró** culpables.
5. Estamos en plena calle y va Iván y se arrodilla, saca un anillo… ¡y **se me declara**!
6. […] se veían impelidos a aprovechar sus tribunas para **defender** las causas que consideraban más legitimadas.
7. El acusado **se defendió de** las acusaciones aportando pruebas concluyentes.
8. Muchos padres **se lamentan del** poco tiempo que pasan con sus hijos.
9. **Lamento** haberte mentido.
10. Ante las evidencias, no tuvo más remedio que **confesar** sus crímenes.
11. **Me confieso** seguidora incondicional de John Irving. Leo todos sus libros.
12. Los manifestantes **reivindicaban** el derecho a una vivienda digna.
13. Los terroristas **reivindican** el atentado horas después del suceso.
14. Los acusados **negaron** ante el juez haber participado en el atraco.
15. Gracias a las sufragistas se dejó de **negar** el derecho al voto a las mujeres.
16. **Me niego a** pedirle perdón. Ella fue la que se equivocó, no yo.
17. El informe **convenció a** los políticos **de** la importancia de tomar medidas.
18. El discurso del candidato no **convenció**. No reflejaba la ideología del partido.
19. El entrenador **se disculpó por** el fracaso del equipo en la Liga de Campeones.
20. No **disculpes** todo lo que hace Ana. Tiene que aprender a responsabilizarse de sus actos.

B.8 Los verbos de B.7 ¿se parecen a los que se usan en tu lengua o en otra que conozcas? ¿Funcionan de manera parecida?

B.9 Elige cinco de los verbos anteriores y escribe un titular de periódico con cada uno. Fíjate en si necesitas algún pronombre, preposición o complemento.

→ *"Angelina Jolie negó que la causa de su divorcio fuera la infidelidad."*

TRABAJAR LA GRAMÁTICA

ENTONAR EL *MEA CULPA*

B.10 Lee esta frase del texto. ¿Cuál podría ser su continuación más lógica? Márcalo.

"Antonio Banderas suplicó […] el perdón de su hija Stella del Carmen por no haberle dedicado todo el tiempo que habría querido."

☐ Añadió que debería **pasar** más tiempo también con su exmujer, Melanie Griffith.

☐ Añadió que debería **haber pasado** más tiempo también con su exmujer, Melanie Griffith.

→ Gram., p. 178 › 11

D DE DISCURSO

B.11 Fíjate en el ejemplo y escribe una posible continuación para estas frases. Usa infinitivo simple o infinitivo compuesto.

1. Lamento haberle dicho cosas tan duras. Ahora en frío, creo que no fue su intención hacerme daño.
→ *Tendría que haber sido más comedido, porque ahora está enfadado y no me habla.*
2. Me arrepiento de haber venido a esta fiesta.
3. No debería haber dejado los estudios.
4. Siento haber estado poco por la relación últimamente.
5. Me siento culpable por haber colgado esa foto en Facebook. A Isa le ha sentado fatal que lo hiciera.
6. ¡Ojalá hubiera estudiado una carrera con más salidas que Filosofía!

B.12 ¿Qué decisiones has tomado que cambiaron o podrían haber cambiado algún aspecto de tu vida? ¿Te arrepientes? Escríbelo.

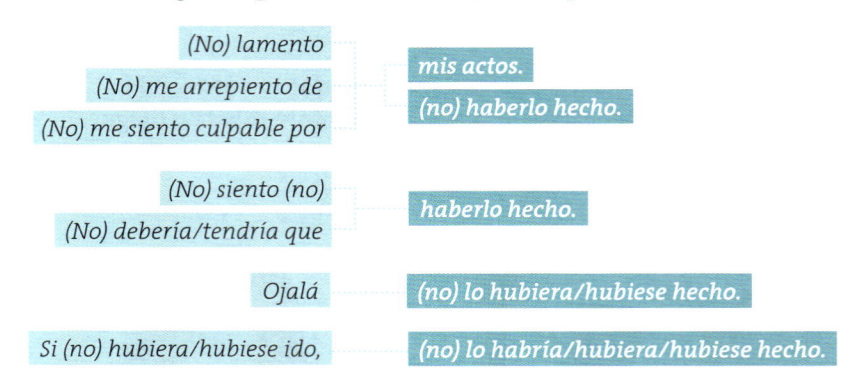

- (No) lamento — *mis actos.*
- (No) me arrepiento de — *(no) haberlo hecho.*
- (No) me siento culpable por
- (No) siento (no) — *haberlo hecho.*
- (No) debería/tendría que
- Ojalá — *(no) lo hubiera/hubiese hecho.*
- Si (no) hubiera/hubiese ido, — *(no) lo habría/hubiera/hubiese hecho.*

→ *Yo lamento haber empezado la universidad tan joven. ¡Ojalá hubiera pasado un año viajando por el mundo o viviendo en otro país!*

B.13 Comentad en grupos lo que habéis escrito en B.12 y haceos preguntas para saber más detalles.

EN CONSECUENCIA...

B.14 Lee estas frases. ¿Tiene el mismo valor la partícula destacada?

"Tener la capacidad de llegar a grandes audiencias era un privilegio en manos de unos pocos, que, **en consecuencia**, se veían impelidos a aprovechar sus tribunas para defender las causas que consideraban más legitimadas."

"Hoy todos podemos dirigirnos [...] a públicos masivos y globales [...], **de modo que** la presión que recae en el famoso para abanderar causas nobles se difumina."

→ Gram., p. 181 ▸ 17

B.15 Completa de manera lógica la parte que falta en cada frase.

1. _____. **Así pues**, las temperaturas subirán en toda la Península y alcanzarán valores cercanos a los 35 °C.
2. La mayoría de las parejas ya no se casan, **por lo que** _____.
3. La crisis se ha dejado notar más en zonas rurales, **de ahí que** _____
4. Gran parte de la plantilla no podía asistir al seminario. **Por consiguiente**, _____
5. _____. **Por ello**, es el destino preferido de muchos turistas.
6. El caso se ha cerrado por falta de pruebas. **Por lo tanto**, _____
7. Con los años, los huesos pierden densidad ósea. **Consiguientemente**, _____
8. Hemos encontrado unos billetes muy baratos, **así que** _____
9. El negocio iba cada vez peor y perdíamos mucho dinero, **por eso** _____
10. El coste de la vida en España ha aumentado y, **consecuentemente**, _____

ACTUAR

EMOCIONARSE EN PÚBLICO

B.16 Lee estos enunciados y marca las afirmaciones con las que estás de acuerdo.

- ☐ Un político no debería llorar en público. Es signo de debilidad.
- ☐ Los discursos de agradecimiento son para agradecer, no para declararse o pedir perdón.
- ☐ Si un cargo público comete un error, debe admitirlo públicamente y mostrarse arrepentido.
- ☐ Los famosos no tienen por qué dar explicaciones de su vida personal, hagan lo que hagan.
- ☐ Una persona pública debe mostrar una actitud neutra ante cualquier acontecimiento o comportamiento que le cause rechazo o alegría.
- ☐ Llorar en público es signo de fortaleza y confianza en uno mismo.
- ☐ Los famosos deben aprovechar las entregas de premios y otros eventos multitudinarios para reivindicar o protestar contra cosas injustas. Es una oportunidad para llegar a mucha gente.
- ☐ Reprimir las emociones en público es fruto de una convención social.

B.17 Busca compañeros que tengan opiniones semejantes a las tuyas y preparad argumentos que defiendan vuestra opinión. Después, celebrad un debate: ¿es apropiado que los famosos y personas públicas muestren sus emociones en público?

⌁ ¡Compártelo!

#cdec1_emocionarseenpúblico

C EL PERÚ LOS NECESITA

¿Quién es Gastón Acurio Jaramillo?
Este chef y empresario culinario (Lima, 1967) comenzó a cocinar, según ha declarado en numerosas ocasiones, para convertirse en una mejor persona y mirarse mejor en el espejo. Se define como "un gran defensor de la comida peruana casi por mandato genético".
Después de abandonar sus estudios de Leyes en Lima, estudió cocina en el Hotel Trade School Sol de Madrid (España) y en el Cordon Bleu de París. Actualmente tiene restaurantes en muchas de las grandes capitales de América y de Europa.

→ 🏠 💻 Prepárate en casa: *Audio + transcripción*

PREPARAR EL DOCUMENTO

GASTÓN ACURIO

C.1 Lee la información de la caja cultural sobre Gastón Acurio y busca más información en internet. Escribe unas frases más sobre su perfil biográfico y profesional (qué empresas ha fundado, el impacto y la influencia que ejerce en la sociedad peruana, etc.).

C.2 Lee estos dos fragmentos de un discurso que dio Gastón Acurio en la Universidad del Pacífico de Lima (2006). ¿Qué te transmiten? ¿Cómo dirías que es la relación de Acurio con su país?

1. "Estudié lo que quise en el mejor lugar del mundo, pero no hay nada más fascinante que desarrollarte donde está tu suelo. Vivir en el Perú, para mí, no es cuestión de beneficios. Simplemente es un desafío, porque aquí está todo por hacerse."

2. "Para terminar quisiera decirles, en realidad pedirles, que no se vayan del Perú: ustedes son sus hijos más afortunados, sus hijos más preparados. Si salen a estudiar una maestría, regresen. No se vayan: es aquí donde están las oportunidades, es aquí donde está la riqueza, es aquí donde la vida encuentra un sentido. No se vayan porque su pueblo los necesita; el Perú los necesita; la historia los necesita. Muchas gracias".

C.3 ¿Qué mensaje o mensajes crees que se pueden transmitir en un discurso como ese? Ten en cuenta la audiencia y el lugar donde se pronunció el discurso. Coméntalo con un compañero.

→ *Animar a los estudiantes a estudiar para triunfar en la vida.*

ENTENDER EL DOCUMENTO

LA GASTRONOMÍA PERUANA

C.4 🎧 7 Escucha el discurso. ¿Cuántos de los temas anteriores aparecen? ¿Salen otros que no habías pensado?

C.5 🎧 7 Vuelve a escuchar el discurso y toma notas de lo que dice Gastón Acurio sobre estos temas.

- Los recursos naturales
- Recursos naturales vs. marcas
- La gastronomía peruana
- Perú

C.6 Después de escuchar el discurso, ¿añadirías algo más a la reflexión de C.2? ¿Con qué tipo de país sueña Acurio?

D DE DISCURSO

TRABAJAR EL LÉXICO

RIQUEZA Y POTENCIAL DE UN PAÍS

C.7 Las siguientes expresiones aparecen en el discurso de Gastón Acurio. Escribe frases con ellas para hablar de tu país y su riqueza.

- contar con recursos naturales
- ser una bendición
- en términos de calidad
- descubrir las bondades (de algo)
- esconder un gran potencial
- poner en valor
- existir oportunidades inmensas
- generar enormes beneficios

→ Los minerales, como el cobre, el plomo y el carbón, son algunos de los recursos naturales más importantes con los que cuenta mi país.

OBSERVAR EL DISCURSO

CARACTERÍSTICAS DISCURSIVAS

C.8 ¿Cómo describirías el discurso de Acurio? Marca las frases con las que coincidas.

- ☐ Es un discurso encendido y apasionado.
- ☐ Está bien trabado/hilado/estructurado.
- ☐ Aporta un buen número de ejemplos.
- ☐ Me ha parecido convincente.
- ☐ Las ideas se desprenden unas de otras.
- ☐ Es muy denso.
- ☐ Es muy coherente.
- ☐ Es de una gran claridad.
- ☐ Me ha parecido fácil de seguir.
- ☐ Tiene un final apoteósico.
- ☐ Está bien pronunciado; tiene una entonación clara y un ritmo constante.

C.9 Lee estas definiciones de diferentes tipos de discurso. ¿Cuáles podrías aplicar al de Gastón Acurio? Coméntalo con tu compañero.

- **Arenga:** discurso pronunciado en tono solemne con el propósito de enardecer el ánimo de los que escuchan.
- **Disertación:** discurso o exposición ordenada de un tema o punto particular de una materia más amplia.
- **Perorata:** discurso o razonamiento inoportuno, cuyo resultado llega a ser fastidioso para el auditorio o receptor.
- **Sermón:** discurso que se caracteriza por presentar una predicación de carácter religioso o moral. Suele tener una finalidad didáctica, promueve mandatos y normas de conducta para los receptores.
- **Filípica:** discurso violento contra alguien.
- **Panegírico:** se aplica al discurso hecho en alabanza de alguien. También a un conjunto de alabanzas sobre una persona, aunque sean dichas sencillamente.

C.10 ¿Hay algún discurso famoso en tu cultura? ¿Quién lo dio? ¿Qué tipo de discurso era? ¿Recuerdas qué características tenía?

TÉCNICAS DISCURSIVAS

C.11 ¿Crees que en un discurso es importante regular la cantidad de información que se da? ¿Por qué? ¿De qué manera? Comentadlo en pequeños grupos.

C.12 7 Estos recursos sirven para regular la densidad informativa en un discurso. ¿Están presentes estas estrategias en el discurso de Acurio? Vuelve a escuchar el discurso y, si quieres, trabaja con la transcripción.

REGULAR LA DENSIDAD INFORMATIVA

Estrategias de enfatización

- **Repetición**
  Nuestros productos, los productos de nuestra tierra, son productos apreciados en todo el mundo.
- **Preguntas retóricas**
  ¿Cuántas veces no han dicho "como en mi país no se come en ningún sitio"?
- **Recursos para reforzar el argumento**
  Es fundamental *proporcionar a los niños una educación alimentaria.* ***De hecho***, *eso prevendría muchos problemas y enfermedades en el futuro.*
- **Énfasis expresivo**: la entonación y las pausas permiten realzar y dar intensidad al discurso.

Estrategias de expansión

- **Por enumeración**
  En los últimos tiempos ha aumentado la demanda de restaurantes de comida thai, vietnamita, coreana, etc.
- **Por definición o etimología**
  La cocina nikkei, *término derivado de* nikkeijin *('hijo de japonés nacido en el extranjero'), es aquella que nace del mestizaje de la cocina japonesa y la peruana.*
- **Por sinonimia y antonimia**
  La cocina, la tradición culinaria, la gastronomía de un país es también cultura.
- **Por comparaciones, ejemplos y metáforas**
  El aceite de oliva o, como algunos lo llaman, "oro líquido" es uno de los ingredientes básicos de la gastronomía española, al igual que el ajo.

C.13 En C.12 se mencionan los ejemplos y comparaciones como recursos para expandir el discurso. Fíjate en los recursos resaltados a continuación y completa las frases de manera lógica.

1. La soledad es **como** _____ sin ventanas.
2. Las tortugas tienen el cuerpo recubierto por un caparazón que forma **una especie de** _____.
3. La membrana rodea el núcleo de la célula **al igual que** _____ rodeaban las ciudades antiguas.
4. La cámara de fotos, **de la misma forma que** _____, se está quedando obsoleta.
5. Cuando llovía **parecía que** _____.
6. El sonido que emiten las ballenas **se asemeja a** _____.
7. Actúa siempre **con** la elegancia **de** _____.
8. La convivencia de dos o más lenguas en un país es posible; **baste citar como ejemplo** el caso de _____.
9. Las grandes compañías potencian el consumo de productos efímeros. **A modo de ejemplo**, _____.
10. Es muy erudito y culto, pero cuando se trata de, **pongamos por caso**, _____, es un auténtico desastre.
11. Lleva trece años en el mundo de la enseñanza. **En concreto**, _____.
12. Llegó a Bogotá Shakira, por quien los latinoamericanos, y **en particular** _____, sienten un especial afecto.

C.14 Fíjate en este fragmento del discurso de Acurio y cambia **como** por alguno de los recursos anteriores. ¿Todos funcionan?

"Hoy estoy aquí muy emocionado por el hecho de poder dirigirme a ustedes [...] para recordarles que, **como** yo, son ustedes los jóvenes más afortunados de este país. [...] Ustedes, hoy y aquí, están recibiendo la mejor educación, **como** la que yo recibí y **como** la que hoy reciben mis hijas."

C.15 Traduce las frases siguientes a tu lengua o a una que conozcas bien. ¿Entiendes la función de los marcadores en negrita? ¿Hay equivalentes para todos ellos?

1. Los recursos naturales no han sido una bendición para nuestro país, **de hecho**, la historia nos ha enseñado todo lo contrario.
2. Para terminar quisiera decirles, **en realidad** pedirles, que no se vayan del Perú.
3. Los famosos han descubierto que expresar emociones vende. **No en vano** esa dosis de humanidad exhibida en público los hace más auténticos.
4. El resultado de la encuesta indica que los jóvenes españoles, **en el fondo**, no creen en la democracia.
5. **En efecto**, la cocina peruana ha sido un recurso muy querido por todos, un orgullo para todos.
6. **Es fundamental** que los jóvenes colaboren en la revitalización de la economía de un país.
7. **Es evidente** que los peruanos debemos aceptarnos y querernos como nación.
8. Lo que cuenta, **al fin y al cabo**, es que todos podamos disfrutar y formar parte del crecimiento económico del país.
9. Quien dice creer en las casualidades **en el fondo** sabe que, de alguna forma, nosotros buscamos nuestro propio destino.

→ Gram., p. 185 ▸ **21.2**

ACTUAR
MI DISCURSO

C.16 En parejas, haced una lista de los criterios de valoración de un buen discurso. Después, ponedla en común con el resto de la clase y elaborad una ficha de valoración conjunta.

→ Se adapta a la audiencia y al propósito del discurso.
→ Está bien estructurado.
→ ...

C.17 Prepara un discurso breve (de unos cinco minutos). Antes, decide en qué situación, para qué audiencia y con qué propósito. Aquí tienes algunas ideas:

- una conferencia sobre género y deporte
- un mitin político
- una charla sobre salud
- una charla sobre la piratería
- una presentación de la programación de una cadena de televisión
- un discurso de despedida de la empresa donde trabajas
- una conferencia sobre temas esotéricos

C.18 Pronuncia tu discurso. Tus compañeros serán la audiencia. Valora los discursos de tus compañeros con los criterios que habéis establecido en C.16.

◁ ¡Compártelo! #cdec1_midiscurso

LA POLÍTICA ESPAÑOLA

3 de mayo de 2015

OPINIÓN

La buena educación
¿Alguien aplaudiría a un político educado, sabio, cartesiano y popperiano?

FRANCESC DE CARRERAS

Ya empieza a ser agua pasada porque la política española se acelera por momentos. Pero el último debate sobre el estado de la nación que tuvo lugar la semana pasada creo que fue un paso más en el desprestigio de la política, de los políticos, de los líderes, del bipartidismo y de todo eso que tanto critica todo el mundo. No entiendo cómo personas en principio inteligentes sean tan torpes, tan contrarias a sus propios intereses. Parecen no tener remedio.

El último debate sobre el estado de la nación fue un paso más en el desprestigio de la política

No creo que a los españoles en general les guste la mala educación, aunque ciertamente a veces desconfío de mis creencias. Cuando veo el éxito que tienen determinados debates televisivos en los que quien más grita sin dejar hablar a los demás es quien más aplausos recibe, me entra el más negro pesimismo sobre nuestra cultura política. Tiendo a consolarme enseguida pensando que es debido a la extraña personalidad de los que acuden a los estudios de televisión, pero, cavilo, quienes se quedan en casa son gente más civilizada, menos histriónica, más racional, gente que piensa y que, por lo tanto, duda. No sé, quizás me equivoco, pero creer lo contrario disminuiría mis convicciones sobre la democracia como mejor forma de gobierno.

Entiendo que en un debate parlamentario uno pueda salirse de sus casillas. Pero llegar al extremo de que una persona en principio templada como Rajoy llegue a reprochar al líder de la oposición que "no ha dicho nada sensato", que "no ha dado la talla ni de lejos para ser presidente" y culmine su discurso soltando aquello de "no vuelva usted aquí a hacer ni a decir nada, ha sido patético", como si fuera un maestro de escuela de los de antes expulsando a un niño de la clase, me resulta una falta de respeto a Pedro Sánchez, a los españoles, a los socialistas y a sus propios compañeros de partido.

¿No sería mejor, para dar alguna punzada al contrario, usar la ironía? ¿Es más rentable cara al público montar la bronca y meter dentellada al adversario? ¿Esto es lo que le recomiendan los asesores de imagen a Rajoy? ¡Pues vaya imagen!

La entrada de Ángel Gabilondo quizá sea ocasión para que el tono de la política dé un giro

La entrada en política de Ángel Gabilondo, una persona independiente, catedrático de Metafísica, exrector de universidad y exministro de Educación, quizá sea ocasión para que el tono de la política española dé un giro hacia otro tipo de lenguaje. Desde luego, no puede ser el lenguaje de la metafísica, pero sí el de la lucidez, el de la mesura y aquello que los griegos llamaban *sophrosine*. Lo importante sería que sus adversarios políticos se contagiaran de este lenguaje.

A veces imagino que tendría éxito aquel político que sostuviera con argumentos que está de acuerdo en todo lo que sostiene su adversario menos en una cosa, diera a continuación sus razones por las cuales no está de acuerdo y, como antes hacían los juristas en sus dictámenes, acabara el discurso añadiendo el protocolario "esta es mi opinión que someto a cualquier otra mejor fundada". ¿Alguien aplaudiría y confiaría en un político tan raro y peculiar pero tan educado, sabio, cartesiano y popperiano? Les aseguro que por lo menos tendría un voto. Adivinen.

Fuente: El País, 3/5/2015

¿Quién es Francesc de Carreras?
Catedrático emérito de Derecho Constitucional en la Universidad Autónoma de Barcelona (UAB) y articulista, fue miembro del Consejo Consultivo de la Generalitat entre 1981 y 1998, secretario general de la UAB (1980-1981) y director en esa universidad del Departamento de Ciencia Política y Derecho Público de 2001 a 2004. Su faceta investigadora ha estado vinculada a la teoría política y la historia constitucional, pasando por las instituciones políticas y el derecho autonómico. Formó parte del germen del partido catalán Ciudadanos, fundado en 2006. Su vinculación con El País comenzó en 1982 y en la actualidad escribe con periodicidad semanal.

COMPETENCIA CRÍTICA

POLÍTICA Y POLÍTICOS

D.1 ¿Qué sabes de la vida política española? Si lo necesitas, busca información en internet para dar respuesta a estas preguntas.

- ¿Cuál es el sistema político español?
- ¿Qué significado político tiene el debate del estado de la nación? ¿Cada cuánto se celebra?
- ¿Quién es el actual presidente del gobierno y de qué partido es?
- ¿Qué partidos eran los mayoritarios en 2015? ¿Quiénes eran sus líderes?

D.2 ¿Qué comportamientos te parecen aceptables en un debate político? Puedes añadir más. Comentadlo en clase.

- ☐ Interrumpir al hablante
- ☐ Insultar al interlocutor
- ☐ Entrar en cuestiones personales
- ☐ Mostrar desacuerdo de forma abierta
- ☐ Ironizar sobre las opiniones del adversario
- ☐ Burlarse de las opiniones del contrario
- ☐ No respetar los turnos de habla; solapar las intervenciones
- ☐ …

> Creo que en un debate político hay turnos de habla establecidos, pero en algún momento se puede interrumpir.

> Sí, pero tampoco se trata de estar interrumpiendo todo el tiempo…

D.3 Lee el texto. ¿Cuál es la tesis del autor? ¿Con qué intención lo ha escrito?

D.4 ¿Cómo actúan y cómo son los políticos según el autor del texto? Completa la tabla con ejemplos del texto.

El político bien educado	El político mal educado
	→ Grita sin dejar hablar.

D.5 ¿Crees que el autor tiene una visión optimista o pesimista de los españoles en general? Marca los fragmentos del texto que te ayuden a justificar tu respuesta y coméntalo con tu compañero.

D.6 Lee esta pregunta que el autor plantea en el texto. ¿Qué le responderías? Si lo necesitas, busca información en internet.

> "¿Alguien aplaudiría y confiaría en un político tan raro y peculiar pero tan educado, sabio, cartesiano y popperiano?"

D.7 Lee el perfil profesional de Francesc de Carreras en la caja de información cultural. ¿Qué grado de autoridad y credibilidad tiene para ti? Si quieres, busca en internet más información sobre él.

ACTUAR

ANÁLISIS POLÍTICO

D.8 Busca el vídeo de algún debate o discurso político en español, en tu lengua o en otra que conozcas, y haz un análisis del comportamiento y la actitud de los participantes. Luego, escribe un artículo de opinión para una publicación especializada.

¡Compártelo! #cdec1_análisispolitico

¿QUÉ HAS APRENDIDO?

1. Busca en internet algunos discursos breves de agradecimiento y resúmelos.

→ *En 2016, Meryl Streep conmovió con su discurso en la entrega de los Globos de Oro. La actriz reivindicó la diversidad en Hollywood y criticó a Donald Trump.*

2. Escribe una respuesta a las siguientes preguntas usando algunos de los verbos del apartado B.7.

¿Qué harías si...

1. ... te acusaran de algo que tú no has hecho?
2. ... no te gustara el novio/a de tu mejor amiga?
3. ... te dieras cuenta de que has tomado una decisión errónea?
4. ... descubrieras que un compañero de trabajo roba dinero de la empresa?
5. ... te enamoraras de tu profesor/a de español?
6. ... hicieras daño a alguien sin querer?

→ *Si me acusaran de algo injustamente, intentaría defenderme y declararía en todo momento mi inocencia.*

3. Imagina que quieres conocer la suerte en la vida de algunas personas, las decisiones que han tomado y las cosas que les han sucedido. Piensa en seis preguntas sobre estudios, profesión, residencia, etc. Utiliza las estructuras aprendidas en B.11 y B.12.

→ *¿Te hubiera gustado nacer en otro lugar?*
→ *¿Crees que deberías haber estudiado algo diferente?*

→ [G] Gram., p. 178 ▸ **11**

4. Haz las preguntas anteriores a algunos compañeros y toma nota de las respuestas. Después, escribe un breve artículo de prensa sobre el grado de satisfacción de los estudiantes con sus vidas.

"¿Le gustaría cambiar de vida?"

Una reciente encuesta realizada entre los alumnos de una escuela de idiomas ha arrojado sorprendentes resultados sobre el grado de satisfacción de los estudiantes con sus vidas.

¿Cree que es el único que desearía haber nacido más alto, más guapo y en un país más rico? Una reciente encuesta en una clase de español revela que a más de la mitad de los alumnos les hubiera gustado nacer en otro país. En cuanto a los estudios...

5. Fíjate en el ejemplo y trata de expandir estas informaciones. Usa los recursos que has aprendido en C.12.

1. Los Juegos Olímpicos de Barcelona favorecieron la renovación urbanística de la ciudad.
2. Las sucesivas crisis económicas siempre afectan más a los trabajadores.
3. Cada vez más niñas manifiestan su interés por el fútbol.
4. Es conveniente leer las etiquetas de los productos para un consumo responsable.
5. Las chicas son más proclives a escuchar y comprar música *online* que los chicos.
6. La aspirina es uno de los analgésicos más vendidos.
7. Las televisiones aumentan su oferta de programas basura.
8. Las pirámides las construyeron extraterrestres.

→ *Sin duda, todos ustedes recordarán los Juegos Olímpicos de Barcelona, celebrados en el verano del 92. Es evidente que dichas olimpiadas supusieron, por un lado, la construcción de instalaciones deportivas, pero también, por otro, favorecieron la renovación urbanística de Barcelona gracias al esfuerzo que se hizo para que la ciudad se beneficiara al máximo del evento.*

→ [G] Gram., p. 185 ▸ **21.2**

---

6. ¿Qué es lo más importante y útil que has aprendido en esta unidad?

7. ¿Qué es lo que te ha parecido más difícil?

8. ¿En qué aspectos has mejorado?

9. ¿Qué puedes hacer a partir de ahora para afianzar los contenidos que te resultan difíciles?

E de emociones

A CONTENIDO VIRAL

ENTRAR EN EL TEMA

¿POR QUÉ SE VIRALIZAN?

A.1 Mira estas imágenes, describe qué hay en ellas y comenta con tus compañeros qué emociones te provocan. Si hay cosas que no entiendes, puedes buscar información en internet.

A.2 ¿Sueles recibir este tipo de imágenes o vídeos a través de redes sociales? ¿Lo compartes con tus amigos y conocidos? ¿Con qué intención? ¿Cuáles de los contenidos anteriores compartirías? ¿Por qué?

A.3 Lee este fragmento de una entrada de blog. ¿Qué opinas sobre los resultados del estudio? ¿Tiene relación con lo que habéis comentado en las actividades anteriores?

> La revista especializada *Harvard Business Review* lanzó un interesante artículo, **"What makes online content viral?"**, en el que determinaba que el 60% de los usuarios de redes sociales compartían contenido y que aquellos con impacto emocional eran los más propensos a distribuirse.
>
> En general, el tipo de sensaciones más virales son las positivas por encima de las negativas. No obstante, es el asombro la emoción con mayor impacto en las redes. Las otras emociones que más destacan dentro del estudio son el júbilo, el interés y la diversión.
>
> **Fuente**: adaptado de *blog.servilia.com*

A.4 ¿Recuerdas algún contenido viral que te haya llegado recientemente? ¿Se ajusta a los resultados del estudio que acabas de leer? Compártelo con el resto de la clase.

→ 🏠🖥 Prepárate en casa: ¿Qué sabes?

B EL OPIO DE LOS PUEBLOS

E DE EMOCIONES B | 62

→ 🏠🖥 **Prepárate en casa:** *Texto mapeado*

El fútbol a sol y sombra

Prólogo

Todos los uruguayos nacemos gritando gol y por eso hay tanto ruido en las maternidades, hay un estrépito tremendo. Yo quise ser jugador de fútbol, como todos los niños uruguayos. Jugaba de ocho y me fue muy mal porque siempre fui un "pata dura" terrible. La pelota y yo nunca pudimos entendernos, fue un caso de amor no correspondido. También era un desastre en otro sentido: cuando los rivales hacían una linda jugada, yo iba y los felicitaba, lo cual es un pecado imperdonable para las reglas del fútbol moderno.

¿El opio de los pueblos?

¿En qué se parece el fútbol a Dios? En la devoción que le tienen muchos creyentes y en la desconfianza que le tienen muchos intelectuales.

En 1880, en Londres, Rudyard Kipling se burló del fútbol y de "las almas pequeñas que pueden ser saciadas por los embarrados idiotas que lo juegan". […] El desprecio de muchos intelectuales conservadores se funda en la certeza de que la idolatría de la pelota es la superstición que el pueblo merece. Poseída por el fútbol, la plebe piensa con los pies, que es lo suyo, y en ese goce subalterno se realiza. El instinto animal se impone a la razón humana, la ignorancia aplasta la cultura, y así la chusma tiene lo que quiere.

En cambio, muchos intelectuales de izquierda descalifican el fútbol porque castra a las masas y desvía su energía revolucionaria. Pan y circo, circo sin pan: hipnotizados por la pelota, que ejerce una perversa fascinación, los obreros atrofian su conciencia y se dejan llevar como un rebaño por sus enemigos de clase.

Cuando el fútbol dejó de ser cosas de ingleses y de ricos, en el Río de la Plata nacieron los primeros clubes populares, organizados en los talleres de los ferrocarriles y en los astilleros de los puertos. En aquel entonces, algunos dirigentes anarquistas y socialistas denunciaron esta maquinación de la burguesía destinada a evitar las huelgas y enmascarar las contradicciones sociales. La difusión del fútbol en el mundo era el resultado de una maniobra imperialista para mantener en la edad infantil a los pueblos oprimidos. Sin embargo, el club Argentinos Juniors nació llamándose Mártires de Chicago, en homenaje a los obreros anarquistas ahorcados un primero de mayo, y fue un primero de mayo el día elegido para dar nacimiento al club Chacarita, bautizado en una biblioteca anarquista de Buenos Aires. En aquellos primeros años del siglo, no faltaron intelectuales de izquierda que celebraron el fútbol en lugar de repudiarlo como anestesia de la conciencia. Entre ellos, el marxista italiano Antonio Gramsci, que elogió "este reino de la lealtad humana ejercida al aire libre".

El estadio

¿Ha entrado usted, alguna vez, a un estadio vacío? Haga la prueba. Párese en medio de la cancha y escuche. No hay nada menos vacío que un estadio vacío. No hay nada menos mudo que las gradas sin nadie. En Wembley suena todavía el griterío del Mundial del 66, que ganó Inglaterra, pero aguzando el oído puede usted escuchar gemidos que vienen del 53, cuando los húngaros golearon a la selección inglesa. El estadio Centenario, de Montevideo, suspira de nostalgia por las glorias del fútbol uruguayo. […] El estadio del rey Fahd, en Arabia Saudita, tiene palco de mármol y oro y tribunas alfombradas, pero no tiene memoria ni gran cosa que decir.

El hincha

Una vez por semana, el hincha huye de su casa y asiste al estadio.

Flamean las banderas, suenan las matracas, los cohetes, los tambores, llueven las serpientes y el papel picado; la ciudad desaparece, la rutina se olvida, solo existe el templo. En este espacio sagrado, la única religión que no tiene ateos exhibe a sus divinidades. Aunque el hincha puede contemplar el milagro, más cómodamente, en la pantalla de la tele, prefiere emprender la peregrinación hacia este lugar donde puede ver en carne y hueso a sus ángeles, batiéndose a duelo contra los demonios de turno.

Aquí, el hincha agita el pañuelo, traga saliva, glup, traga veneno, se come la gorra, susurra plegarias y maldiciones y de pronto se rompe la garganta en una ovación y salta como pulga abrazando al desconocido que grita el gol a su lado. Mientras dura la misa pagana, el hincha es muchos. Con miles de devotos comparte la certeza de que somos los mejores, todos los árbitros están vendidos, todos los rivales son tramposos. […]

Rara vez el hincha dice: "Hoy juega mi club". Más bien dice: "Hoy jugamos nosotros". Bien sabe este jugador número doce que es él quien sopla los vientos de fervor que empujan la pelota cuando ella se duerme, como bien saben los otros once jugadores que jugar sin hinchada es como bailar sin música.

Cuando el partido concluye, el hincha, que no se ha movido de la tribuna, celebra su victoria; qué goleada les hicimos, qué paliza les dimos, o llora su derrota; otra vez nos estafaron, juez ladrón. Y entonces el sol se va y el hincha se va. […]

El gol

El gol es el orgasmo del fútbol. Como el orgasmo, el gol es cada vez menos frecuente en la vida moderna. […]

El entusiasmo que se desata cada vez que la bala blanca sacude la red puede parecer misterio o locura, pero hay que tener en cuenta que el milagro se da poco.

El gol, aunque sea un golcito, resulta siempre gooooooooooooooooooooooool en la garganta de los relatores de radio, un do de pecho capaz de dejar a Caruso mudo para siempre, y la multitud delira y el estadio se olvida de que es de cemento y se desprende de la tierra y se va al aire.

Fuente: adaptado de Galeano E., *El fútbol a sol y sombra*, 1995

¿Quién es Eduardo Galeano?

Eduardo Germán María Hughes Galeano (1940-2015) fue un periodista y escritor uruguayo. Tras verse obligado a exiliarse en dos ocasiones, en 1985 regresó a Montevideo, donde fundó, junto con otros escritores y periodistas, el semanario Brecha. *Su obra, comprometida y que llama a la reflexión, combina ficción, periodismo, análisis político e historia.* El fútbol a sol y sombra *(1995) es un conjunto de textos en los que Galeano homenajea el llamado deporte rey, del que era un gran aficionado.*

PREPARAR EL DOCUMENTO

EMOCIÓN Y DEPORTE

B.1 En tu cultura, ¿qué deportes están más presentes en la vida de la gente? ¿Los medios dan más cobertura a unos deportes que a otros?

B.2 ¿Cuáles dirías que son los deportes que más emociones despiertan en la gente? ¿Son siempre los más populares? ¿De qué manera se relacionan las emociones y el deporte?

B.3 Vas a leer un texto sobre fútbol en el que aparecen estas palabras y expresiones del ámbito religioso. ¿A qué crees que se refieren?

los creyentes	las divinidades	el milagro
las plegarias	la misa pagana	la peregrinación
el espacio sagrado		

ENTENDER EL DOCUMENTO

PASIÓN POR EL FÚTBOL

B.4 Lee el prólogo y los cinco fragmentos seleccionados de *El fútbol a sol y sombra* y responde a las preguntas.

- Prólogo:
  ¿Qué relación con el fútbol tenía Galeano de pequeño?

- ¿El opio de los pueblos?:
  1. ¿Cómo interpretas las frases subrayadas? Resúmelas con tus propias palabras.
  2. ¿Qué opiniones sobre el fútbol presenta Galeano?
  3. ¿Qué términos utiliza Galeano para referirse a la gente? ¿Con qué intención lo hace?

- El estadio:
  1. ¿Cómo es, para Galeano, un estadio vacío?
  2. ¿A qué se refiere Galeano con esta frase?

  "El estadio del rey Fahd, en Arabia Saudita, tiene palco de mármol y oro y tribunas alfombradas, pero no tiene memoria ni gran cosa que decir."

- El hincha:
  ¿En qué parte del texto explica Galeano la identificación que siente el hincha con el club? ¿Cómo lo ejemplifica?

- El gol:
  1. Busca en el texto la metáfora que utiliza el autor para hablar del momento en el que un jugador marca un gol.
  2. ¿Cómo describe Galeano ese momento? Explícalo con tus palabras.

TRABAJAR EL LÉXICO

EMOCIONES A FLOR DE PIEL

B.5 Fíjate en esta frase del texto. ¿Conoces el significado del verbo suspirar? ¿Se puede suspirar por otros motivos? Piensa en otras posibilidades y escribe frases.

"El estadio Centenario, de Montevideo, **suspira de nostalgia** por las glorias del fútbol uruguayo."

B.6 Piensa qué combinaciones se pueden hacer con estos otros verbos para hablar de emociones. Trabaja con un compañero.

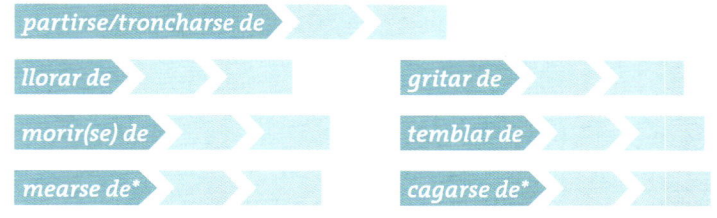

- partirse/troncharse de
- llorar de
- morir(se) de
- mearse de*
- gritar de
- temblar de
- cagarse de*

*Expresiones de registro vulgar

¿QUEDARSE, ESTAR O DEJAR?

B.7 ¿Puedes explicar la diferencia entre estas frases?

- Caruso **se quedó mudo** después de gritar el gol.
- Caruso **está mudo** desde que gritó el gol.
- Caruso **dejó mudos** a sus compañeros con su grito de gol.

B.8 Describe brevemente...

- un día que te quedaste sin palabras;
- qué haces cuando estás hecho/a polvo;
- una vez que te quedaste con las ganas de hacer algo;
- un día que dejaste a alguien con la boca abierta;
- algo que te ha dejado perplejo/a últimamente.

TRABAJAR LA GRAMÁTICA

TENERLE DEVOCIÓN

B.9 Lee esta frase del texto. ¿A qué o quién se refiere el pronombre le? Piensa cómo dirías lo mismo sin usar la estructura tenerle.

"¿En qué se parece el fútbol a Dios? En la devoción que **le tienen** muchos creyentes y en la desconfianza que **le tienen** muchos intelectuales."

Gram., p. 179 › 13

64 | E DE EMOCIONES B

B.10 Completa los diálogos de la manera más lógica usando la estructura tener + pronombre de OI + sustantivo. Selecciona el sustantivo más adecuado en cada caso.

`cariño` `envidia` `manía` `fobia` `respeto`

1. —¿Me prestas tu chaqueta azul?
   —Claro, pero cuídala mucho. Me la regaló mi abuelo hace muchísimos años y _____.

2. —¿Y por qué David y Natalia cancelaron el viaje al Amazonas?
   —Porque les dijeron que hay muchos bichos y ella _____.

3. —La profesora me ha puesto un cinco en el examen y a ti un siete, y eso que tenemos exactamente los mismos errores.
   —Será que yo le caigo bien o que a ti _____.

4. —¿Cómo se llamaba aquel futbolista que decía "soy rico, guapo y bueno y por eso todo el mundo _____"?
   —Cristiano Ronaldo, ¿no?

5. —No hay bandera roja, pero no sé si bañarme... Hay muchas olas.
   —Yo no me voy a bañar, por si acaso. _____ al mar.

B.11 Escribe frases o diálogos usando la estructura anterior y los sustantivos de las etiquetas.

`miedo` `celos` `asco` `amor` `ganas` `rabia` `tirria`

→ *Es increíble la relación que tiene mi hija con el perro. Le tiene un amor incondicional.*

NACEMOS GRITANDO GOL

B.12 Observa las siguientes frases y relaciónalas con el valor del gerundio correspondiente. Puede haber más de una opción posible.

1. "Todos los uruguayos nacemos **gritando** gol."
2. "**Aguzando** el oído puede usted escuchar gemidos."
3. "[...] donde puede ver en carne y hueso a sus ángeles, **batiéndose** a duelo."
4. "[...] y salta como pulga **abrazando** al desconocido que grita gol a su lado."
5. "**Siguiendo** un programa estricto y personalizado se puso en forma y pudo clasificarse para la final."

☐ Relativo (podría expresarse lo mismo con una frase relativa)
☐ Condicional (equivale a **si**)
☐ De simultaneidad
☐ Causal (equivale a **porque** o **como**)
☐ De posterioridad

→ G Gram., p. 178 ▶ 12

B.13 ¿En tu lengua se usaría el gerundio (o una forma equivalente) en las frases anteriores? Tradúcelas y observa las similitudes o diferencias.

B.14 Practica los usos anteriores del gerundio transformando las siguientes frases, como en el ejemplo.

1. Si viajas por el mundo, abrirás tu mente.
   → *Viajando por el mundo, abrirás tu mente.*
2. Entonces fue cuando vi sus ojos, que me miraban fijamente y me pedían piedad.
3. Siempre canturreaba mientras cocinaba.
4. Aprendieron español en los viajes por Colombia.
5. Perdió peso gracias a la dieta que hizo.
6. Si estudias un poco, aprobarás. No tienes por qué estar nervioso.

OBSERVAR EL DISCURSO

EL DEPORTE DE LOS DIOSES

B.15 Además de las palabras de B.3, en el texto aparecen otros términos relacionados con la religión. Encuéntralos y comenta con algunos compañeros a qué aspectos futbolísticos hacen referencia y qué le aporta eso al texto.

ACTUAR

FANATISMO

B.16 Piensa en algún fenómeno de masas que despierte pasiones o fanatismo y escribe un texto explicando el fenómeno y el comportamiento de la gente.

la celebración de un evento deportivo
la entrega de unos premios de música o de cine
el estreno de una película con sus protagonistas asistiendo al evento
el concierto de un grupo de música o cantante
el lanzamiento del último modelo de un móvil, una consola o un videojuego
la publicación del último libro de una saga
...

< ¡Compártelo! #cdec1_fanatismo

C COSA DE VALIENTES

→ 🏠💻 Prepárate en casa: Vídeo + transcripción

PREPARAR EL DOCUMENTO

SER VALIENTE

C.1 ¿Cómo definirías a un/a niño/a valiente?, ¿y a un/a adolescente valiente?, ¿y a un hombre o a una mujer valientes? ¿Te consideras una persona valiente? ¿Por qué?

C.2 ¿Qué cosas te gustaría hacer o probar, pero no te atreves? ¿Qué es lo más valiente que has hecho?

ENTENDER EL DOCUMENTO

JÓVENES VALIENTES

C.3 🎥 Ve el vídeo y presta atención a lo que dicen sus protagonistas. Toma notas de la información que te parezca más interesante.

C.4 Comenta lo que has escrito con algunos compañeros. ¿Habéis destacado todos la misma información?

C.5 Resume el vídeo en un par de líneas.

→ *El vídeo es un corto documental que...*

C.6 Lee lo que decía Mariana Mojica sobre lo que siente cuando sale al escenario. ¿Qué otros personajes del vídeo crees que pueden experimentar una mezcla de emociones? ¿Qué dirías que sienten?

"Cada vez que se abre el telón y se cierra, es un sentimiento inexplicable. Son los nervios compilados con la alegría, como con un poquito de angustia al mismo tiempo..."

TRABAJAR EL LÉXICO

EMOCIONES

C.7 Completa las frases con alguna de las emociones de las etiquetas. Una se repite.

cariño confianza aversión respeto paciencia pena pánico vergüenza

1. Está bien que un profesor se lleve bien con los estudiantes, pero hay que tener cuidado, porque le pueden perder el/~~la~~ *respeto*.
2. Éramos íntimas, pero perdí el/la _____ en Claudia desde que le contó a todo el mundo lo de mi separación.
3. De pequeño le encantaba volar, pero de mayor le cogió un/a _____ horrible a los aviones.
4. Les tengo _____ a las ostras desde que una vez me sentaron mal.
5. No queríamos quedárnoslo, pero al final le cogimos _____ al gatito y lo adoptamos.
6. Estos políticos no tienen _____; nos mienten en la cara y se quedan tan tranquilos.
7. Hace unos días me enteré de que uno de mis profesores del colegio había muerto. Me dio mucha _____.
8. Sentir _____ por los sectores más desfavorecidos solo incrementa el odio, la discriminación y la desigualdad.
9. Es habitual perder el/la _____ con tus hijos, especialmente en la adolescencia. No hay quién los entienda.

C.8 Vuelve a leer las frases de C.7 y reflexiona sobre los siguientes aspectos.

- ¿Qué verbos se combinan con los sustantivos anteriores para hablar de emociones?
- ¿Con cuáles de las expresiones para hablar de emociones se usa artículo?
- ¿Se pueden combinar todos los verbos con las emociones de las etiquetas?

66 | E DE EMOCIONES C

C.9 A menudo expresamos cambios en el estado de ánimo o en los sentimientos con los verbos **ponerse**, **coger**, **perder** o **dar/provocar**. Sin embargo, existen verbos que expresan ese cambio. Escríbelos y piensa en la preposición que los puede acompañar, como en el ejemplo.

Sustantivo		Verbo
nervios	→	enervar(se)
amor	→	enamorar(se) (de)
tristeza	→	
alegría	→	
cariño	→	
orgullo	→	
locura	→	
vergüenza	→	
pasión	→	
furia	→	
cólera	→	
asco	→	
temor	→	
ternura	→	

C.10 Las etapas de la vida van acompañadas de diferentes actitudes y emociones ante lo que nos rodea. Piensa en qué **tenemos**, qué **cogemos** y qué **perdemos** para describirlas. También puedes utilizar los verbos de C.9.

→ De niños le tenemos miedo a la oscuridad y a los monstruos, y nos encariñamos mucho con los animales.

TRABAJAR LA GRAMÁTICA

PRONOMBRES REFLEXIVOS TÓNICOS

C.11 Lee lo que dice Luisa en el vídeo. ¿Para qué sirve la parte destacada? ¿Se podría decir yo misma?

"Yo soy la que más tiene que confiar en mí **misma** y en mi potencial."

→ G Gram., p. 173 › 3

C.12 Añade a estas frases mismo/a/os/as o un pronombre reflexivo tónico + mismo/a/os/as.

1. Hay ciertas cosas en el trabajo que Martina no tolera. Tiene muy claros sus derechos y deberes y **se** respeta mucho.
2. Los jóvenes tenemos que creer en **nosotros**. Es fundamental para conseguir nuestras metas.
3. Que **te** quieras mucho no quiere decir que seas egoísta.
4. No escribo con la idea de publicar; escribo para **mí**.
5. Tendrías que ver lo que me regalaron mis sobrinos por Navidad. Es un álbum de fotos hecho por **ellos**. Me hizo mucha ilusión.
6. Disfrute de las pequeñas cosas y míme**se**. Le ayudará a sentir**se** mejor.

C.13 Define estos rasgos del carácter utilizando pronombres reflexivos tónicos, como en el ejemplo.

1. Cuando somos egoístas pensamos solo en nosotros mismos y
2. Si una persona es narcisista
3. Si soy una persona segura
4. Son masoquistas las personas que
5. Si eres muy reservado
6. Los que sois solitarios
7. Una persona es generosa cuando

PERÍFRASIS VERBALES

C.14 ¿Qué tienen en común estas frases extraídas del reportaje?

"Prender el computador y **ponerme a escribir**, no sé, un ensayo."

"**Empecé a cogerle** fastidio a las clases."

C.15 En las siguientes frases aparecen otras perífrasis que sirven para expresar lo mismo que las anteriores. ¿Las conocías? ¿Crees que romper y echar(se) pueden sustituir a empezar o ponerse en las frases de C.14?

1. Les conté lo del embarazo a mis padres y **rompieron a llorar** de la emoción.
2. En cuanto el agua **rompa a hervir**, echa la pasta.
3. El pianista se levantó y el público **rompió a aplaudir** con fuerza.
4. Lo teníamos todo preparado en la terraza para la barbacoa y, de repente, **rompió a llover**.
5. La primera vez que vi una serpiente **eché a correr**.
6. Cuando se hacen mayores, hay que dejar que los hijos **echen a volar**.
7. Si os explico lo que me ha pasado hoy, ¿me prometéis que no **os echaréis a reír**?
8. Cuando adoptamos el perro, **se echaba a temblar** cuando nos acercábamos a acariciarlo. Seguramente lo habían maltratado, pobrecito.

→ Gram., p. 177 › 9.2.1

C.16 Cada uno piensa en una escena de una película en la que un personaje hace alguna de las cosas de las etiquetas. Luego se la describirá a la clase y los compañeros deberán adivinar de qué película se trata.

> echar a correr   ponerse a cantar
> romper a llorar   comenzar a sospechar
> empezar a escuchar ruidos extraños

→ *En esta escena el protagonista está hablando con una chica de la que está enamorado y en ese momento aparecen unos chicos que lo empiezan a molestar. La chica le dice que corra y él echa a correr. Corre durante años a lo largo de todo el país y algunas personas incluso empiezan a seguirlo. Al final, un día se cansa y para.*

OBSERVAR EL DISCURSO
MECANISMOS DE GENERALIZACIÓN

C.17 Observa las siguientes frases extraídas del vídeo. ¿De quién se habla en cada una?

1. "Pero ya cuando **uno** crece es un poco más complicado."
2. "Es simplemente un paso más, un escalón más hacia esa meta que **cada cual** se está proponiendo."
3. "Al principio lo tomas como: ¿*ballet*? **Piensas** lo mismo que piensan todos: eso es de niñas."

C.18 Transforma las siguientes frases utilizando los recursos entre paréntesis.

1. Para bailar hay que sentir pasión por la música. (**tú**)
   → *Para bailar, tienes que sentir pasión por la música.*
2. A mí el *ballet* me ha cambiado la vida. (**tú**)
3. El duro entrenamiento de la danza me ha enseñado el valor del esfuerzo. (**uno**)
4. Nadie sabe lo que le depara el futuro. (**uno**)
5. Todos tenemos nuestros miedos y tenemos que enfrentarnos a ellos al subir al escenario. (**cada cual**)
6. Los asistentes enseñaron su entrada en la puerta de la sala. (**cada cual**)

→ Gram., p. 185 › 22

ACTUAR
ENTREVISTA: TRIUNFADORES JÓVENES

C.19 Leed el perfil de esta exdeportista de élite y, en parejas (A y B), preparad una entrevista en torno a las emociones, sentimientos, retos, dificultades, etc. surgidos a lo largo de su carrera.

A: eres la entrevistada. Inventa información que complete los datos del perfil y toma notas.

B: haces la entrevista. Piensa un mínimo de siete preguntas.

> **M. Ituberri, 23 años. Extenista**
> – Padre tenista, es su entrenador hasta los 14.
> – Hija única.
> – A los 5 empieza a jugar.
> – A los 9 gana su primer campeonato nacional.
> – A los 14 sufre una lesión en la rodilla, está 1 año sin jugar.
> – A los 15 vuelve a entrenar.
> – A los 18 compite en los Juegos Olímpicos (queda en el puesto 9).
> – A los 19 deja el tenis.

C.20 Ahora, haced la entrevista. Si queréis, podéis grabaros para, después, valorar cómo lo habéis hecho.

‹ ¡Compártelo! #cdec1_entrevista

SER FELIZ POR OBLIGACIÓN

→ Prepárate en casa: *Texto mapeado*

Deje de ayudarme, coño (cómo acabar de una vez por todas con esa plaga llamada autoayuda)

Publicado por Toni García Ramón

Hablemos claro: desde que empezó la invasión de la autoayuda no ha sido usted el mismo. Bien, ni usted, ni nadie. Paulo Coelho, Eduard Punset (y esa criatura que lo acompaña a todas partes, Elsa), Jorge Bucay o Albert Espinosa lo han llevado al límite: ahora tiene que cavar debajo del arcoíris porque allí encontrará una olla llena de autoestima; o dedicar su vida a la búsqueda del trébol de cuatro hojas que acabará con esa manía suya de estar en paro; o leer unos poemas que lo alejarán de su terrible depresión al mismo tiempo que le enseñarán que la vida es un sueño y que tiene usted que ser feliz porque le sale a un escritor portugués de la entrepierna.

Sin embargo, y dejando de lado que no le recomendamos cavar debajo del arcoíris, básicamente porque allí no habrá ninguna olla (a menos que cave en un vertedero, entonces no sabemos qué va a encontrar), la autoayuda presenta un gran inconveniente: es mentira.

En *Jot Down*, siempre a la vanguardia de la literatura y el bienestar, les proponemos ser los pioneros en la propagación de un nuevo género: el autoodio. La corriente "cógete manía" puede ser el respiro que usted necesitaba. ¿No está cansado de sonreír todo el día como si fuera idiota? ¿Quiere darle un cabezazo a la pared después de una semana de mierda en la oficina, pero Paulo Coelho no le deja? ¿Permite que el vecino entre en el ascensor cuando podría usted darle al botón de cerrar puerta y subir sin tener que soportar su conversación? Le proponemos abrazar el pensamiento negativo, la mala hostia, la fealdad, la cara de asco y el gruñido.

No va a ser usted más feliz, [...] pero al menos no tendrá que volver a tragar con patrañas, mamarrachadas y soplapolleces. Llevan una década diciéndole que todo tiene solución y todo pasa. Nosotros le diremos la verdad: los cojones.

Siga estos diez sencillos pasos y acompáñenos al mundo real, donde uno puede darse cabezazos contra el cristal del baño si le apetece* sin que nadie le diga que aunque sangre como un cerdo tiene que sonreír.

❶ **No diga "buenos días".** [...] Huya de ese modelo opresivo que le han querido vender como educación y que en realidad es un auténtico coñazo. Mueva ligeramente la cabeza cuando alguien le salude, diga "mm-hm" si insisten, pero deje de transmitir que tiene la impresión de que el día va a ser bueno. Usted sabe que casi con toda seguridad el día va a ser una porquería. Y si lo hace bien, ellos/as sabrán que usted lo sabe.

❷ **Sea negativo.** Usted lo sabe y nosotros también, no todos los problemas tienen solución. Es más, muchos de ellos no tienen solución. Es más, la gran mayoría no tienen solución. [...] A partir de ahora déjese de estupideces, cada vez que alguien le diga que "mañana volverá a salir el sol" o "el tiempo lo cura todo" mírelo como el náufrago al que arrojan una pelota de Nivea y le dicen que se entretenga, que ya irán a rescatarlo cuando tengan un momento.

❸ **Piense que cada día es domingo por la noche.** A menos que sea autónomo, cuando todos los días son lunes, deje de pensar en semanas y concentre su mala actitud en pensar que está usted a punto de llegar al lunes, perpetuamente. Ese día donde todos tienen cara de haber sido abducidos a manos de un grupo de extraterrestres fans del marqués de Sade. Este sencillo ejercicio de pesimismo forjará en usted una mala baba sin precedentes y lo ayudará a dejar de pensar en campos verdes llenos de cortacéspedes conducidos por monjes budistas donde los pájaros vuelan del revés para no cagarse en su cabeza.

❹ **Coma como un jabalí.** Esta es otra rama de la autoayuda que debe usted eliminar de su vida: «comer bien le hará mejor persona». La teoría es tan ridícula que desmentirla significaría darle pábulo; sin embargo, eso significa (si le damos pábulo) que no existen vegetarianos ni veganos que sean unos hijos de puta, y que si es usted un psicópata o un corrupto bastará con empezar a hacerse unas verduritas a la plancha y a beber leche de algas y se le pasará. Un día de estos alguien descubrirá que las plantas tienen sentimientos y que las zanahorias sienten un dolor infinito cuando se las hierve o separa de las otras zanahorias y viviremos un apocalipsis alimentario.

❺ **Su cuerpo no es ningún templo.** Nadie lo ha demostrado aún, pero el ejercicio es letal. No, no hablamos de esos ciclados de gimnasio que intentan parecerse al *David* de Miguel Ángel y acaban pareciéndose a una escultura de Botero (el músculo de hoy es el michelín del mañana), sino de los que dudas a elegir entre una siesta e ir a correr les falta tiempo para ponerse las zapatillas (los hay, cada vez más, créanos). No sea usted un hombre/mujer sano/a, encuentre ese lugar del sofá donde poder atrincherarse [...]. A medida que su cuerpo se aclimate a la falta de ejercicio físico y la televisión se convierta en su mejor amigo, empezará usted a cogerse manía.

❻ **Deje de creer que fracasar es malo.** Los libros de autoayuda le enseñan que es usted un triunfador, que bajo esa pinta de figurante de anuncio de clínica estética (el de "Antes", concretamente) se encuentra el hombre del milenio. No es verdad, usted es como los demás, y tiene muchas posibilidades de acabar haciendo el primo unas cuantas docenas de veces en todos los ámbitos de la vida, así que atrévase a fracasar, a fracasar a lo grande, sin miedo.

❼ **Abrace el caos.** Dedique unas horas de su tiempo a escribir centenares de pósits con la frase "sigues siendo un perdedor", en letras grandes. Luego pásese por todas las librerías a su alcance y pegue ese pósit en la última página de cada libro que encuentre en la sección de autoayuda. Piense que está usted contribuyendo al bien de la raza humana.

❽ **Vea mucho porno.** Dicen que embrutece, y eso está bien.

❾ **Invéntese una enfermedad ficticia.** El objetivo de estas instrucciones es alejarlo de ese invento de Satán que son los gurús del buenrollismo. Ya está usted preparado para los pasajes finales de su cruzada contra la autoayuda, así que está preparado para el final: acuda a una de esas charlas en las que tratan de venderle una vida ficticia, espere al momento de las preguntas e inquiera, con total tranquilidad: "Tengo ébola. Es muy contagioso, pero yo creo que puedo ser feliz, ¿qué me aconseja?". Permanezca sentado mientras los asistentes empiezan a correr y los organizadores sufren un ataque de pánico.

❿ **Sea usted mismo/a, y que se joda el mundo.** Decía el doctor Seuss que "Be who you are and say what you feel because those who mind don't matter and those who matter don't mind" (esta es una revista *hipster*, si no habla usted inglés, búsquese la vida porque los *hipsters* no traducimos ni del chino). Obre en consecuencia.

* Por favor, no le dé cabezazos al cristal del baño, háganos caso.

COMPETENCIA CRÍTICA

BÚSQUESE LA VIDA

D.1 Antes de leer el texto, observa las portadas de la derecha. ¿Sabes cómo se llama el género al que pertenecen estos tres libros? Elabora con un compañero una lista con algunas características de este tipo de publicaciones.

D.2 Ahora lee el texto y propón un título alternativo para el artículo inspirándote en las portadas de los libros de D.1.

D.3 Resume el contenido del texto en pocas frases explicando la postura del autor con respecto a los libros de autoayuda.

D.4 Fíjate en las partes subrayadas del texto. Son referentes culturales que el autor cree que conocerán los lectores. ¿Los entiendes? Busca información en internet si lo necesitas.

Adán y Eva,
(Fernando Botero, 1990)

D.5 ¿Te parece que hay otros referentes culturales en el texto? ¿Y expresiones idiomáticas? Márcalo y, luego, comentadlo en pequeños grupos.

D.6 Marca en la siguiente tabla la actitud del autor en el artículo. Luego argumenta tu opinión con ejemplos concretos.

	nada	un poco	algo	bastante	mucho
políticamente incorrecto					
sutil					
soez					
objetivo					
despectivo					
formal					
delicado					
ofensivo					
comprensivo					
directo					
cínico					

D.7 ¿Cuál de estas descripciones crees que corresponde a *Jot Down*, la revista en la que se ha publicado este artículo, y por qué? ¿Qué perfil de lector crees que tiene esta revista?

A Todas las novedades sobre las estrellas del cine y la música, las casas reales, tendencias de moda, consejos de belleza y recetas de cocina.

B Creemos que es posible analizar con humor las cosas serias, abordar la cultura y el ocio desde otra perspectiva y departir con sus protagonistas de forma diferente. Poder decir lo que pensamos, no lo que nos dicen que pensemos; entretener sin ser superficiales, informar sin caer en una frialdad impersonal y, por supuesto, ¡hablar de sexo!

C La revista para mentes inquietas. Artículos e imágenes impactantes de ciencia, salud, tecnología y naturaleza. La revista para saber más de todo.

D.8 ¿Has leído algún libro de este género? ¿Coincides con el autor en que la autoayuda no sirve para nada? ¿Crees que un libro puede cambiarnos la vida? Coméntalo con tu compañero.

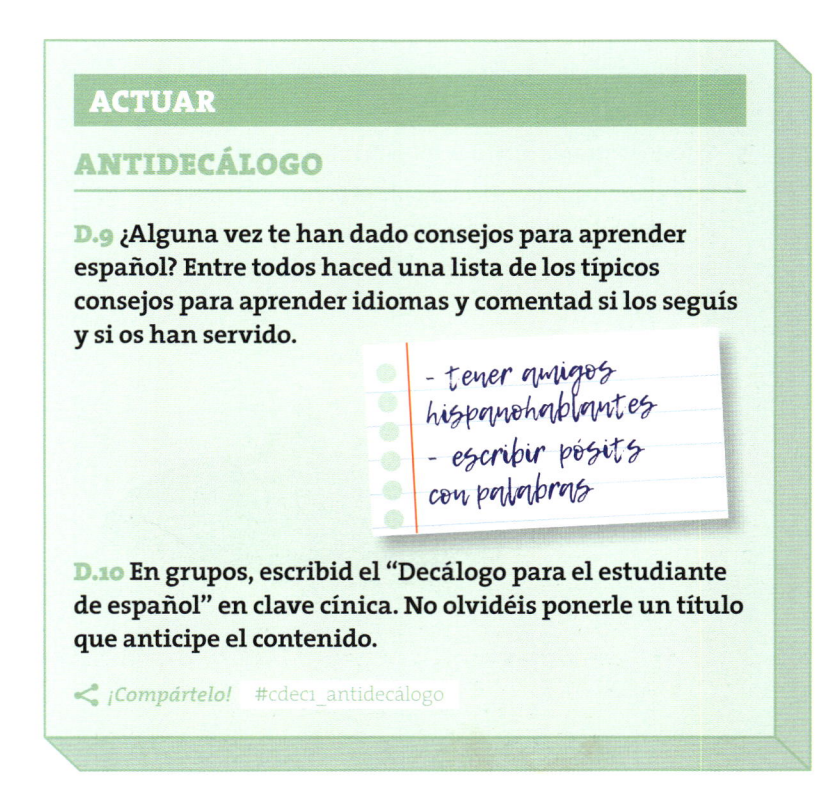

ACTUAR

ANTIDECÁLOGO

D.9 ¿Alguna vez te han dado consejos para aprender español? Entre todos haced una lista de los típicos consejos para aprender idiomas y comentad si los seguís y si os han servido.

- tener amigos hispanohablantes
- escribir pósits con palabras

D.10 En grupos, escribid el "Decálogo para el estudiante de español" en clave cínica. No olvidéis ponerle un título que anticipe el contenido.

¡Compártelo! #cdec1_antidecálogo

¿QUÉ HAS APRENDIDO?

1. Escribe un texto corto sobre un evento multitudinario utilizando al menos cinco de los siguientes conceptos.

los creyentes   los ateos   los devotos   dios   las divinidades   los demonios   los ángeles   las plegarias   la misa pagana   el milagro   la peregrinación   la superstición   la devoción   el pecado   la religión   el templo   el espacio sagrado

---

2. Encuentra el error en cada frase y corrígelo.

1. Mucha gente le tienen miedo a volar.
2. Como sigas gritando, me vas a hacer perder paciencia.
3. Cuando les dijeron que tenían que dejar la casa, cogieron tristeza.
4. De pequeño me encantaban, pero de mayor le cogí manía a los payasos.
5. Antes los jóvenes respetaban a los mayores, pero hoy en día les han perdido respeto completamente.
6. Yo, de pequeño, le tenía pánico a los perros, pero lo he superado.

➔ Gram., p. 179 ▸ **13**

3. ¿Cómo reaccionarías ante estas situaciones? Trata de usar las estructuras de C.14 y C.15.

1. Si vieras que delante de tu casa aterriza un OVNI.
2. Si encontraras una serpiente dentro de tu cama.
3. Si ganaras mil euros en un sorteo.
4. Si tu vecino pusiera la música a todo volumen a las tres de la mañana.
5. Si te encontraras con tu actor/actriz favorito/a por la calle.
6. Si te dijeran que te han otorgado el premio al mejor estudiante de español del año.
7. Si perdieras una apuesta y tuvieras que bailar y cantar delante de toda la clase.

➔ *Si viera aterrizar un OVNI, me moriría de miedo y echaría a correr.*

➔ Gram., p. 177 ▸ **9.2.1**

4. Escribe un texto corto relatando las diferentes emociones que has experimentado a lo largo de tu aprendizaje del español. Pero atención: escríbelo utilizando diferentes mecanismos de generalización (C.17).

➔ *Cuando uno empieza, está ilusionado. Le tienes un poco de respeto al idioma porque es algo totalmente nuevo, pero al mismo tiempo te hace mucha ilusión...*

➔ Gram., p. 177 ▸ **22**

5. Escribe con un compañero una discusión de pareja utilizando los pronombres reflexivos átonos (mí, ti, sí). Uno es bastante ególatra y el otro, muy arrogante.

➔ Gram., p. 173 ▸ **3**

---

6. ¿Qué es lo más importante y útil que has aprendido en esta unidad?

7. ¿Qué es lo que te ha parecido más difícil?

8. ¿En qué aspectos has mejorado?

9. ¿Qué puedes hacer a partir de ahora para afianzar los contenidos que te resultan difíciles?

F de fronteras

A | FRONTERAS Y ESTEREOTIPOS

ENTRAR EN EL TEMA

FRONTERAS CULTURALES

A.1 ¿Qué te sugiere la palabra frontera? ¿Con qué ideas la asocias? ¿Son conceptos positivos o negativos? Comentadlo en clase.

A.2 Mira el cartel y habla con tu compañero sobre estas cuestiones.

- ¿Cuál puede ser el objetivo del cartel? ¿Qué implica cada una de las frases?
- ¿Dónde imaginas que se pueden dar estos estereotipos?
- Piensa una frase como las del cartel referida a tu país o a tu cultura de origen.

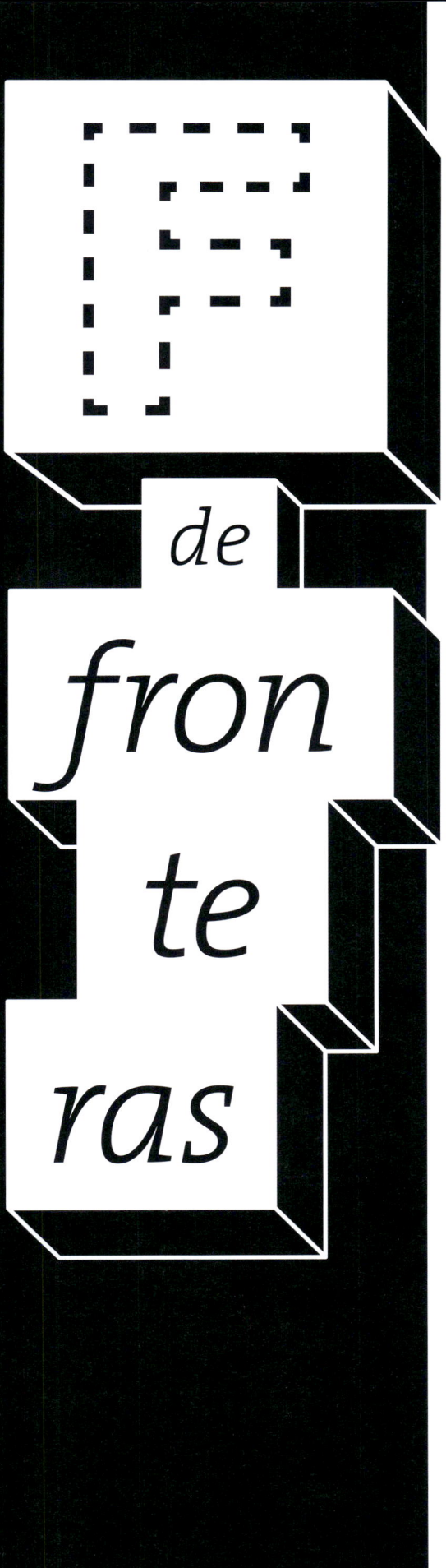

> No todos los latinos somos mexicanos.
>
> No te cortaré el césped.
>
> No todos los asiáticos somos inteligentes, ni tenemos los ojos rasgados, ni hablamos el mismo idioma.
>
> Me puedo casar con quien yo quiero.
>
> No soy un color.
>
> Mi cabello es de verdad.

→ Prepárate en casa: ¿Qué sabes?

B ESPACIO PÚBLICO, ESPACIO PRIVADO

Prepárate en casa: *Texto mapeado*

No se ofenda si no lo invitan

[En Suecia,] el sentido de las relaciones tiende a ser diferente. La amistad tiene una definición más restrictiva, y por ello solo se relacionan socialmente con aquellas personas con las que quieren de verdad relacionarse. En este sentido, se hace una separación significativa entre el mundo del trabajo y el de las relaciones personales (e incluso más grande entre jefes y amigos). La implicación que esto conlleva es que resulta fácil confundirse, y a menudo puede ser frustrante e irritante ver que se le excluye de celebraciones a las que en su país de origen estaba acostumbrado a asistir. Es corriente tener muy buenas relaciones con la gente del trabajo sin que jamás estas personas le inviten a cenar en algún restaurante y mucho menos en sus casas.

Posiblemente esto no tenga nada que ver con sus modales o con su persona. No se preocupe. Lo que pasa es que esa especie de "obligación y aspiración" social propia del sur de Europa, en el sentido de que era casi un honor que un jefe se dignara a relacionarse con sus empleados, no existe en absoluto. Al contrario, se tiene por norma que el hecho de que se trabaje junto a alguien o para alguien no tiene nada que ver con la amistad o las relaciones personales, por muy bien que te lleves con ese alguien.

Lo más complicado del tema es que, cuando estás en el trabajo, puedes tener una relación igualmente satisfactoria y por ello puedes tender a pensar que hablan como "te hablaría un amigo" en tu país de origen. Pero no se confunda. No son ni tienen por qué ser sus amigos. Es confuso, pero sirve para hacer apuestas con uno mismo y perderlas, por cierto, casi siempre.

Tanto Ana como Frederik habían estado trabajando para mí durante un año. Teníamos una excelente relación profesional, y yo diría que personal también. Ambos iban a casarse, no entre sí, pero con personas que en alguna ocasión yo había conocido. Era el mes de agosto y las bodas estaban previstas una al principio y otra al final de septiembre. Hubo un momento en el que le dije a Bego: "La verdad es que no sé si habremos extraviado las invitaciones de esta gente con nuestro reciente cambio de casa. Imagínate qué corte si están esperando nuestro regalo y al final llegamos tarde. ¿Qué estarán pensando de nosotros?"

Así que decidí confirmar con otra persona si sabía algo sobre los detalles de las bodas, quién iba y quién no, si habían recibido ya las invitaciones... Para mi sorpresa, la respuesta fue clara: "Solo van los amigos. John y alguien más, no recuerdo". Y continuó diciéndome: "Fede, deberías haberlo sabido ya. A una boda solo van los muy muy amigos, los amigos de verdad".

10 | 11

Federico J. González Tejera
Vivir y trabajar en el extranjero. Manual de supervivencia, 2010

Federico J. González Tejera
Vivir y trabajar en el extranjero
Manual de supervivencia

Sinopsis de Vivir y trabajar en el extranjero.
Vivir y trabajar en el extranjero es cada vez más una oportunidad a nuestro alcance. Pero, ¿debemos aceptar la propuesta si se nos ofrece?, ¿de qué depende que logremos o no integrarnos en la nueva sociedad?, ¿cómo será mi día a día en los negocios?, ¿qué puedo esperar en el plano de la vida familiar? Estas y muchas más preguntas son las que se hace y responde el autor en esta obra, en una narración dinámica y plagada de ejemplos tanto personales como de otros colegas.

| F DE FRONTERAS | 73

PREPARAR EL DOCUMENTO

SITUACIONES... ¿NORMALES?

B.1 ¿Te parecen normales estas cinco situaciones? ¿Cómo reaccionarías y cómo te sentirías si te pasaran a ti? Coméntalo con tus compañeros.

1. Es tu primer día en tu nuevo trabajo y no conoces a nadie. Entras en la oficina y saludas en voz alta, pero nadie te mira ni te contesta.
2. Has estado todo el día reunido en la oficina con dos compañeros. Es hora de salir. Uno de ellos propone al otro ir a tomar algo, pero no te dice nada a ti.
3. En un ascensor, una persona desconocida te dice que llevas una chaqueta muy bonita.
4. Vas por la calle con un compañero de trabajo y os encontráis con otra persona a la que no conoces. Se saludan cordialmente y charlan durante diez minutos, pero no te incluyen en la conversación.
5. Estás tomando algo en un bar con un compañero de trabajo y lo llaman por teléfono. Tiene una larga conversación personal delante de ti.

Para mí, eso/lo de... — *normal, raro...*
Me parece/parecería — *una falta de educación/respeto...*
de lo más + adjetivo...

Me molesta / hace gracia / sienta mal (que/si...)
Me molestaría / haría gracia / sentaría mal (que/si...)
Me sentiría incómodo/desconcertado (si...)

> Para mí, eso de ponerse a hablar por teléfono si otra persona está contigo es una falta de educación.

ENTENDER EL DOCUMENTO

MANUAL DE SUPERVIVENCIA

B.2 Lee la parte destacada del texto y comenta estas preguntas con un compañero.

- ¿Qué duda tuvo el autor con respecto a las bodas de los empleados de su empresa?
- ¿Cómo se sintió el autor ante la situación? ¿Por qué?
- ¿A vosotros os habría parecido normal esa situación?

B.3 Ahora lee la primera parte del texto. ¿Qué dice el autor sobre estos temas?

- Las diferencias en cuanto a la forma de entender la separación entre amistad y relaciones profesionales en distintos países
- La conveniencia de invitar a los compañeros de trabajo a eventos de la vida personal
- La forma de entender las jerarquías en las relaciones personales dentro de la empresa

B.4 Marca con qué personas haces cada cosa. Luego comentad en clase si sabéis qué hacen personas hispanohablantes que conozcáis.

	un/a primo/a	un/a amigo/a de la infancia	un/a compañero/a de trabajo	tu jefe/a	tu profesor/a
Invitarlo/a a tu boda					
Invitarlo/a a tomar algo					
Hablarle de tu vida familiar					
Contarle un chiste					
Visitarlo/a en el hospital					
Hacerle un regalo					

B.5 Piensa en personas de las categorías anteriores y describe la relación que tienes con ellas y que ellas tienen contigo.

sentir/mostrar/tener	*aprecio/amistad/apego/cariño...*
tener	*mucho/poco trato (con)...*
tratar	*bien/mal / de igual a igual / a patadas...*
tratar con	*cordialidad/amabilidad/afecto/frialdad/distancia...*
(no) tratarse	*mucho/poco/nada (con...)*
guardar/mantener	*las distancias (con...)*
llevarse	*bien/estupendamente / a las mil maravillas / mal/fatal / como el perro y el gato (con...)*

TRABAJAR LA GRAMÁTICA

HIPÓTESIS

B.6 ¿Para qué se usan las formas de futuro que están en negrita en este fragmento del texto? Elige las dos explicaciones correctas.

"Hubo un momento en el que le dije a Bego: 'La verdad es que no sé si **habremos extraviado** las invitaciones de esta gente con nuestro reciente cambio de casa. Imagínate qué corte si están esperando nuestro regalo y al final llegamos tarde. ¿Qué **estarán pensando** de nosotros?'."

☐ Las dos formas de futuro se utilizan para hablar de situaciones que aún no han ocurrido en el momento en que se habla.

☐ Las dos formas de futuro se utilizan para presentar una situación como algo probable, pero no seguro, o invitar a hacer hipótesis.

☐ El futuro simple (**estarán pensando**) se refiere a una situación probable no terminada en el momento de hablar (**simultánea o posterior**); el futuro compuesto (**habremos extraviado**), a una situación probable terminada.

B.7 Lee esta versión del fragmento anterior. ¿Qué diferencias observas en el uso de los tiempos verbales?

Hubo un momento en que le pregunté a Bego si no **habríamos extraviado** las invitaciones de esa gente con nuestro reciente cambio de casa. ¿Y si estaban esperando nuestro regalo? ¿Qué **estarían pensando** de nosotros?

➡ 6 Gram., p. 175 ▸ 8

B.8 Estas frases se refieren a las situaciones de la actividad B.1. Reescríbelas como si quien las dice deseese expresar duda o hipótesis.

Situación
1. He saludado a los de la oficina, pero nadie me ha respondido. No me **han oído**.   2. Qué raro... ¿por qué no me **responden**?
1. Pol quería hablar a solas con Petra, por eso no me **propuso** ir con ellos.   2. ¿Por qué no me **invitó** a tomar algo con ellos?
1. Le **incomodaba** el silencio; yo creo que por eso me dijo lo de la chaqueta.   2. Le **gusta** mi chaqueta...
1. Aunque estén hablando cordialmente, en realidad no se conocen mucho. Por eso no me **han presentado**.   2. ¿Por qué no me **incluyen** en la conversación?
1. Se **había metido** tanto en la conversación que se olvidó de que yo estaba allí.   2. ¿Por qué no **salió** a la calle para hablar por teléfono?

ACTUAR

MALENTENDIDOS

B.9 Lee este testimonio sobre un malentendido intercultural. ¿Qué explicaciones se te ocurren para los comportamientos que se describen? Coméntalo con un compañero.

Recuerdo que una compañera colombiana, en su primera visita a Madrid, se sentía molesta e incluso "agredida" cuando la gente, para llamar su atención, hacía "chsss". Decía que en Colombia "chsss" se dice solo a los perros. Cuando entró en el bar de la estación a tomar un café, dijo: "Por favor, un expreso", y en los agradecimientos usó muy profusamente el "gracias", "muchas gracias", "muy amable"… Y el camarero le dijo que por qué le daba tantas gracias, que si no le iba a pagar o qué, pero no como broma, sino en tono enfadado.

B.10 A partir de algún malentendido que recuerdes (algo que te haya pasado a ti o a otra persona), escribe un texto destinado a viajeros, estudiantes o trabajadores de otras culturas que llegan a tu país. Para ello:

- Cuenta primero los hechos y lo que pensaste tú (o la persona a la que le ocurrió el incidente).
- Reflexiona sobre lo ocurrido y explica por qué se produjo el malentendido.
- Ponle un título. Puedes adaptar el del texto original: "¡No se ofenda si…!".

◁ ¡Compártelo! #cdec1_manualdesupervivencia

F DE FRONTERAS | 75

C UNA PELÍCULA SOBRE TÓPICOS

→ 🏠 🖥 **Prepárate en casa:** *Vídeo + transcripción*

PREPARAR EL DOCUMENTO

TÓPICOS REGIONALES

C.1 En España hay muchos tópicos sobre los habitantes de algunas regiones. ¿Cuáles de los siguientes calificativos crees que se asocian con frecuencia a los vascos y los andaluces?

alegres   comilones   dicharacheros*
enamoradizos   fantasiosos   flojos*
graciosos   parlanchines*   pasotas*   secos
siesos*   sosos   vagos   zalameros

Andaluces	Vascos

C.2 Los adjetivos de C.1 marcados con un asterisco (*) son informales. ¿Conoces sinónimos más formales?

C.3 Lee la sinopsis de *Ocho apellidos vascos*. ¿Qué papel crees que juegan los tópicos en esta película?

Rafa es un joven sevillano de familia adinerada que conoce a una preciosa chica vasca durante los días de la Feria de Sevilla. El chico se enamora completamente de ella y, cuando regresa a su ciudad, se da cuenta de que tendrá que viajar al norte si quiere recuperarla. Así, emprende una loca aventura enfrentándose al miedo a un lugar desconocido, distinto a todo lo que ha visto hasta ahora. Pero las cosas no serán más fáciles una vez allí; para conseguir la aprobación del padre de la chica, Rafa tendrá que hacerse pasar por vasco, una de sus peores pesadillas.

Fuente: www.sensacine.com

ENTENDER EL DOCUMENTO

OCHO APELLIDOS VASCOS

C.4 🎞 ¿Habías oído hablar de esta película? Mira el principio del reportaje *El fenómeno de "Ocho apellidos vascos"* y completa la ficha.

EL FENÓMENO DE "OCHO APELLIDOS VASCOS"

Lugar que ocupa entre las películas más vistas en España: ....

Datos económicos de la película: ....

Número de espectadores: ....

Aspecto que resulta curioso para el crítico Félix Linares: ....

Efecto de la película sobre el turismo: ....

C.5 Mira la continuación del reportaje. ¿Qué tópicos mencionan los entrevistados?

C.6 En el reportaje hablan también algunos miembros del equipo de la película. ¿Qué opina cada uno de ellos sobre los tópicos? ¿Quién piensa que los tópicos reflejan la realidad? ¿A quién le molestan más?

KARRA ELEJALDE
Koldo en "8 apellidos vascos"

ALBERTO LÓPEZ Y ALFONSO SÁNCHEZ
Los amigos andaluces de "8 apellidos vascos"

DANI ROVIRA
Rafa en "8 apellidos vascos"

BORJA COBEAGA
Director de películas

C.7 Escucha otra vez a los cinco miembros del equipo de la película. Algunos son vascos y otros son andaluces. ¿Eres capaz de distinguir de dónde es cada uno? ¿En qué te basas?

C.8 Termina de ver el reportaje. Según el crítico de cine Félix Linares, ¿qué contribuyó al éxito de la película?

TRABAJAR EL LÉXICO

EXPRESIONES

C.9 En el reportaje has escuchado estas frases. Las partes destacadas son propias del uso oral informal. ¿Las entiendes? Habla con tu compañero y buscad una formulación más formal.

1. "La siesta les encanta, son muy dicharacheros... se van... **inventan según van hablando**."

2. "Yo voy mucho a Andalucía y me encanta ver la alegría que tienen, pero sí creo que **son un poco pasotas**."

3. "O sea, que he conocido gente generosa en Cataluña. He conocido gallegos que van. **No es: 'no sabes si van o vienen...'** Van."

4. "Bueno, ¿que no **pillaron los chistes** o qué pasa?"

5. "Ya está bien de **chorradas**."

6. "**Soy muy de** refranes."

7. "Pero desde luego sí que **tienen un enrolle verbal bastante aparente**, muy contrario a lo nuestro, que somos mucho más secos en eso. Entonces, lo llenan todo de palabras y de gestos y están en un ritual de seducción permanente."

8. "[...] siempre que estos tópicos sean utilizados para... con buena voluntad y **sean de buen rollo**."

OBSERVAR EL DISCURSO

ESTILO DIRECTO/INDIRECTO

C.10 Mira de nuevo la intervención de Karra Elejalde. ¿Qué recursos usa para reproducir palabras de otros? ¿Cómo se indica eso en la lengua escrita? Márcalo a continuación.

"Yo, hace ocho meses, no tenía más que telarañas en el frigorífico, y a mí ha habido compañeros catalanes muy generosos que me han dado: Toma un kilo, Karra, ya me darás cuando tengas, ¿sabes? O sea, que he conocido gente generosa en Cataluña. He conocido gallegos que van. No es: no sabes si van o vienen... Van. He conocido vascos vegetarianos que no han comido un chuletón en su puta vida. Y he conocido sevillanos sin gracia. Ya está bien de chorradas, de... de: ¿Qué ha tenido que pasar para que abordemos...? Aquí no abordamos ningún tema, son temas periféricos, que forman parte de los tópicos."

Karra Elejalde

C.11 De las siguientes características, ¿cuáles asociarías al estilo directo y cuáles al estilo indirecto?

	Estilo directo	Estilo indirecto
Hace más intenso y más dramático un relato al incorporar las voces de otros.		
Es más propio de situaciones de comunicación oral.		
Es más apto para discursos formales y también para ensayos y, en general, textos escritos.		
Aporta naturalidad, viveza y expresividad.		
Al usar la tercera persona verbal, da una sensación de despersonalización o de abstracción.		
Transmite una impresión de objetividad, ya que muestra lo que los personajes, supuesta o realmente, dijeron.		
Es más apto para transmitir pensamientos y percepciones del narrador.		

ACTUAR

ESTEREOTIPOS

C.12 ¿Crees que los estereotipos influyen en nuestra forma de actuar? Comentadlo en grupos.

C.13 Observa este mapa humorístico de tópicos elaborado por BuzzFeed. ¿Entiendes los estereotipos y referentes culturales? ¿Existen en tu país tópicos sobre las diferentes regiones?

C.14 Elabora un mapa de tópicos de tu país y preséntalo a la clase.

¡Compártelo! #cdec1_mapa

EL MAPA DE LOS ESTEREOTIPOS DE ESPAÑA

©Marcos Chamizo

CIUDADES PRIVADAS

LA ZONA

Esos muros están llenos de odio, los fabricaron con ladrillos y con argamasa de cal y miedo. Las ciudades privadas ya no causan estupor, ni admiración, ni recelo, ni nada; todos nos hemos ido acostumbrando a su paisaje de rejas y prohibiciones. Yo no he podido adaptarme completamente a esa imagen, y aunque no me atrevo a juzgar lo que pasa allí dentro, tampoco me ha sido posible olvidar.

Hace varios años que estoy afuera, pero nací y crecí dentro de "la zona", de la primera. Aunque todo el mundo conocía el sitio como "la zona", el artículo que la denominaba como única no estaba empleado con ese sentido, después de ella proliferaron decenas de extensiones residenciales de características muy semejantes; si merecía aquella distinción de nombre se debía únicamente a que había sido la primera en su especie, la primera colonia modelo, autosuficiente y hermosa. Así la recuerdo siempre, como una foto fija enmarcada en mi cabeza de adolescente. Si debo creer a mi memoria, era perfecta.

De los duros comienzos, que coincidieron con los primeros años de mi existencia, más que recuerdos conservo las anécdotas de mi padre. Las primeras desorganizadas rejas de contención y los anuncios improvisados que advertían "privado" y "solo tránsito local", los cuestionamientos sobre la legitimidad de las "ciudades privadas" que los vecinos habían soportado inmutables, insultos e incluso violentas manifestaciones de rechazo que habían tenido que enfrentar ante sus primeras tentativas de cerrar las colonias para uso exclusivo de sus moradores. La organización vecinal, que nació como síntoma de defensa urbana ante la violencia desatada y la ineptitud de las autoridades, fue creciendo hasta formar un lazo de solidaridad en torno a las propiedades, lazo que con los años se iría transformando en una sólida barricada. Con el tiempo la gente dejó de escandalizarse frente a los guardias armados, mercenarios de la seguridad, que solicitaban documentos de identidad como único modo de ingresar en las zonas privilegiadas. Y finalmente todos terminaron aceptando los mapas urbanos que señalaban claramente cuáles eran las zonas de tránsito restringido.

Dentro de las colonias se construían centros comerciales, escuelas y lugares de esparcimiento de uso particular, mientras del otro lado de las rejas, del otro lado de las cercas que delimitaban aquellos asépticos reinos, crecían sin protección, sin restricción ni estructura, las ciudades de la miseria. Pero eso lo supe después, cuando ya todo había pasado y yo me había convertido en un traidor.

Fuente: adaptado de Laura Santullo, "La zona", *El otro lado*, 2004

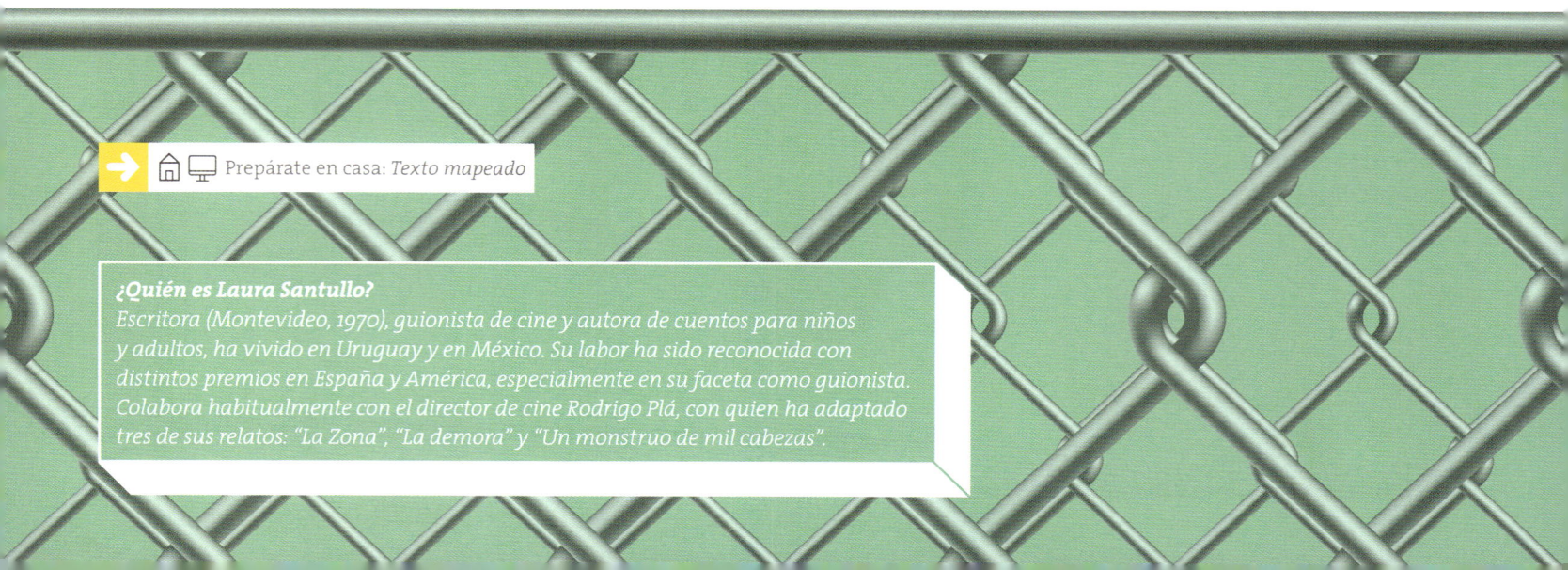

→ 🏠 💻 Prepárate en casa: *Texto mapeado*

¿Quién es Laura Santullo?
Escritora (Montevideo, 1970), guionista de cine y autora de cuentos para niños y adultos, ha vivido en Uruguay y en México. Su labor ha sido reconocida con distintos premios en España y América, especialmente en su faceta como guionista. Colabora habitualmente con el director de cine Rodrigo Plá, con quien ha adaptado tres de sus relatos: "La Zona", "La demora" y "Un monstruo de mil cabezas".

COMPETENCIA CRÍTICA

EL OTRO LADO

D.1 ¿Has oído hablar de las ciudades o barrios privados? ¿Qué características tienen? Coméntalo con tus compañeros.

D.2 Lee el texto y, luego, comenta estas cuestiones con tus compañeros.

- ¿Quién es el narrador y qué relación tiene con el lugar que describe?
- ¿Cómo es la vida en "la zona"? ¿Qué diferencias hay entre lo que hay dentro y lo que hay fuera?
- ¿Por qué y cómo surgió ese lugar?
- ¿Te gustaría vivir en un sitio así? ¿Por qué?

D.3 ¿A cuál de estos géneros pertenece el fragmento de texto que has leído? ¿Qué elementos te ayudan a saberlo?

- Relato de ficción
- Crónica periodística
- Carta o correo electrónico personal
- Texto académico del ámbito de la sociología

D.4 Fíjate ahora en el primer párrafo. ¿Qué aspectos del lugar se describen? ¿A qué sensaciones y sentimientos se asocian?

D.5 Piensa en las asociaciones de D.4 y contesta.

- ¿La descripción del lugar es objetiva o subjetiva?
- ¿Dirías que el narrador está a favor o en contra de las ciudades privadas?
- ¿La descripción que se hace puede condicionar la opinión del lector?

D.6 Reflexiona sobre qué te ha provocado esta lectura.

- ¿Te has sentido "trasladado" a ese lugar?
- ¿Ha cambiado tu opinión sobre este tipo de lugares?
- ¿Qué partes del texto o qué aspectos te han impactado más?

D.7 ¿Qué relación hay entre el relato y el tema de la unidad? ¿Qué palabras e imágenes están relacionadas con la idea de frontera?

D.8 El relato "La zona" fue adaptado al cine por el director Rodrigo Plá. Mira el comienzo de la película. ¿Habías imaginado así el lugar?

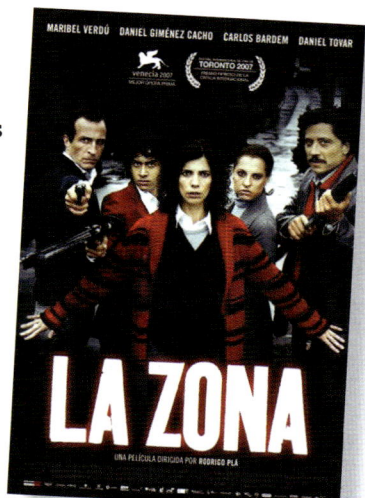

ACTUAR

PROS Y CONTRAS

D.9 Lee este fragmento de un texto académico sobre los barrios privados y compara la información que proporciona con la del relato. Luego, haz una lista de ventajas e inconvenientes de este tipo de lugares.

> Entre las principales causas del surgimiento de los barrios cerrados en todo el mundo pueden citarse las siguientes: el aumento de la inseguridad y la violencia urbana y la incapacidad del Estado para asegurar ciertos servicios considerados básicos, como es la seguridad ciudadana; la progresiva desaparición en la ciudad del sentimiento de comunidad; el aumento de la desigualdad social y el acrecentamiento de la brecha entre pobres y ricos, sumado al deseo de lograr estatus y cierta homogeneidad social por parte de algunos grupos sociales; el deseo de mayor contacto con la naturaleza o de un "estilo de vida diferente". [...] En este sentido, los desarrolladores urbanos han identificado este problema y han realizado un esfuerzo por enfatizar la posibilidad de lograr relaciones de vecindad más cercanas en los barrios cerrados.
>
> **Fuente:** Sonia Roitman, "Barrios cerrados y segregación social urbana", *Scripta Nova*, vol. 7, n.º 146 (118), 2003

D.10 Valora la lista de ventajas e inconvenientes de D.9. ¿Te parece bien o mal que existan los barrios privados? Debatidlo y tratad de llegar a conclusiones conjuntas. Podéis considerar estos aspectos:

- ¿Vivir en un entorno fuertemente protegido es la mejor solución contra los problemas de inseguridad?
- ¿Crear comunidades cerradas es una buena manera de fomentar las relaciones sociales entre vecinos?
- ¿Es conveniente privatizar servicios públicos como la sanidad, la educación, la seguridad...?
- ¿Deben tener derecho los ciudadanos a establecer normas de convivencia especiales para su comunidad?
- ¿Debería tener limitaciones el derecho a la propiedad privada?
- ¿Qué efecto pueden tener estos barrios sobre la cohesión social dentro de una ciudad o de una nación?

¡Compártelo! #cdec1_ciudadesprivadas

¿QUÉ HAS APRENDIDO?

1. Los distintos entornos de trabajo suelen tener formas particulares de entender las relaciones interpersonales. Piensa en tu experiencia en la empresa donde trabajas (o en alguna en que hayas trabajado antes), o bien en tu centro de estudios, y escribe unas líneas para describir cómo eran o cómo son esas relaciones.

2. Lee estos titulares de prensa e intenta explicar qué puede estar pasando o qué puede haber pasado en cada caso. Utiliza el futuro simple, el futuro compuesto, el condicional simple o el condicional compuesto.

¿Qué hacían dos chinos en el Londres romano?
Un equipo arqueológico encuentra dos esqueletos de asiáticos en un antiguo cementerio del siglo II.

A cinco leonas les crece melena y empiezan a actuar como leones
Científicos en Botsuana detectan un cambio físico y de comportamiento en varias hembras.

UNA NOVIA SE DESMAYA CUANDO SU NOVIO LE PIDE MATRIMONIO

→ Probablemente serían embajadores o...

Gram., p. 175 ▸ **8**

3. Escribe una anécdota (real o inventada) que justifique el uso de alguno de estos calificativos para hablar de los españoles.

alegres   comilones   dicharacheros   enamoradizos   fantasiosos   flojos
graciosos   parlanchines   pasotas   secos   siesos   sosos   vagos   zalameros

4. Observa con qué otras palabras se combinan estas expresiones de C.9 y piensa en contextos en los que se podrían decir. Después, escribe un ejemplo para cada expresión.

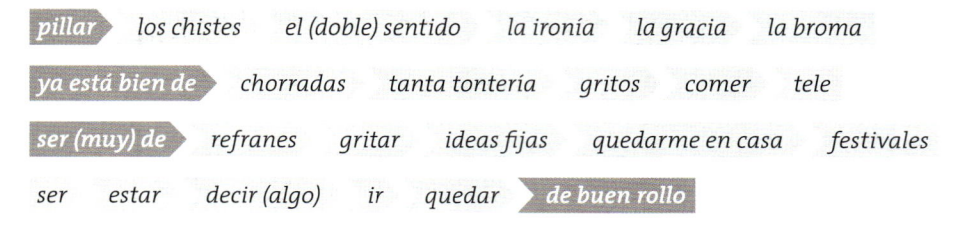

pillar	los chistes el (doble) sentido la ironía la gracia la broma
ya está bien de	chorradas tanta tontería gritos comer tele
ser (muy) de	refranes gritar ideas fijas quedarme en casa festivales

ser   estar   decir (algo)   ir   quedar   **de buen rollo**

5. ¿Qué es lo más importante y útil que has aprendido en esta unidad?

6. ¿Qué es lo que te ha parecido más difícil?

7. ¿En qué aspectos has mejorado?

8. ¿Qué puedes hacer a partir de ahora para afianzar los contenidos que te resultan difíciles?

h de horarios

A HORARIOS ¿IRRACIONALES?

ENTRAR EN EL TEMA

MÁXIMA AUDIENCIA

A.1 Observa el siguiente gráfico. ¿Cómo lo interpretas? Comenta con un compañero los datos que proporciona. ¿Hay algo que te llame la atención?

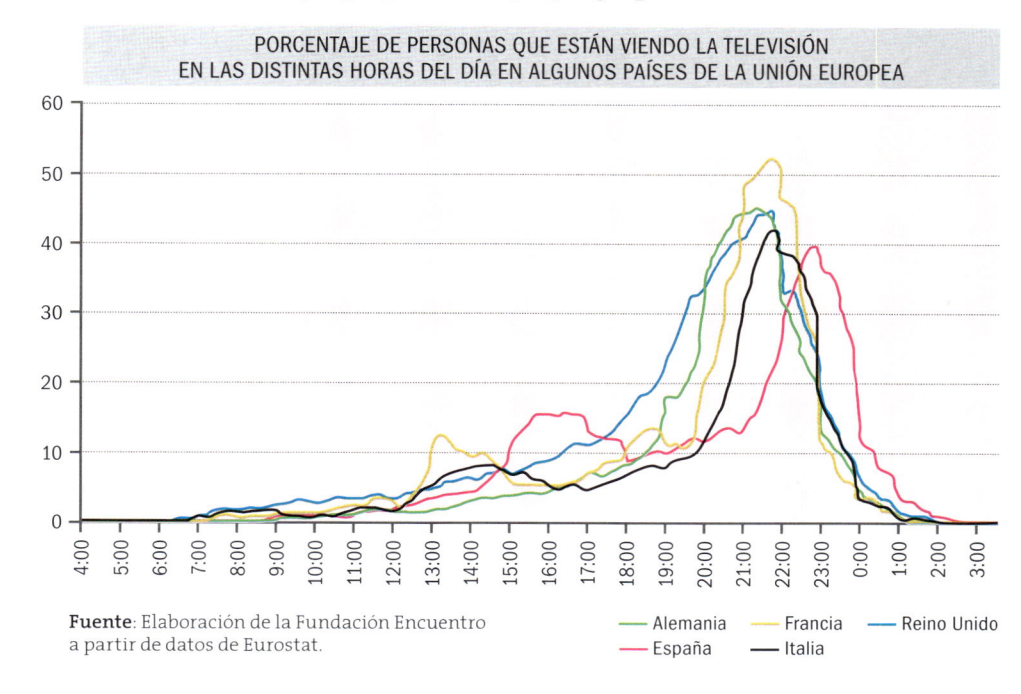

PORCENTAJE DE PERSONAS QUE ESTÁN VIENDO LA TELEVISIÓN EN LAS DISTINTAS HORAS DEL DÍA EN ALGUNOS PAÍSES DE LA UNIÓN EUROPEA

Fuente: Elaboración de la Fundación Encuentro a partir de datos de Eurostat.

— Alemania — Francia — Reino Unido — España — Italia

A.2 Si vives en uno de esos cinco países, ¿crees que la gráfica refleja bien sus costumbres? Si no, ¿cuál crees que sería el gráfico que más se acerca al de tu país?

A.3 Fíjate en la línea correspondiente a España. ¿Qué refleja? ¿Qué consecuencias te parece que puede tener en la vida de los españoles?

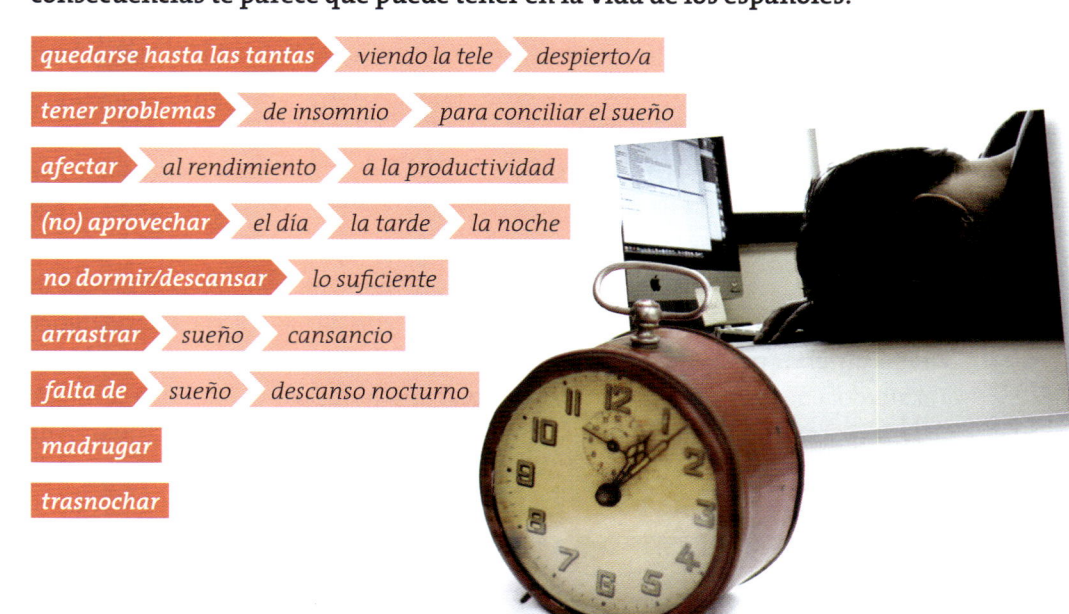

- quedarse hasta las tantas › viendo la tele › despierto/a
- tener problemas › de insomnio › para conciliar el sueño
- afectar › al rendimiento › a la productividad
- (no) aprovechar › el día › la tarde › la noche
- no dormir/descansar › lo suficiente
- arrastrar › sueño › cansancio
- falta de › sueño › descanso nocturno
- madrugar
- trasnochar

→ 🏠💻 Prepárate en casa: ¿Qué sabes?

RACIONALIZAR LOS HORARIOS

Prepárate en casa: Texto mapeado

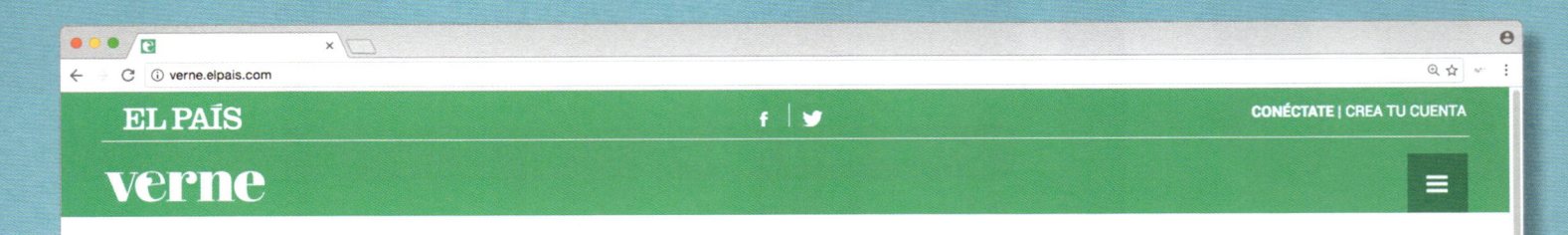

Cómo sería nuestra vida si España tuviera horarios sensatos

MARÍA LUZ PEINADO

El adelanto del *prime time* de RTVE vuelve a plantear el debate sobre las extensas jornadas españolas.

La racionalización de horarios influye en la productividad, en el sueño, en la salud e incluso en la igualdad de género.

Imagina una ciudad española (Madrid, Barcelona o Zaragoza) en la que los restaurantes no sirven comida más allá de las 15 h y los bares cierran sus puertas a las 22 h. Una ciudad sin menú del día y donde los oficinistas ya no paran una hora para comer. Un lugar donde se empiece a trabajar a las 9 h (ya desayunados) y se salga antes de las 18 h. El telediario y la cena son a las 20 h, y a las 23 h se terminan los programas estrella de las televisiones. A las 23:30 h queda poca gente por las calles y la mayoría de los españoles ya están en la cama para poder dormir ocho horas.

Es un escenario difícil de imaginar, pero que se parecería mucho a la llamada "racionalización de horarios" y a lo que ocurre en el resto de Europa. Para ello haría falta un gran pacto de Estado. Y no se trata solo de un acuerdo entre partidos políticos: cambiar los horarios de los españoles obligaría a que se pusieran de acuerdo los empresarios, los trabajadores, los dueños de los bares, los de los pequeños comercios, las cadenas de televisión, los transportes públicos e incluso los turistas. Un gran esfuerzo para conseguir trabajar menos horas, conciliar mejor la vida familiar y laboral y evitar las jornadas interminables *typical Spanish* por las que aún hay gente en las oficinas más allá de las 21 h.

RTVE se ha comprometido a que su *prime time* empiece antes de las 22:15 h para fomentar esa racionalización (aunque se lo ha saltado el primer día). Eso implica que sus programas estrella acaben antes de la medianoche para intentar que, especialmente los más pequeños, no acaben trasnochando por quedarse viendo la televisión. La cadena recibió muchas críticas por el horario de *MasterChef Junior*, que se emitía entre semana entre las 22:30 h y las 0:30 h. El anuncio de RTVE no arregla el problema, puesto que se trata de un adelanto de menos de media hora con respecto a la programación actual.

En otros países europeos, el *prime time* se extiende entre las 19 h y las 23 h. "Ponte a echar cuentas: si tienes que levantarte a las 7 h o antes para ir a trabajar y necesitamos unas ocho horas de sueño, no es posible que a las 00:15 h sigas viendo la televisión", explica la doctora de psicología social Sara Berbel. Acabar de ver la tele antes de las 23 h es una de las cosas que cambiaría si los españoles tuviéramos unos hábitos de vida "a la europea", como reclaman desde hace años distintos sectores. Pero vivir con horarios racionales no consiste solo en adelantar el reloj y hacerlo todo antes.

En septiembre de 2013, el Congreso aprobó un informe que recomendaba que España adoptara el huso horario que le corresponde, el de Portugal y Reino Unido, y retrasara el reloj una hora. "Ajustar nuestro ritmo de vida al horario solar es sumamente beneficioso. Nos sería más fácil despertar, por ejemplo. Y también se haría antes de noche, lo que favorecería que nos acostáramos antes. No puedes pedirle a alguien que se meta en la cama a las 23 h si en verano hay luz hasta las 22 h", cuenta Juan Antonio Madrid, director del Laboratorio de Cronobiología de la Universidad de Murcia.

Fuente: adaptado de verne.elpais.com, 3/3/2015

PREPARAR EL DOCUMENTO
HÁBITOS DE SUEÑO

B.1 ¿Qué relación tiene la siguiente noticia con el gráfico de A.1? ¿Crees que esta propuesta podría realmente cambiar los hábitos de los españoles?

> *España: proponen una inusual fórmula para cambiar los hábitos de sueño*
>
> La ministra de Sanidad, Ana Mato, pretende que los noticieros y los partidos de fútbol cambien sus horarios para adelantar los horarios de ir a dormir.
>
> **Fuente**: *tn.com.ar*, 2/5/2014

ENTENDER EL DOCUMENTO
HORARIOS SENSATOS

B.2 ¿Qué hábitos de la sociedad española se pueden deducir de lo que dice el texto? Escríbelo y, luego, comentadlo en parejas.

→ *Parece que los restaurantes ofrecen comida después de las 15 h y los bares cierran después de las 22 h.*

B.3 ¿A qué se refiere el texto con racionalización de los horarios españoles? ¿Es que no son racionales? ¿Lo son más los de otros países europeos? ¿Cuáles crees que son los sectores que reclaman este cambio y cuáles crees que están en contra?

B.4 Fíjate en esta frase del texto. ¿Cómo la interpretas?

"Para ello haría falta un gran pacto de Estado."

TRABAJAR EL LÉXICO
SINÓNIMOS

B.5 Busca en el texto palabras y expresiones sinónimas de estas.

Palabras y expresiones	En el texto
programa de éxito →	*programa estrella*
empleado/a en una oficina →	
contexto, marco →	
ser necesario →	
compaginar →	
promover →	
eludir, omitir →	
conllevar →	
pasar la noche en vela →	
televisar →	
calcular, hacer cálculos →	
adaptar →	
beneficiar →	

TRABAJAR LA GRAMÁTICA
PASADO Y PRESENTE / CONDICIONAL

B.6 Observa estas frases del texto y pásalas a presente, pasado o condicional, según corresponda. ¿Podrían usarse las dos opciones en el texto? ¿Habría alguna diferencia de significado?

Presente	Pasado / Condicional
	"Cambiar los horarios españoles **obligaría** a que se **pusieran** de acuerdo los empresarios, los trabajadores…"
"Eso **implica** que sus programas estrella **acaben** antes de la medianoche."	
	"En septiembre de 2013, el Congreso aprobó un informe que **recomendaba** que España **adoptara** el huso horario que le corresponde."

→ Gram., p. 180 ▸ 15

B.7 Elige una de las opciones y termina las frases de manera lógica, como en el ejemplo.

1. Adoptar un nuevo huso horario en mi país implica/*implicaría* que…
   → *los horarios de los comercios se adelantaran o retrasaran una hora.*

2. Pido/pediría a las televisiones de mi país que…

3. No dormir lo suficiente hace/haría que…

4. Desde el Gobierno recomiendan/recomendaban…

5. No entiendo/entendería que…

6. Prohibir la apertura de los comercios en los días festivos supone/supondría que…

7. Adelantar el horario de los partidos de fútbol que se retransmiten en televisión lleva/llevaría a que la gente…

OBSERVAR EL DISCURSO

ARTÍCULO PERIODÍSTICO

B.8 Marca qué características tiene el artículo que has leído. Después, compara con un compañero lo que habéis marcado.

- ☐ Es puramente informativo, sin crítica ni posicionamiento.
- ☐ El primer párrafo es solo un ejemplo ilustrativo del tema.
- ☐ Presupone el trasfondo social.
- ☐ Evita el debate.
- ☐ Cita a profesionales acreditados.
- ☐ Contrasta las informaciones.
- ☐ Ofrece datos estadísticos.
- ☐ Es teórico.

Yo creo que el texto es informativo.

Sí, pero adopta una única postura, es decir, defiende la idea, ¿no crees?

B.9 ¿Cuáles de las características anteriores crees que son propias de un artículo periodístico y cuáles lo son de este artículo en particular? Coméntalo con un compañero.

ACTUAR

CAMBIOS RADICALES

B.10 A partir de tu conocimiento de la sociedad española y de la información del artículo, ¿cómo sería una España con horarios más racionales? Fíjate en los ejemplos y escribe cómo afectaría a la sociedad ese cambio de horario.

El ocio:
→ Aunque seguirían existiendo discotecas y "after hours", la mayoría de los bares y restaurantes adelantarían la hora de la comida y la cena y cerrarían antes, especialmente entre semana. Otros servicios, como el metro, también adelantarían su horario de cierre.

La distribución de las tareas del hogar:
→ Vaciar las oficinas a las 18 h obligaría a que se repartieran las tareas domésticas entre hombres y mujeres. Además...

Los horarios laborales:

La productividad escolar:

El sueño y la salud:

Los horarios de apertura y cierre de los comercios:

Otros:

B.11 Imagina un cambio radical en los hábitos de tu país y prepara una presentación sobre las consecuencias que tendría. Puedes elegir alguno de estos temas u otro.

| la programación televisiva | los salarios mínimos/máximos | la circulación de vehículos en el núcleo urbano |
| las vacaciones | la planificación familiar | la educación obligatoria | el acceso a las armas | ...

⪻ ¡Compártelo! #cdec1_cambiosradicales

C ¿TRABAJAMOS DEMASIADAS HORAS?

¿Qué es Change.org?
Change.org es la mayor plataforma de peticiones del mundo. Cualquier persona u organización puede iniciar una petición o campaña para movilizar seguidores y recaudar firmas. Dichas peticiones se hacen llegar a los responsables u órganos competentes. Más de 20 000 peticiones en 196 países han logrado el cambio.

→ Prepárate en casa: *Vídeo + transcripción*

H DE HORARIOS | 85

PREPARAR EL DOCUMENTO

CULTURA DE TRABAJO

C.1 Imagina que vas a hacer una entrevista a un trabajador para escribir un artículo sobre la cultura de trabajo de tu país. ¿Qué le preguntarías? Haz una lista de preguntas posibles.

ENTENDER EL DOCUMENTO

ENTREVISTA

C.2 Vas a ver una entrevista en la que no se ve al entrevistado. Toma notas para hacer su perfil laboral. ¿Quién crees que está detrás de la pantalla?

C.3 Ve el final del vídeo. ¿Coinciden tus hipótesis con las de las personas del vídeo? ¿Por qué crees que han llegado a esas conclusiones? Coméntalo con algunos compañeros.

"Yo me imagino que trabajará en algún tipo de oficina."

El horario que dice tener la persona oculta coincide con el horario de oficina, pero también dice que trabaja los fines de semana y...

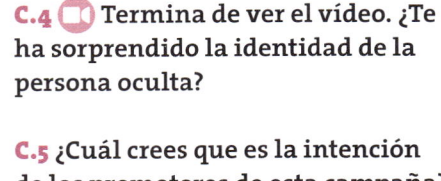

C.4 Termina de ver el vídeo. ¿Te ha sorprendido la identidad de la persona oculta?

C.5 ¿Cuál crees que es la intención de los promotores de esta campaña? Busca información en internet y comprueba si fue una campaña efectiva. Después, comentadlo en clase.

C.6 ¿El paralelismo que se establece te parece adecuado? ¿Es lícito comparar la jornada escolar con la laboral?

TRABAJAR EL LÉXICO

ME TOCA

C.7 Observa estos dos usos del verbo tocar. ¿Con qué acepción se corresponden? ¿Cuál crees que es la intención del hablante en cada caso?

> No puedo 😊 Si no, ya sabes lo que toca... ✓

> También me toca hacer curro cada día... 😔

tocar¹ Conjugar

De la onomat. *toc.*

1. tr. Ejercitar el sentido del tacto.
22. intr. Importar, ser de interés, conveniencia o provecho.
23. intr. Dicho de una parte o porción de algo que se reparte entre varios o les es común: caber o pertenecer.
24. intr. Dicho de una cosa: caer en suerte.

Fuente: RAE, *Diccionario de la lengua española*, 2014

C.8 Escribe cuatro frases con el verbo tocar, una con cada acepción.

IMPERATIVOS LEXICALIZADOS

C.9 En la entrevista aparece una serie de formas en imperativo que han perdido su significado original y tienen otras funciones. Identifica cuál es su función en cada caso. Uno se repite.

1. "**Anda**! Y cuántas horas trabajas?"
2. "**Mira**, como yo..."
3. "'Como yo'. **Vaya**, lo lamento."
4. "**Vamos**, que vas hasta agobiado, ¿no?"
5. "**Imagínate**, hasta la hora de cenar no termino."
6. "Pero **vamos**, que entiendo tu situación bastante bien."

A. Resaltar la información
B. Expresar sorpresa
C. Reinterpretar lo que dice la otra persona
D. Solidarizarse con la otra persona
E. Buscar la solidaridad del interlocutor

C.10 ¿Conoces otros usos de los imperativos de C.9 u otros que tengan un significado diferente al original? En parejas, pensad en algunos y escribid frases que ejemplifiquen su uso.

→ Di algo, anda, que llevas un buen rato sin dirigirme la palabra.
→ ¡Toma! Un 9 en inglés, ¡no me lo puedo creer!

¿AGOBIADO O AGOBIANTE?

C.11 En los fragmentos siguientes del vídeo aparecen dos palabras derivadas del verbo agobiar(se). ¿Entiendes qué significan?

> "Me ven tan **agobiado** que a veces me ayudan."

> "Eso debe ser **agobiante**."

C.12 Escribe los dos participios derivados de estos verbos, como en el ejemplo.

Verbo	Participios	Verbo	Participios
estresar	→ estresado/a, estresante	condicionar	→
cortar	→	desafiar	→
saciar	→	delirar	→
relajar	→	irritar	→
determinar	→	fulminar	→
alarmar	→	desconcertar	→
creer	→	causar	→
cambiar	→	cargar	→

G Gram., p. 178 → 10

C.13 Crea un ejercicio para un compañero. Elige tres verbos de C.12 y escribe una frase con cada participio (seis frases en total). Deja un espacio en blanco para que tu compañero complete las frases con el participio correcto (pasado o presente).

TRABAJAR LA GRAMÁTICA

COMO + SUBJUNTIVO

C.14 La primera de estas tres frases aparece en el vídeo. Léelas todas y relaciona cada una con su valor correspondiente.

"Pues **como no seas** médico o científico…" — 1

Como le **digas** algo a Irma, no te vuelvo a contar nada. — 2

Como me toque, me compro un coche. — 3

Como siga lloviendo, habrá que cancelar la barbacoa. — 4

A — Introduce una hipótesis que parece la única probable.

B — Expresa un deseo de manera vehemente.

C — Introduce una amenaza o advertencia.

D — Introduce una expectativa desfavorable.

C.15 Reacciona de manera lógica usando **como** + subjuntivo.

1. Han llamado al timbre. ¿Esperas a alguien?
2. He suspendido el examen. Tendré que ir a recuperación.
3. No tengo más hambre, mamá.
4. ¿Quién es ese hombre que está con Marcos?
5. No sé si encontraremos sitio, es un poco tarde para comer.
6. Me pregunto qué será mi hijo de mayor, a qué se querrá dedicar.
7. ¿Has visto a Patricia últimamente? Está muy en forma.

→ Gram., p. 182 » 18.3

HASTA

C.16 Lee las siguientes frases del vídeo y fíjate en la palabra **hasta**. ¿En cuál tiene un valor temporal y en cuál puede sustituirse por **incluso**?

"Imagínate, **hasta** la hora de cenar no termino."

"**Hasta** los fines de semana me toca hacer cosas."

→ Gram., p. 175 » 5

OBSERVAR EL DISCURSO

EXPRESIONES

C.17 Fíjate en las expresiones y conectores discursivos destacados. ¿Hay un equivalente en tu lengua?

1. "**Qué suerte**…"
2. "Ya. Pues **qué putada**."
3. "**¡Por Dios!**"
4. "**¡Qué estrés!**"
5. "**¡Hostias!**"
6. "Eso debe ser agobiante **no, lo siguiente**."
7. "Dicen que hay que hacerlo **y punto**."
8. "**Bronca**. Me han llegado a humillar delante de compañeros."

C.18 De las expresiones anteriores hay dos que son vulgares. ¿Cuáles son?

C.19 Crea un breve diálogo entre dos amigos que están hablando sobre su jornada laboral. Usa al menos tres expresiones de la actividad C.17.

ACTUAR

LOS QUE MÁS TRABAJAN

C.20 ¿Quiénes son los que más trabajan en tu país? Prepara una presentación sobre ese grupo de profesionales. Ten en cuenta estos aspectos u otros.

tareas y responsabilidades | jornada laboral
tiempo libre disponible | días de vacaciones al año

C.21 Realizad las presentaciones y discutid sobre las condiciones y derechos de cada sector. Pensad preguntas para hacer a vuestros compañeros.

- ¿Es aceptable trabajar tantas horas?
- ¿Deben compensarse las horas extra? ¿Cómo?
- …

< ¡Compártelo! #cdec1_losquemástrabajan

¡HORARIOS RACIONALES YA!

→ 🏠 💻 Prepárate en casa: *Texto mapeado*

MANIFIESTO POR UNOS HORARIOS RACIONALES

La Comisión Nacional para la Racionalización de los Horarios Españoles y su Normalización con los demás países de la Unión Europea

MANIFIESTA:

Que **el tiempo** es un bien único e insustituible, al que debemos dar el máximo valor.

Que debemos **respetar el tiempo de los demás** porque vale tanto como el nuestro.

Que la **puntualidad** ha de ser un principio ético que guíe nuestra conducta.

Que para hacer un mejor uso del tiempo es imprescindible que **en España cambiemos nuestros horarios**.

Que los **padres y madres** deben disponer de tiempo para convivir y dialogar con sus hijos, interesarse por sus sentimientos y sus problemas y ofrecerles un sólido apego.

Que es necesario disponer de **tiempo para dormir**, porque dormir bien es vivir mejor.

Que es necesario **educar a la juventud en valores** tales como la solidaridad, la tolerancia, el respeto, el esfuerzo y la igualdad entre la mujer y el hombre, además de subrayarles la importancia de hacer un buen uso del tiempo.

Que a las personas se las ha de valorar por sus **resultados**, ya que las horas de presencia no garantizan una mayor eficiencia.

Que las **jornadas laborales prolongadas perjudican** la calidad de vida de los empleados y no son rentables para las empresas.

Que la relación entre la dirección y el personal colaborador ha de estar sustentada en conseguir resultados y basarse en la **confianza** y el **compromiso**, y no solo en el cumplimiento estricto del horario.

Que las **iniciativas de racionalización y flexibilización de horarios** permiten a los empleados atender adecuadamente su vida privada, por lo que se encuentran con más motivación y más lealtad a su empresa.

Que **los horarios comerciales** deben ser **flexibles** en beneficio de todos, sin perjuicio de que los trabajadores del sector dispongan de su tiempo de descanso y de ocio.

Que **la radio, la televisión y los espectáculos deben ajustar su programación** a unos horarios racionales.

REIVINDICA:

Una profunda modificación de los horarios en España, que nos ayude a ser más felices, a tener más calidad de vida y a ser más productivos y competitivos.

EXIGE A NUESTROS REPRESENTANTES Y PODERES PÚBLICOS:

Que lleven a cabo las medidas ejecutivas y legislativas necesarias para llevar a la práctica las reivindicaciones expuestas.

RECUERDA:

Que la necesidad de unos horarios racionales tiene como objetivos prioritarios:

- Conciliar nuestra vida personal, familiar y laboral
- Permitir la corresponsabilidad en el reparto de tareas domésticas y atención a la familia
- Favorecer la igualdad entre la mujer y el hombre
- Mejorar nuestra calidad de vida
- Aumentar la productividad
- Dormir el tiempo suficiente
- Fomentar la salud
- Disminuir la siniestralidad
- Apoyar el rendimiento escolar
- Facilitar la globalización
- Y, en definitiva, dar mayor valor al tiempo

Todo esto pasa, ineludiblemente, por racionalizar nuestros horarios, hacerlos más humanos y más europeos.

E invita a la ciudadanía a que hagan suyo este manifiesto, lo firmen y lo difundan.

Muchas gracias.

ARHOE

Esta hoja se enviará a ARHOE · C/ Alcalá, 97 · 28009 MADRID
Tel.: 91 426 15 68/69 · Fax: 91 426 00 48
info@horariosenespana.com · www.horariosenespana.com

Fuente: www.horariosenespana.com

H DE HORARIOS | 89

COMPETENCIA CRÍTICA

DECLARACIÓN DE INTENCIONES

D.1 Aquí tienes algunas de las características de un manifiesto. Lee el *Manifiesto por unos horarios racionales* y marca cuáles cumple.

- ☐ Lo firma un colectivo o una asociación.
- ☐ Se hace pública la declaración de una doctrina o un propósito de interés para la sociedad.
- ☐ El texto tiene partes claramente separadas.
- ☐ Los autores firman el texto.
- ☐ Tiene una actitud constructiva o reformista.
- ☐ Busca convencer.
- ☐ Hace requerimientos o peticiones a las instituciones o a la sociedad en general.
- ☐ Hace promesas.
- ☐ Apela a valores.
- ☐ Expone consecuencias de interés general para la sociedad.

D.2 ¿Cómo ven los autores del manifiesto la sociedad española? Justifícalo basándote en fragmentos del texto.

D.3 ¿Estás de acuerdo con que la racionalización de los horarios permitiría lograr los objetivos expuestos en el manifiesto? ¿En qué medida?

D.4 Entra en la página www.horariosenespana.com y trata de dar respuesta a estas preguntas.

- ¿Quiénes son los firmantes del manifiesto?
- ¿Tienen algún tipo de vinculación con la administración pública?
- ¿Qué eventos y actividades llevan a cabo?
- ¿Dirías que es una asociación sin ánimo de lucro o, por el contrario, que hay un interés económico? ¿Qué te lleva a pensarlo?

ACTUAR

MANIFIESTO POR...

D.5 En grupos, vais a redactar un manifiesto. Para ello, poneos de acuerdo en una situación o problema que consideréis que necesita un cambio y haced una lluvia de ideas sobre estas cuestiones.

- ¿Por qué es necesario este cambio?
- ¿Qué consecuencias positivas tendrá?
- ¿Cómo se llevará a cabo?

D.6 Redactad el manifiesto siguiendo la estructura del que habéis leído.

> **MANIFIESTO POR...**
> → La organización de estudiantes de español
>
> Manifiesta:
> → Que...
>
> Reivindica:
> → Una mejora en...
>
> Exige a nuestros representantes y poderes públicos:
> → Que lleven a cabo...
>
> Recuerda:
> → Que...
>
> E invita a la ciudadanía a que hagan suyo este manifiesto, lo firmen y lo difundan.
>
> Muchas gracias.

¡Compártelo! #cdec1_manifiestopor

¿QUÉ HAS APRENDIDO?

1. Escribe situaciones hipotéticas relacionadas con estos temas, como en el ejemplo.

- El colegio
- La universidad
- El sistema sanitario
- Seguridad ciudadana
- El sistema de gobierno
- Energías renovables
- Las tasas
- Las pensiones
- La calidad de vida
- Los medios de comunicación

→ *Eliminar los deberes hace que los niños tengan más tiempo libre, pero...*

→ G Gram., p. 180 › 15

2. ¿Recuerdas qué significan estas palabras? ¿Tienen otro significado además del que ha aparecido en la unidad? Escribe frases con los significados que conozcas.

emitir   escenario   saltar(se)   implicar   adoptar   cargar   fulminar

3. Estas tres frases pueden interpretarse de dos formas distintas. ¿Percibes esa diferencia? ¿A qué se debe?

1. "Mira, la canción que te dije que me gustaba tanto."
2. "Vamos, que llegamos tarde."
3. "El último trozo de pastel. ¡Toma!"

4. Lee este manifiesto y contesta a las preguntas.

- ¿Cuál es la intención?
- ¿Cuáles han podido ser las razones para escribir este manifiesto?
- ¿A quién se dirige?
- ¿En qué se parece y en qué se diferencia del *Manifiesto por unos horarios racionales*?

5. Elige en cada caso la opción correcta.

1. Los contratos sin fecha de vencimiento son un factor **determinado/determinante** en el aumento del paro.
2. Acusados dos hombres de mediana edad por el intento de secuestro **frustrado/frustrante**.
3. Convocada la marcha contra el cambio climático. Los expertos advierten de que la situación es **alarmada/alarmante**.
4. El trato que se les da a los pacientes es **indignado/indignante**.
5. La cifra **resultado/resultante** de la operación debe ser 42.
6. Desde que perdió el trabajo, lleva una vida **errada/errante**. Va de aquí para allá, no sabe qué hacer... En fin, está totalmente perdido.
7. Francisco es muy **creído/creyente**. Mira a todo el mundo por encima del hombro.

→ G Gram., p. 178 › 10

6. Continúa estas frases de manera lógica teniendo en cuenta los valores de la construcción *como* + subjuntivo.

1. Como vuelvas a decirme que lo del desastre en la cocina no fue culpa tuya, _____
2. Como no tengamos el informe listo para mañana, el jefe _____
3. Parece que ya han decidido a quién nombran director. Como no sea Mauro, _____
4. Como te caigas, _____
5. Como me entere de que estás mintiendo, _____

→ G Gram., p. 182 › 18.3

7. ¿Qué es lo más importante y útil que has aprendido en esta unidad?

8. ¿Qué es lo que te ha parecido más difícil?

9. ¿En qué aspectos has mejorado?

10. ¿Qué puedes hacer a partir de ahora para afianzar los contenidos que te resultan difíciles?

identidad

A ASÍ SOY, ASÍ ME VEN

ENTRAR EN EL TEMA

QUIÉN SOY

A.1 Hazte la pregunta "¿Quién soy yo?". ¿Qué relevancia tiene cada uno de los siguientes aspectos (0 = no es importante; 1 = es poco importante; 2 = es importante; 3 = es muy importante)?

¿Quién soy yo?	Relevancia
mi personalidad	
mi familia	
mi trabajo	
mis estudios	
mis aficiones	
mi pareja	
mis amigos	
mi apariencia física	

¿Quién soy yo?	Relevancia
mis sueños, mis retos o metas	
mis experiencias pasadas o actuales	
mis ideas políticas	
la nación o el territorio al que me siento vinculado/a	
la ciudad, el barrio, el pueblo en el que vivo	
otros:	

A.2 Habla con tus compañeros. ¿Tenéis cosas en común?

- Me siento muy unido/vinculado a...
- Me considero una persona...
- Una cosa que me define es...
- Lo que más me caracteriza es...

> Yo a "mi personalidad" le he puesto un 3, porque me considero una persona con mucho carácter.

A.3 ¿Cómo crees que te ven los demás?

- Los demás
  - me ven como una persona...
  - me tienen por...

- Mi familia / mis amigos / la gente
  - cree(n) que soy...
  - me identifica(n) con...
  - me vincula(n) a / relaciona(n) con...
  - me considera(n) una persona...
  - tiene(n) una imagen de mí (muy)...

- Yo sé que doy una imagen de persona (muy)...

→ 🏠🖥 Prepárate en casa: ¿Qué sabes?

PANTALLAS QUE REFLEJAN NUESTRA PERSONALIDAD

I DE IDENTIDAD | 92

Prepárate en casa: Texto mapeado

El alma en el escritorio

Pasamos horas delante de él. Es inevitable que la pantalla del ordenador acabe reflejando, de alguna manera, nuestra personalidad. Un reciente estudio acaba de relacionar el fondo del escritorio con la parte más profunda de nuestro ser.

Piergiorgio M. Sandri

Una playa exótica, la mascota, el bebé que acaba de nacer o simplemente un tapizado azul pálido: las posibilidades son infinitas. El fondo del escritorio (o *desktop*) del ordenador al parecer es el espejo de nuestra personalidad. Dime qué pantalla tienes y te diré quién eres: es lo que aseguran unos estudios recientes llevados a cabo por un equipo de psicólogos en colaboración con Windows. "El escritorio es un espacio personal y por eso proporciona una descripción bastante detallada del individuo", explicaba a *The Daily Telegraph* Donna Dawson, psicóloga de la Universidad de Londres y estudiosa del comportamiento humano. "Cada detalle de lo que hacemos contribuye a comunicar lo que somos de verdad. Y el fondo del escritorio envía ciertas señales que influyen sobre la percepción que los demás tienen de nosotros", añade. Dawson ha recogido un gran número de escritorios virtuales y los ha analizado para definir algunos perfiles y reunirlos en determinadas categorías. Por ejemplo, si se guarda un gran número de iconos, significa que se quiere tener acceso a todo y que se aspira a mantener bajo control la propia vida. Si por el contrario los iconos están agrupados en una esquina de la pantalla, quiere decir que la persona es muy organizada. Asimismo, las fotografías que protagonizan el fondo del PC serían una metáfora de lo que consideramos lo más importante en nuestra vida.

Ben Williams, psicólogo corporativo, asegura que estas ventanas virtuales son muy reveladoras. "Con toda seguridad, la manera en la que se priorizan ciertas cosas en la pantalla es indicativa de cuáles pueden ser las prioridades vitales de cada uno", afirmaba en una entrevista a la BBC. Williams cree que al personalizar nuestro PC estaríamos dando rienda suelta a un instinto esencial del ser humano: marcar su territorio. "Si usted ha puesto fotos muy cuidadas, un pósit u otras pegatinas, significa que pasa mucho tiempo delante del ordenador. Todos estos elementos son señales que le están recordando a usted y a los demás que "este espacio es mío". El debate ha despertado el interés de muchos internautas e incluso de intelectuales. Hasta un estudioso meticuloso como Umberto Eco ha reflexionado sobre el tema. "Si muchas personas se dedican a inventar imágenes o composiciones gráficas, algunas de ellas muy originales, esto tiene que tener un sentido preciso. En estos casos, construir un escritorio es un proceso que requiere tiempo, cansancio, imaginación y pasión, porque queremos que en cuanto encendamos el ordenador nos encontremos con algo que sea tranquilizador, que sea nuestro", escribe Eco en el diario *La Repubblica*. "Así, el escritorio personal puede ser una manera de reaccionar al anonimato al que nos arrastra la informática. De alguna manera, podemos pensar en nuestro escritorio como una nueva forma de arte".

Algunos ejemplos de pantallas

Fondo con paisajes: significa que se quiere estar en otro lugar que no sea la oficina. Simboliza un cierto deseo de evasión y de distracción. Puede ser hasta un síntoma de insatisfacción laboral.

Fondo de escritorio con enlaces directos a varios programas informáticos: son aquellas pantallas en las que con un clic se llega a activar reproductores multimedia, programas de descarga... El usuario está diciendo a todo el mundo que es un crac de la informática y no quiere esconder que forma parte de la tribu tecnológicamente más avanzada.

Fondo de escritorio con agua o peces: son elementos vitales (y, según algunos, hasta sexuales). Típico de personas a las que les gusta... tirarse a la piscina.

Papelera de reciclaje llena: típica de los inseguros, de los que dudan de deshacerse de las cosas (y que tienen la bandeja de entrada llena de mensajes).

Papelera de reciclaje vacía: usuario decidido, que mira al futuro, que deja atrás los miedos y las indecisiones.

Iconos perfectamente alineados: el usuario es un maniático de la limpieza y de la organización. Indica un temperamento muy puntilloso y preciso. Es el escritorio típico de las personas muy exigentes.

Iconos sin orden: el caos virtual es símbolo de desorden en muchos más ámbitos. Con toda probabilidad, la confusión está presente también en la mesa o en casa. Es un clásico de las personas poco metódicas.

Fuente: adaptado de XL Semanal, 24/11/2013

PREPARAR EL DOCUMENTO

EL FONDO DE ESCRITORIO

B.1 ¿Cómo es el escritorio de tu ordenador? Dibújalo.

ENTENDER EL DOCUMENTO

UN REFLEJO DE NUESTRA PERSONALIDAD

B.2 Lee el texto para saber qué dice tu escritorio sobre tu personalidad. ¿Estás de acuerdo?

B.3 Comenta con un compañero las ideas del texto. Estas palabras y expresiones te servirán de ayuda.

reflejar	mostrar	anular	*la personalidad*
personalizar	un objeto	la pantalla
salir del	caer en el	reaccionar al	*anonimato*

B.4 Observa estos escritorios. ¿Qué tipo de personalidad reflejan según el texto?

A

B

C

B.5 Ahora, vuestro profesor va a recoger los dibujos que habéis hecho en B.1 y a repartirlos. ¿Sabes de quién es el que te ha tocado? Interprétalo según la información del texto que has leído.

B.6 ¿Qué crees que dicen de ti las aplicaciones o la marca de tu móvil, tus *selfies*…? ¿Qué otras cosas reflejan la personalidad? Comentadlo entre todos.

TRABAJAR EL LÉXICO

EL CARÁCTER

B.7 Clasifica en cualidades y defectos los adjetivos relacionados con el carácter que aparecen en el texto. ¿Coincides con tus compañeros?

B.8 En función del adjetivo que las describe, ¿cómo imaginas que se comportan estas personas?

1. a. Mi jefa es muy **tolerante**.
   b. Mi jefa es muy **flexible**.
2. a. Tengo un compañero de clase muy **puntilloso**.
   b. Tengo un compañero de clase muy **decidido**.
3. a. Mi profesor de Estadística es muy **caótico**.
   b. Mi profesor de Estadística es muy **meticuloso**.

> Para mí, una jefa tolerante acepta las ideas y sugerencias de sus empleados o colaboradores y…

B.9 ¿Con qué asocias cada una de estas expresiones: con ser decidido o con ser indeciso? Comentadlo en grupos.

saltarse las normas	tirarse a la piscina	no pensárselo dos veces
dejar atrás los miedos	coger el toro por los cuernos	echarse atrás
ir con pies de plomo	pensar antes de actuar	andar/ir sobre seguro
aceptar un desafío	buscar los pros y los contras de algo	arriesgarse

B.10 ¿Cómo reaccionarías en cada una de estas situaciones? Escríbelo y justifica tu respuesta usando alguna de las expresiones anteriores. Después, piensa tú una pregunta para los compañeros.

1. ¿Lo dejarías todo por amor?
2. ¿Harías un viaje sin llevar casi nada de dinero?
3. ¿Montarías tu propio negocio?
4. ¿Tendrías un hijo/hijos?
5. ¿Dejarías un trabajo que odias antes de encontrar otro?
6. ¿Aceptarías un trabajo en la otra punta del mundo?
7. ¿Montarías en globo?
8. ¿Te harías un tatuaje o un *piercing*?
9.

→ Yo me lo pensaría dos veces antes de tener un hijo; es algo que te cambia la vida.

→ Yo tengo dos hijos y recomiendo a todo el mundo que deje atrás los miedos y se atreva.

94 | I DE IDENTIDAD

OBSERVAR EL DISCURSO

EXPRESAR LAS IDEAS DE UN TEXTO

B.11 Fíjate en las expresiones marcadas en negrita. ¿Ayudan al autor a identificarse con las ideas que presenta o a distanciarse de ellas?

1. El fondo del escritorio del ordenador **al parecer** es el espejo de nuestra personalidad.

2. El fondo del escritorio del ordenador, **sin ningún género de duda**, es el espejo de nuestra personalidad.

3. Asimismo, las fotografías que protagonizan el fondo del PC **serían** una metáfora de lo que consideramos lo más importante en nuestra vida.

4. Asimismo, las fotografías que protagonizan el fondo del PC **son** una metáfora de lo que consideramos lo más importante en nuestra vida.

5. **De alguna manera** podemos pensar en nuestro escritorio como una nueva forma de arte.

6. **Sin duda** podemos pensar en nuestro escritorio como una nueva forma de arte.

7. **Con toda seguridad**, la manera en que se priorizan ciertas cosas en la pantalla es indicativa de las prioridades vitales de cada uno.

8. **En cierto sentido**, la manera en que se priorizan ciertas cosas en la pantalla es indicativa de las prioridades vitales de cada uno.

9. El caos en una pantalla de ordenador significa, **con toda probabilidad**, que la confusión está presente en otros ámbitos de la vida.

10. El caos en una pantalla de ordenador significa, **según parece**, que la confusión está presente en otros ámbitos de la vida.

→ Gram., p. 185 ▸ **21.1**, **21.2**

B.12 Con los recursos de la actividad B.11, reescribe ideas que encuentres en estos textos. Luego, en parejas, comparad lo que habéis escrito.

LA PANTALLA QUE IMPIDE QUE OTROS ESPÍEN TU MÓVIL
Un inventor kurdo idea un sistema que hace invisible el iPhone ante miradas curiosas

Mirar el teléfono sin que los demás sepan lo que estamos viendo. Un inventor kurdo ha encontrado la solución para proteger nuestras pantallas de miradas curiosas cuando las consultamos en público. Una suerte de tinta invisible que muestra el teléfono en blanco. Al ponernos unas gafas, mágicamente aparecen las letras. El secreto, cuenta Celal Goger, está en un microchip que llevan incorporadas las lentes. Cuando patente su tinta invisible para iPhone, cuenta, podrá comenzar a comercializarla. El invento le ha llevado medio año, pero Goger quiere desarrollarlo más. Su meta es conseguir un nanochip que pueda incorporarse en todo tipo de gafas y que haga aparecer o desaparecer el contenido de la pantalla con un simple botón.

Fuente: adaptado de *www.elpais.com*

EL OPTIMISMO PROTEGE EL CORAZÓN
Un nuevo estudio ha venido a confirmar lo que circula entre la gente: ver el lado bueno de las cosas es positivo para el organismo

Investigadores de la Universidad de Illinois han analizado el vínculo entre optimismo y salud cardíaca en más de 5 100 adultos entre 45 y 84 años y han concluido que "los individuos que muestran los mayores niveles de optimismo tienen dos veces más posibilidades de encontrarse en un estado cardiovascular ideal que aquellos más pesimistas".

Esta asociación se mantuvo aun después de aplicar los factores correctores atribuibles a las diferencias de edad y estatus socioeconómico. Los autores del trabajo se valieron de siete patrones para medir la salud cardiovascular de los sujetos: presión sanguínea, índice de masa corporal, niveles de colesterol y glucosa, dieta, actividad física y consumo de tabaco. Después cruzaron estos datos con los niveles de salud mental, optimismo y bienestar físico que decían tener esos individuos. Los resultados no dejaron lugar a dudas: los más positivos y animosos eran los que poseían los corazones más fuertes.

Fuente: adaptado de *Muy interesante*, núm. 417, p. 90, febrero 2016

B.13 Busca en un periódico una noticia que te parezca interesante y cuéntasela a tus compañeros. Utiliza los recursos de la actividad B.11 para matizar o reforzar la seguridad de tus aserciones.

ACTUAR

¿QUÉ OPINAN?

B.14 Comenta en clase el estilo y el género del texto de la página 92. Luego, escribe un párrafo más del reportaje basándote en las aportaciones de estas personas sobre el tema. Intenta respetar el estilo y el género del texto.

Representante de Microsoft:

"Después de dar una vuelta por nuestras oficinas hemos podido comprobar que en tres de cada cuatro casos el perfil recogido por el estudio coincidía con el del usuario del fondo del escritorio."

Usuarios en varias redes sociales:

"No hay ninguna razón para personalizar algo que se usa en el trabajo." (David)

"Soy programador, confío en la tecnología y no tengo un deseo particular de enseñar nada a nadie." (Barry)

¡Compártelo! #cdec1_pantallas

C ESPAÑA VISTA DESDE FUERA

I DE IDENTIDAD | 95

→ 🏠💻 Prepárate en casa: *Audio + transcripción*

ONDA CERO — Programas | Emisoras | Podcasts | Noticias | Deportes | Solo en ondacero.es — SÍGUENOS

EN DIRECTO - De 16:00 a 19:00h
Julia en la Onda

A CONTINUACIÓN
Aquí en la onda
De 19:00 a 20:00h

03/03/2015 - 18:54

Carlos Espinosa de los Monteros: "Fuera, el éxito produce admiración, y aquí produce envidia"

El alto comisionado del Gobierno para la Marca España ha hablado sobre la visión que se tiene de nuestro país desde fuera. Afirma que todavía pesan algunos estereotipos y ha señalado que "no debemos confundir lo que es el tema político del momento con lo que es el país".

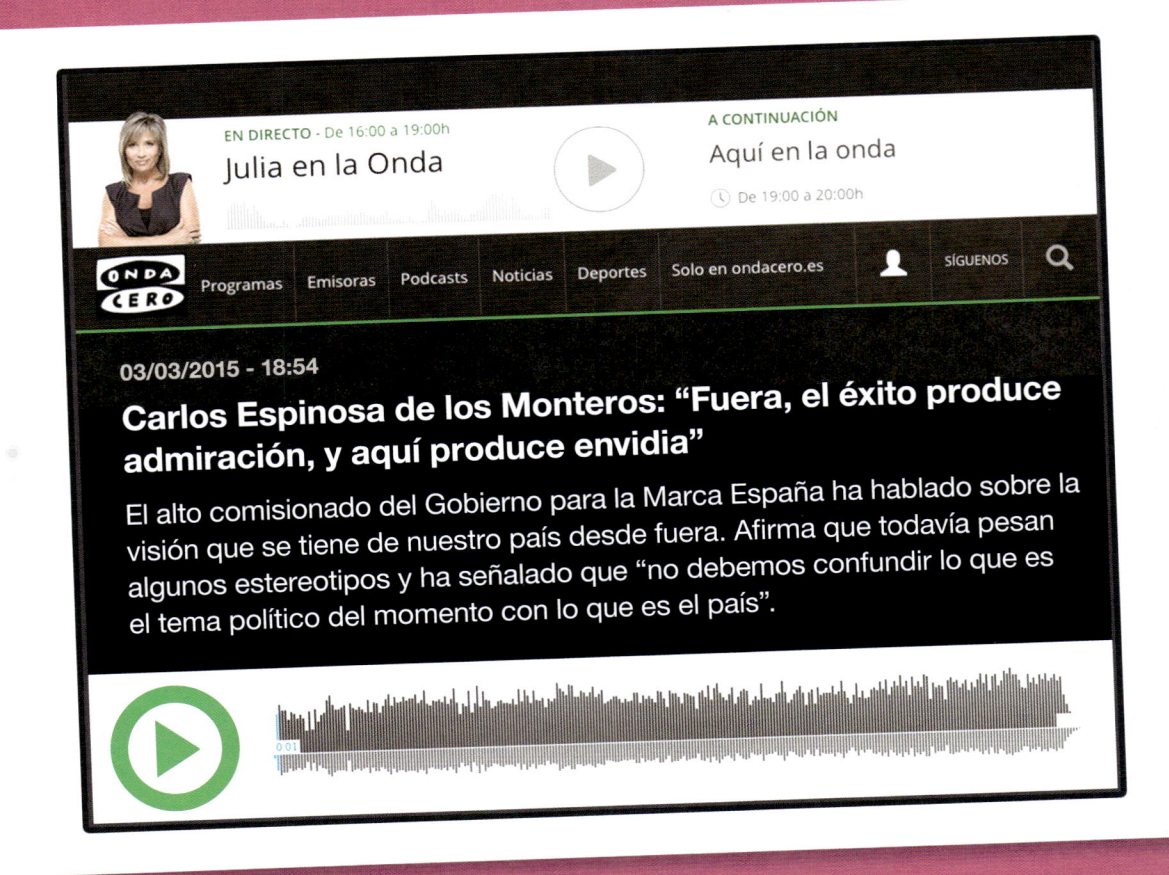

PREPARAR EL DOCUMENTO

MARCA ESPAÑA

C.1 Vas a escuchar una entrevista al alto comisionado del Gobierno español para la Marca España. Antes, navega por la página web de Marca España y responde a estas preguntas.

- ¿Qué es la Marca España?
- ¿Te parece necesario que exista un proyecto así?
- ¿Sabes si existe algo parecido en tu país?

C.2 Antes de escuchar la entrevista, lee la entradilla que la emisora ha publicado en su página web. ¿Qué preguntas crees que le pueden hacer al responsable de ese cargo? ¿Qué preguntas le harías tú?

→ *Yo le preguntaría por qué cree él que...*

ENTENDER EL DOCUMENTO

IDENTIDAD

C.3 🎧 8 Escucha la entrevista. ¿Responde el entrevistado a alguna de las preguntas que habías pensado?

C.4 🎧 8 Escucha de nuevo y toma notas sobre lo que dice Carlos Espinosa sobre España y los españoles. ¿Coincide con lo que tú pensabas? ¿Se podría decir lo mismo de tu país?

C.5 Fíjate en esta declaración del entrevistado y reescríbela para decir algo de tu país o de otro que conozcas. Compártelo con los demás.

> "**Aquí hay** un valor muy poderoso que es la calidad de vida. La calidad de vida, tal como se entiende, arranca del clima que nos ha sido dado, arranca de la manera de vivir, de disfrutar, de alargar los días, de disfrutar con lo que hacemos; **eso sigue siendo una característica** muy española y que **valoran mucho los que nos visitan.**"

C.6 Imagina que tu país crea una institución como Marca España. ¿Qué imagen, valores o hechos crees que podría potenciar?

TRABAJAR EL LÉXICO

LA IMAGEN Y LA FAMA

C.7 En parejas, pensad países para cada categoría.

Un país que para vosotros...
- tiene una imagen muy tradicional.
- vende una imagen de país democrático.
- tiene fama de saber disfrutar de la vida.
- proyecta una imagen de diseño, innovación y modernidad.
- se ha creado la fama de vivir en estrecho contacto con la naturaleza.
- ha visto deteriorada su imagen.

C.8 Piensa en países, instituciones, marcas o personajes famosos y escribe frases utilizando estos elementos.

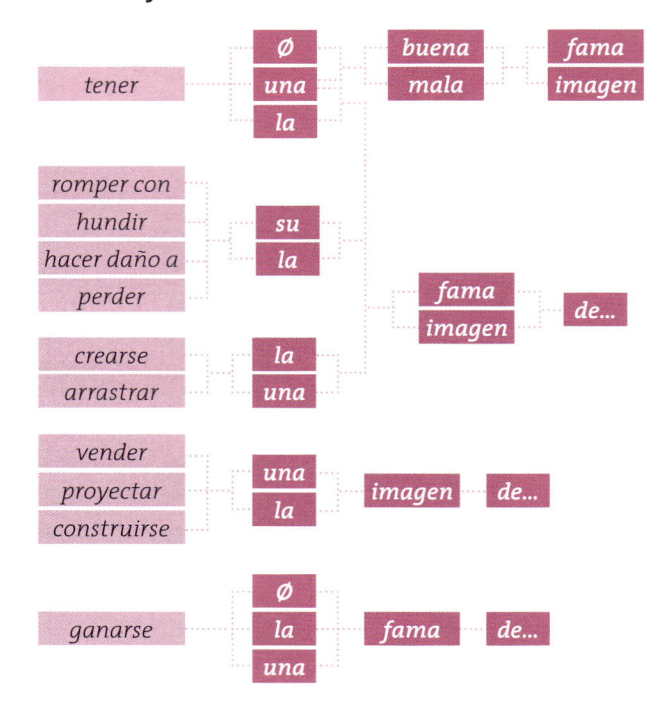

| tener | ∅ / una / la | buena / mala | fama / imagen |

| romper con / hundir / hacer daño a / perder | su / la | | fama / imagen | de... |

| crearse / arrastrar | la / una |

| vender / proyectar / construirse | una / la | imagen | de... |

| ganarse | ∅ / la / una | fama | de... |

TRABAJAR LA GRAMÁTICA

ADVERBIOS TERMINADOS EN -MENTE

C.9 Elige el adverbio más adecuado en cada caso según la postura del hablante (entre paréntesis).

*desgraciadamente   curiosamente   paradójicamente
lógicamente   difícilmente   afortunadamente*

1. _____ somos muy autoexigentes, muy duros con nuestro país. *(le parece negativo)*
2. _____ España es un país que cae bien. *(lo atribuye a la suerte)*
3. Aunque España es un país que cae bien, _____ los españoles nos valoramos poco. *(parece que lo que va a decir contradice lo anterior)*
4. _____ España no tiene buena imagen en países como Venezuela y Argentina, a pesar de tener muchas cosas en común. *(le sorprende)*
5. Si dedicamos poco tiempo a estudiar nuestra historia y cultura, _____ podremos valorarla. No se valora lo que no se conoce bien. *(le parece poco probable)*
6. España es, _____, uno de los países favoritos de los estudiantes extranjeros. *(le parece normal)*

→ Gram., p. 175 ▶ **7**

C.10 Estos tres gráficos reflejan la imagen de España en el extranjero. Obsérvalos y escribe frases que describan tu postura, como en el ejemplo. Luego, coméntalas con un compañero.

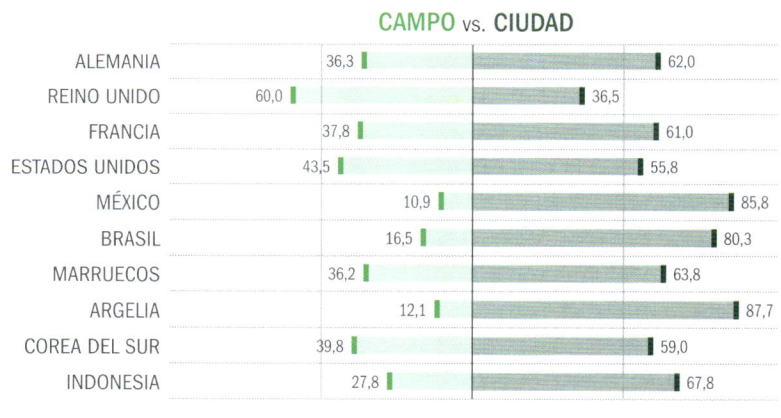

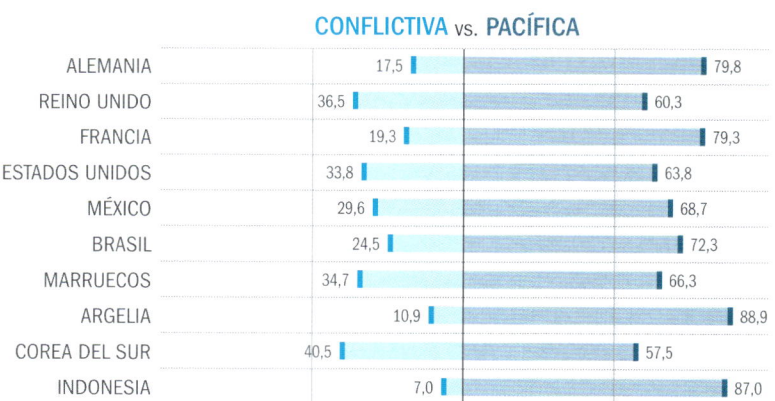

CAMPO vs. CIUDAD

País	Campo	Ciudad
ALEMANIA	36,3	62,0
REINO UNIDO	60,0	36,5
FRANCIA	37,8	61,0
ESTADOS UNIDOS	43,5	55,8
MÉXICO	10,9	85,8
BRASIL	16,5	80,3
MARRUECOS	36,2	63,8
ARGELIA	12,1	87,7
COREA DEL SUR	39,8	59,0
INDONESIA	27,8	67,8

CONFLICTIVA vs. PACÍFICA

País	Conflictiva	Pacífica
ALEMANIA	17,5	79,8
REINO UNIDO	36,5	60,3
FRANCIA	19,3	79,3
ESTADOS UNIDOS	33,8	63,8
MÉXICO	29,6	68,7
BRASIL	24,5	72,3
MARRUECOS	34,7	66,3
ARGELIA	10,9	88,9
COREA DEL SUR	40,5	57,5
INDONESIA	7,0	87,0

POBRE vs. RICO

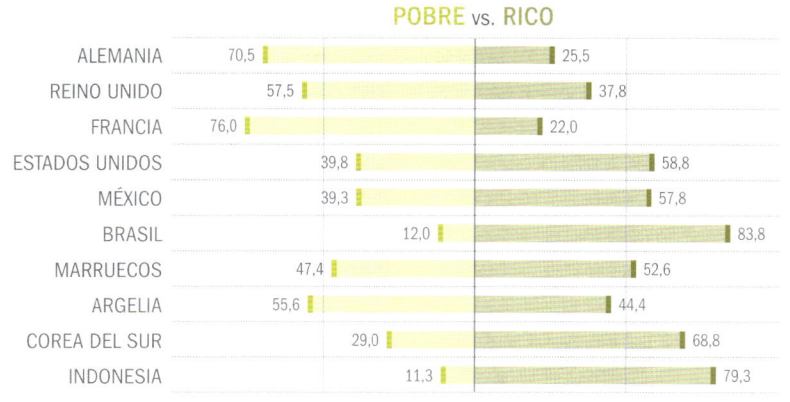

País	Pobre	Rico
ALEMANIA	70,5	25,5
REINO UNIDO	57,5	37,8
FRANCIA	76,0	22,0
ESTADOS UNIDOS	39,8	58,8
MÉXICO	39,3	57,8
BRASIL	12,0	83,8
MARRUECOS	47,4	52,6
ARGELIA	55,6	44,4
COREA DEL SUR	29,0	68,8
INDONESIA	11,3	79,3

Fuente: Real Instituto Elcano, *Barómetro de la Imagen de España. 5º oleada*, enero 2015

→ Lógicamente, muchos ingleses se van a vivir a España cuando se jubilan; para Reino Unido España tiene una imagen pacífica.

OBSERVAR LA ENTONACIÓN

INCISOS

C.11 9-14 Escucha estos fragmentos de la entrevista y fíjate en la entonación de los incisos (en negrita). ¿Cuál de las curvas sigue cada uno?

1. Cuando gana Rafa Nadal, hablamos de Marca España, **claro**.
2. Nos flagelamos con lo que sale mal, le damos mucho eco, y... y pocas veces, **salvo cuando estamos fuera**, presumimos de todo lo bueno que tiene este país.
3. Tengo aquí algunos datos curiosos. Estadísticamente la imagen de España es valorada entre buena y muy buena en casi toda Europa, en América, en Oriente Medio... más débilmente en África y una parte de Asia, y es negativa, **eso de Marca España**, **fíjense**, en Argentina, Venezuela y la propia España, y nosotros mismos, ¿no?
4. Tenemos una sensación de que todo lo de fuera es mejor y eso, pues, afecta a una consideración negativa que solo tenemos ahora, **y por razones comprensibles**, de un par de países, Venezuela y Argentina.
5. Entre los 6 y los 18 años, **por ejemplo**, pues se dedican entre 400 y 500 horas de España a esas materias... en España.
6. O que tenemos... estamos haciendo, **las empresas españolas**, seis de las mayores obras del mundo.

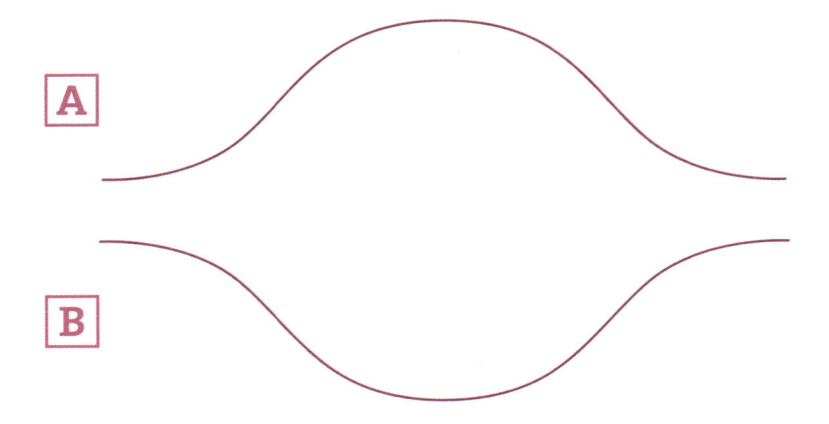

A

B

C.12 9-14 Escucha de nuevo y repite.

OBSERVAR EL DISCURSO

A LO MEJOR ES CIERTO

C.13 ¿Para qué sirven los recursos marcados en negrita en estos ejemplos?

- **Si bien es verdad que** la crisis agrava la imagen de España, **no podemos decir que** sea la única explicación.
- **A lo mejor es cierto que** no conocemos nuestra historia, **pero también es verdad que** la corrupción política ha hecho mucho daño a la imagen de España.
- Un país **no es eso**, un país **son** sus gentes, sus ríos...
- **No es que** cambie radicalmente la imagen de un país, **sino que** se van añadiendo nuevos elementos a su percepción.
- Rafa Nadal **no solo** hace Marca España cuando gana, **sino también** cuando pierde.
- **No es que no** haya nombres fuera del deporte, que los hay; **lo que pasa es que** en España no se respeta a quien opina distinto.
- **Es menos una cuestión de** decepción con la clase política **que de** desconocimiento de la propia historia, arte, cultura, etc.

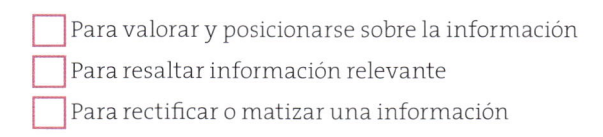

☐ Para valorar y posicionarse sobre la información
☐ Para resaltar información relevante
☐ Para rectificar o matizar una información

ACTUAR

MI PAÍS

C.14 ¿Qué tópicos crees que existen sobre tu país? Si quieres, pregunta a tus compañeros o busca información en internet. Haz una lista y, luego, coméntadla en grupos intentando matizar o rectificar los aspectos que no reflejan esa realidad.

> Mucha gente piensa que los italianos somos muy familiares, pero yo creo que no es que seamos muy familiares, sino que...

< ¡Compártelo!
#cdec1_mi país

IMAGEN E IDENTIDAD EN LAS REDES SOCIALES

Prepárate en casa: *Texto mapeado*

El País — Opinión 43

La era de los *selfies*

La proliferación del autorretrato de consumo instantáneo revela una pulsión de inmediatez que ha empezado a cambiar nuestra cultura visual; la intimidad pasa a concebirse como una forma de exhibición.

Ernesto Hernández Busto

Su elección como la "palabra del año" 2013 por el paradigmático diccionario Oxford demostró que *selfie* iba camino de convertirse en término indispensable para la *lingua franca* de la tecnología. Hace poco volvió a ser noticia, cuando la foto tomada en la ceremonia de los Óscar por la presentadora Ellen DeGeneres se convirtió en la más compartida en la historia de Twitter. Esos autorretratos instantáneos, a un brazo de distancia, que tomamos con los teléfonos inteligentes y compartimos en las redes sociales, han rebasado el estatus de moda pasajera para convertirse en síntomas estables: las más recientes pruebas de una intimidad que ya no se concibe como variante del recogimiento, sino como una forma de exhibición. **En el debate sobre su influjo creciente en la cultura visual de nuestro tiempo hay un amplio espectro de opiniones**, con extremos apocalípticos e integrados[1]. Estos "filósofos del *selfie*" han descrito varios de sus rasgos más sobresalientes: la inmediatez del "ahora somos esto y lucimos así", que abarca desde el "¡miren dónde estoy!" al "¡miren cómo me veo ahora!", o su radical intencionalidad; según Jerry Saltz, el *selfie*, si bien está rodeado de signos informales, nunca es accidental: implica un proceso de aprobación y juicio previo por parte de quien lo pone a circular. A pesar de las apariencias, estas fotos tienen poco que ver con la espontaneidad.

Muestran ansia de control, tanto por parte de las celebridades que buscan regalar su propia versión "democrática" de las relaciones públicas, como por parte del individuo común, que da la versión "aprobada" de su propio avatar digital, aun como regalo para una multitud de desconocidos. **En sus múltiples variantes** (ángulo alto, de grupo, con pose estereotipada…), **el *selfie* es menos un testimonio de la vida moderna que un espejo controlado del yo**, donde la ironía queda arrinconada a la condición de "efecto" prescindible.

Algunos de estos analistas aseguran que estamos ante un género visual *amateur*, cuya avasallante popularidad ha cambiado aspectos de la interacción social. Para otros, como Tara Burton, se trata de la variante democrática del dandismo[2] decimonónico, un "dandismo igualitario" en el que la tecnología consagra la posibilidad del artificio puro. Hemos pasado del dandi impasible, que trataba de crear la sorpresa permanente para distanciarse de la multitud, al triunfo del encuadre, no solo sobre la realidad, sino sobre la identidad.

El *selfie* consagra la libertad de producir el efecto que uno escoja para proclamar "este soy yo ahora". Es menos una cuestión de narcisismo que de voluntad de dominio: revela la necesidad de autoproponerse a través del control de la propia imagen. **Esta suerte de segundo grado del narcisismo no está, sin embargo, despojada de extrañeza**: representa un intento de rescate del aura, cuya pérdida denunciaba Benjamin[3] en su célebre ensayo sobre la fotografía en la época de la reproductibilidad. Pero es un aura desconectada de cualquier tradición o valor, puramente hedonista. **Y aunque sus más fervientes apóstoles intentan rastrear sus orígenes en la cultura del autorretrato pictórico** (la foto de Obama, Cameron y la primera ministra danesa se ha comparado con *Las Meninas*: nunca vimos ese *selfie*, sino la imagen que mostró cómo se tomaba), lo cierto es que, más allá de parecidos formales, su radical inmediatez excluye la condición del arte. En los *selfies*, como en la pintura o cualquier otra forma artística, hay esbozos de pasiones humanas —pedazos de ficción, paranoia, voyerismo…—, pero **en un autorretrato pictórico el artista quiere menos ofrecer su imagen que su arte; lo que propone es justo aquello que la autofoto instantánea reduce al mínimo: ese tiempo del yo reelaborado.**

Fuente: adaptado de *El País*, 8/3/2016

Notas:

1 Apocalípticos e integrados *(Umberto Eco, 1964) es una compilación de ensayos sobre la cultura de masas en la que Eco plantea el problema de la doble postura: la de los apocalípticos, que ven la cultura de masas como "anticultura", y la de los que la ven como algo positivo, los integrados.*

2 Dandismo: *se trata de un fenómeno sociológico que surge a finales del siglo XVIII y que tiene que ver con la distinción social. Los dandis perseguían diferenciarse del resto a través de la moda y el lenguaje.*

3 Walter Benjamin: *escritor de ensayos, crítico literario, traductor y filósofo alemán. La obra de arte en la época de su reproductibilidad técnica es un ensayo en el que Benjamin reflexiona sobre la pérdida de originalidad y de valor del arte a causa de sus múltiples reproducciones.*

I DE IDENTIDAD | 99

COMPETENCIA CRÍTICA

EL ARTE DEL *SELFIE*

D.1 Antes de leer el texto, escribe una definición de *selfie*. Compárala con las de algunos compañeros y comentad si habéis escrito una definición negativa o neutra.

D.2 Lee el primer párrafo del texto y compara la definición de *selfie* con la que has escrito en D.1. ¿Se parecen?

D.3 Lee el texto completo y marca las diferentes definiciones de *selfie* que aparecen. ¿Cómo se alude a ellos: de una forma positiva, negativa o neutra?

D.4 Observa esta frase del texto. ¿Por qué crees que el autor usa tantas comillas ("")? ¿En qué otros casos las usa? ¿Lo hace siempre con la misma intención?

> "Estos 'filósofos del *selfie*' han descrito varios de sus rasgos más sobresalientes: la inmediatez del 'ahora somos esto y lucimos así', que abarca desde el '¡miren dónde estoy!' al '¡miren cómo me veo ahora!'."

D.5 Fíjate en las frases destacadas del texto y propón maneras más coloquiales de expresar lo mismo.

D.6 Teniendo en cuenta las reflexiones de D.4 y D.5, ¿cómo dirías que se expresa el autor: de una forma rebuscada, erudita, literaria, filosófica, pedante...? Pon ejemplos concretos.

D.7 Según las características del texto y el estilo del autor, ¿cuál de los siguientes fragmentos podría ser la continuación del artículo?

1. Esta tendencia nos gusta y nos molesta a partes iguales. Quizá con el tiempo se convierta en algo más honesto y sin tanto artificio y engaño. De momento, sigue siendo una tendencia en la que hasta los más torpes con la tecnología acaban cayendo.

2. En esa feria digital de las vanidades, hay que decir, y decir ahora; hay que mostrar, y de inmediato; hay que hacerse famoso, y mejor ahora; hay que ser —y ser para los otros— en el ahora radical de una identidad instantánea que pugna por competir con la avalancha de lo intrascendente usando sus mismas estrategias.

ACTUAR

IMAGEN E IDENTIDAD

D.8 Escribe un artículo argumentando tu opinión sobre uno de los temas siguientes (u otro relacionado con la unidad). Antes de empezar, fíjate en las recomendaciones.

- ¿Los *selfies* son una forma de arte?
- ¿Nuestro perfil en las redes sociales refleja nuestra verdadera personalidad?
- ¿La forma de vestir es siempre un reflejo de la personalidad? ¿Es una forma de identificarse con un grupo social o tribu urbana?
- ¿La imagen de un país es responsabilidad exclusiva de los políticos?

D.9 En parejas, intercambiad los textos. Proponed correcciones y consejos para mejorar el texto del otro. Luego, reelaborad vuestro texto según las sugerencias recibidas.

RECOMENDACIONES

Dos recomendaciones para antes de escribir:
- Haz una lluvia de ideas sobre el tema que vas a tratar. Decide qué tesis vas a defender y piensa argumentos y contraargumentos. Decide qué estilo vas a utilizar: formal, informal, personal, objetivo...
- Busca ejemplos que te ayuden a explicar tu tesis.

Cuatro recomendaciones para escribir:
- Piensa un título sugerente que llame la atención del lector y qué recursos vas a utilizar a lo largo del texto para "seducir" al lector.
- Redacta una pequeña introducción en la que presentes tu tesis.
- Redacta el texto utilizando argumentos a favor, anticipa y rebate posibles críticas a tu tesis y aporta ejemplos para defenderla.
- Expón una conclusión final.

¡Compártelo! #cdec1_identidad

¿QUÉ HAS APRENDIDO?

1. Marca en cada frase la opción más lógica. Luego, escribe otras frases comparando dos caracteres opuestos.

1. Mi jefa es demasiado exigente. Me gustaría que fuera más rígida/flexible.
2. Tengo un compañero que es superpuntilloso y siempre chocamos porque yo soy todo lo contrario: algo descuidada/muy meticulosa.
3. Me encanta mi profesor de Derecho Administrativo. Es muy metódico, no como el de Derecho Penal, que es bastante distraído/perfeccionista.
4. Mi hermana gemela y yo somos como la noche y el día: ella es muy decidida y yo soy más bien indecisa/valiente.
5.
6.
7.
8.

2. Lee esta anécdota, en la que aparece contextualizada la expresión *coger el toro por los cuernos*. Luego, elige otra de las expresiones de la actividad B.9 y escribe un texto similar.

→ Hace unos años tuve un problema con mi hermano. Él se había quedado con la casa de mis padres y tenía que pagarme la mitad. Cuando nos veíamos me sabía mal sacar el tema porque somos familia y me resultaba violento, así que siempre lo evitaba. Finalmente un día decidí coger el toro por los cuernos y le dije que me iba a comprar un piso y que necesitaba que me pagara ese dinero. Él lo entendió perfectamente.

---

3. Lee el siguiente texto. Después, sin mirar, intenta recordar lo más importante y escribe algunas frases que te permitan contarle a un amigo su contenido. Intenta usar los recursos aprendidos en la actividad B.11.

CÓMO SABER SI ERES ADICTO A SOÑAR DESPIERTO

A todos nos encanta pensar en ese escenario ideal, viaje, amor... pero ¿cuándo se convierte en un problema soñar despierto?

A todos nos encanta, pero cuando fantasear o soñar despierto ocurre durante la mayor parte de nuestro día, esto es, ocupa más tiempo del que debería e interfiere en nuestra capacidad para llevar a cabo nuestras tareas habituales, puede clasificarse como un problema de salud mental conocido como "ensoñación excesiva", "ensoñación inadaptada" o "fantasía compulsiva".

Durante esta ensoñación excesiva es posible ver al paciente hablando solo e incluso contestándose a sí mismo; el que lo padece también puede asumir una personalidad o rol diferente al real y es de esta forma como lo distinguimos de la esquizofrenia. El que padece estas fantasías compulsivas no ve ni imagina a nadie.

Si bien soñar despierto es saludable, ya que, según un estudio de la revista *Psychology Today*, el 96 % de los adultos participa en al menos una fantasía al día, no está claro por qué lo hacemos. Los psicólogos sugieren que sirve como entrenamiento del cerebro para estar listos para entrar en acción cuando se produce un estímulo externo.

Fuente: *www.muyinteresante.es*

→ Sin duda, todo el mundo ha soñado despierto alguna vez, pero parece ser que puede convertirse en un problema.

G Gram., p. 185 ▸ **21.1, 21.2**

---

4. Rectifica o matiza estas afirmaciones con los recursos de C.13.

- La gramática española es difícil.
- Hacer ejercicios repetitivos es una buena manera de aprender.
- Los exámenes demuestran los conocimientos de los estudiantes.
- Los profesores se sienten atraídos y hacen más caso a los alumnos inteligentes.
- Memorizar reglas no sirve de nada.

→ No es que la gramática española sea difícil, lo que pasa es que hay muchos verbos irregulares.

5. ¿Qué es lo más importante y útil que has aprendido en esta unidad?

6. ¿Qué es lo que te ha parecido más difícil?

7. ¿En qué aspectos has mejorado?

8. ¿Qué puedes hacer a partir de ahora para afianzar los contenidos que te resultan difíciles?

M de memoria

A RECUERDOS DE INFANCIA

ENTRAR EN EL TEMA

¿TE ACUERDAS?

El cine y la televisión forman parte de nuestros recuerdos de infancia. Pon a prueba tu memoria y la de tus compañeros. ¿Compartís algún recuerdo?

- ¿Te acuerdas de algún programa de televisión que veías antes o después de ir a la escuela o durante los fines de semana?
- ¿Recuerdas algún personaje con especial cariño?
- ¿Te sabes de memoria alguna escena o diálogo de una película o serie de televisión?
- ¿Hay alguna canción de un programa de televisión o de una publicidad de tu infancia que crees que no se te olvidará nunca?

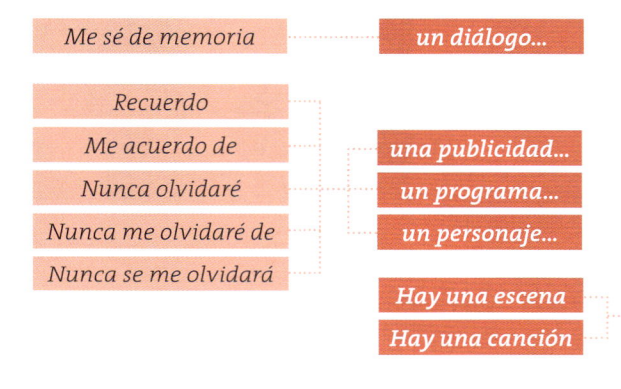

Me sé de memoria — un diálogo...

Recuerdo
Me acuerdo de — una publicidad...
Nunca olvidaré — un programa...
Nunca me olvidaré de — un personaje...
Nunca se me olvidará

Hay una escena — que me sé de memoria.
Hay una canción — que recuerdo / de la que me acuerdo perfectamente.
— que nunca olvidaré / de la que nunca me olvidaré.

→ 🏠 🖥 Prepárate en casa: ¿Qué sabes?

UNA PELÍCULA SOBRE LA DICTADURA ARGENTINA

Clarín   Espectáculos 43

CINE: CRÍTICA DE *CRÓNICA DE UNA FUGA*

Un escape entre el horror y el heroísmo

Crónica de una fuga, de Adrián Caetano y protagonizada por Rodrigo de la Serna, deslumbra como filme de acción y suspenso. Por DIEGO LERER

¿Cómo contar una historia sobre la dictadura y la suerte de los detenidos/**desaparecidos** sin reiterar frases hechas y sermonear sobre lo obvio y lo sabido? ¿Cómo contar la trama de una "victoria" en el marco de un genocidio? ¿Cómo escapar de todas las trampas que se presentan a la hora de hacer una película como *Crónica de una fuga*?

Los desafíos no eran sencillos y Adrián Caetano salió muy bien parado de casi todos ellos en su cuarto largometraje, uno que se puede unir tranquilamente a su filmografía anterior (*Pizza, birra, faso, Bolivia, Un oso rojo* y hasta series como *Tumberos*). Aquí, basado en la novela autobiográfica de Claudio Tamburrini, cuenta una historia de sobrevivientes con sus lazos de honor y sus traiciones, se apoya en los recursos del género y construye su discurso cinematográfico desde una posición clara: no hay juicios de valor, premios ni castigos. Cada uno hace lo que puede. O lo que le sale. O lo que debe.

Es cierto que le cuesta una buena media hora al filme encontrar su punto de vista, exhibir lo original y personal de su mirada. La narración del secuestro de Claudio (Rodrigo de la Serna), un **arquero** de fútbol y militante, por parte de las fuerzas de seguridad y las primeras experiencias dentro de la tristemente célebre Mansión Seré no escapan de ciertos clichés de este tipo de relatos, con un "**grupo de tareas**" que bordea en lo caricaturesco y que se expresa en frases hechas y muestra pocos matices.

Pero cuando Caetano abandona a "los **milicos**" (en los que Pablo Echarri oficia de jefe de "la **patota**") y centra su historia en la vida cotidiana, las relaciones de amistad, las traiciones, engaños y descubrimientos que hace Claudio con el grupo de detenidos que incluye a Guillermo (un sorprendente Nazareno Casero), el Vasco (Matías Marmorato) y el Gallego (Lautaro Delgado), y con un par de guardias (encarnados por Diego Alonso, Erasmo Olivera y Gabriel Wolf, entre otros) dentro de la tenebrosa casa, *Crónica de una fuga* encuentra su pulso. Y de allí en adelante es crecimiento puro, con una media hora final —la de la fuga propiamente dicha— que quedará en la antología de las mejores secuencias de acción y suspenso filmadas en la Argentina.

Otra aplaudible decisión es la de mantener las torturas en *off*, usando el fuera de cuadro y lo tácito de una manera sutil e inteligente. Se puede discutir la manera en que el filme analiza la relación entre militantes y no militantes, los "compañeros" y los que cayeron por estar en alguna agenda y para darle tiempo a otros a **zafar**. En ese sentido, el personaje de Guillermo se ubica como el centro moral del relato, alguien que une al grupo y no hace diferencias. De la misma manera que la película, que jamás juzga directamente las actitudes que cada personaje toma en las circunstancias más difíciles.

De la Serna y Casero son los que llevan adelante el relato y los que hacen sentir el miedo, la tensión y la angustia de los meses en cautiverio, mientras que cada aparición de los militares resulta algo estereotipada y ligeramente falsa, como si los actores no pudieran encontrar a la persona por debajo del disfraz.

La última media hora cobra una tensión inusitada, y a partir de un ínfimo detalle y con los días contados, los cuatro logran huir de la Mansión Seré desnudos y esposados. Allí empieza casi una nueva película (termina la de terror, arranca la de suspenso), que uno quisiera que continuara y continuara, tal es el grado de maestría de la puesta en escena, la fotografía y el montaje.

Como ocurrió con *La lista de Schindler*, contar la historia del triunfo de algunos pocos en el marco de una masacre de miles o millones siempre plantea algunos dilemas morales. Pero como en el caso de Spielberg, Caetano no esconde el marco que rodea a sus héroes. El plano de un nuevo grupo de detenidos entrando a la Mansión en el mismo momento en que se produce la fuga es claro: ellos pudieron zafar, sí, pero la mayoría no lo logró.

Fuente: adaptado de *Clarín*, 27/4/2006

Prepárate en casa: *Texto mapeado*

M DE MEMORIA | 103

En 1976 las fuerzas armadas argentinas dieron un **golpe de Estado** y establecieron una **dictadura** que duró hasta 1983. Este Gobierno fue responsable de la desaparición de más de 30 000 personas de todas las edades y condiciones sociales. A raíz de las desapariciones surgió la organización **Madres de Plaza de Mayo**, que reclamaba el retorno de los desaparecidos. Esta organización sigue existiendo en la actualidad (Abuelas de Plaza de Mayo) y tiene la finalidad de localizar y restituir a sus familias a los niños desaparecidos durante ese periodo.

LÉXICO

- **desaparecidos**: personas detenidas durante la dictadura y que se cree que fueron asesinadas a manos del régimen, pero cuyo final no puede siempre confirmarse.
- **arquero**: portero (en deportes de equipo).
- **grupos de tareas**: grupos formados por miembros de las fuerzas armadas y de los cuerpos de seguridad del Estado que secuestraban, torturaban y, eventualmente, asesinaban a personas señaladas por la dictadura.
- **milicos**: forma coloquial y peyorativa de llamar a los militares.
- **patota**: del lunfardo (jerga de Buenos Aires), pandilla, grupo de personas. También, grupos de tareas durante la dictadura argentina.
- **zafar**: escaparse, salvarse.

ENTENDER EL DOCUMENTO

CRÍTICA CINEMATOGRÁFICA

B.1 Lee la crítica y marca la información que te llame la atención. Después, explícale a tu compañero si te gustaría ver *Crónica de una fuga* y por qué. Si la has visto, cuéntale qué te pareció y si estás de acuerdo con lo que dice la crítica.

B.2 En parejas, discutid qué quiere decir el crítico con la frase siguiente:

"Contar la historia del triunfo de algunos pocos en el marco de una masacre de miles o millones siempre plantea algunos dilemas morales."

B.3 Fíjate en las frases subrayadas del texto y trata de decir lo mismo con tus propias palabras.

TRABAJAR EL LÉXICO

CINE

B.4 Encuentra la palabra de cada lista que no encaja (todas aparecen en el texto). Luego, anota las que te quieres recordar o te parezcan más interesantes para hablar de cine.

película	centrarse en	montaje
puesta en escena	encarnar a	aparición
filme	oficiar de	fotografía
largometraje	protagonizar	dirección

narración	plano
relato	secuencia
trama	fuera de cuadro
género	filmografía

B.5 Piensa en alguna película o escena que te haya impactado y escribe un pequeño texto sobre ella usando algunas de las palabras anteriores. Después, compártelo con tus compañeros.

HISTORIA

B.6 Todas estas palabras aparecen en la crítica. ¿Sabes qué significan? Escoge una y explica su significado a tus compañeros; ellos tienen que adivinar de cuál se trata.

| genocidio | dictadura | huir | detenido | secuestro |
| militante | tortura | masacre | cautiverio |

→ Es (lo que sucede) cuando una persona o grupo captura y encierra a alguien, normalmente para pedir algo a cambio.

TRABAJAR LA GRAMÁTICA

LO + ADJETIVO

B.7 Observa las siguientes frases del texto. Intenta expresar las mismas ideas sin usar **lo**.

1. "¿[...] sermonear sobre **lo** obvio y lo sabido?"
2. "[...] exhibir **lo** original y personal de su mirada."
3. "[...] usando el fuera de cuadro y **lo** tácito de una manera sutil e inteligente."

→ Gram., p. 172 » 1

B.8 Reformula estas frases reemplazando las partes marcadas por **lo** + adjetivo. Haz los cambios necesarios.

1. La película relata **las experiencias vividas** por Claudio Tamburrini en un centro de detención.
2. **Los acontecimientos que se relatan** deben ser recordados para que no caigamos en los mismos errores.
3. Olvidamos muchas cosas, pero siempre nos acordamos de **las cosas emocionantes**.
4. Muchas de **las cosas que aprendimos** en la escuela se nos borran de la memoria con el tiempo.
5. **Los aspectos que más destacan de la película** son la interpretación de los actores y el guion, que es magnífico.
6. Para mí, **los hechos que sucedieron en el pasado** ya no importan. Hay que mirar hacia el futuro.

OBSERVAR EL DISCURSO

ESTRUCTURA

B.9 El autor empieza la crítica con tres preguntas retóricas. ¿Cuáles de los siguientes efectos consigue?

☐ Situarnos en el tema
☐ Captar la simpatía del lector
☐ Presentar los retos que se le han planteado al director
☐ Hacer un resumen de su valoración de la película

B.10 Reescribe el primer párrafo sin preguntas.

B.11 La crítica o reseña de una obra suele tener una estructura característica. Señala en el texto lo siguiente:

- Título de la crítica
- Mención de la obra reseñada (nombre y apellido del autor, título de la obra, etc.)
- Resumen del contenido fundamental de la obra
- Comentarios críticos, argumentados mediante ejemplos
- Conclusión

EXPRESAR OPINIÓN

B.12 Busca en el texto las frases o fragmentos donde se revela la opinión del autor y clasifícalos según esta sea:

Negativa	Positiva	Muy positiva
	→ Los desafíos no eran sencillos y (...) salió muy bien parado.	

B.13 Los críticos de cine dan a menudo una puntuación global a las películas. ¿Qué nota crees que le ha puesto Diego Lerer a *Crónica de una fuga*? Argumenta tu opinión.

★ Mala
★★ Regular
★★★ Buena
★★★★ Muy buena
★★★★★ Excelente

ACTUAR

UNA RESEÑA

B.14 Escribe para una página web de cine una reseña breve de una película que hayas visto. Ten en cuenta la estructura característica de este tipo de textos (B.11).

< ¡Compártelo! #cdec1_reseña

C | RECUERDOS DE UNA FIESTA FAMILIAR

M DE MEMORIA | 105

La población judía en la Argentina es la más grande de América Latina, la tercera del continente y la séptima más grande del mundo fuera de Israel.
- *Rosh Hashaná es el año nuevo espiritual judío.*
- *El gefilte fish es un plato emblemático de la gastronomía judía asquenazí: son una especie de albóndigas de pescado que se toman, generalmente, como aperitivo.*
- *El farfalaj es un plato a base de fideos secos típico de las festividades judías.*

Prepárate en casa: Audio + transcripción

PREPARAR EL DOCUMENTO

CULTURA JUDÍA

C.1 ¿Qué sabes de la cultura judía? ¿Sabes algo de los judíos y la relación con el mundo hispano?

C.2 ¿Conoces alguna celebración o costumbre judía? Busca información en internet si lo necesitas.

ENTENDER EL DOCUMENTO

EL ROSH HASHANÁ

C.3 🎧 15 Vas a escuchar una conversación entre Josefina y Ceci. Mientras escuchas, toma notas. Luego, responded entre todos a estas preguntas.

- ¿Qué relación tienen Josefina y Ceci? ¿Cómo lo sabéis?
- ¿A qué personas mencionan?
- ¿De qué temas hablan?

C.4 ¿Cómo dirías que son las fiestas en la familia de Josefina? ¿Se parecen a las de tu familia?

C.5 En tu país o en tu cultura, ¿cuál es la festividad que más se celebra? Coméntalo con tus compañeros.

LÉXICO

- **che**: manera coloquial de dirigirse a alguien. Muy común en Argentina, su uso denota confianza y es utilizado para enfatizar.
- **colectivo**: autobús.
- **quilombo**: coloquialmente, caos, lío, jaleo, desorden.
- **atender**: responder (al teléfono).
- **celular**: móvil.
- **pileta**: piscina.
- **vieja**: coloquialmente, madre.
- **rulos**: rizos.
- **de vuelta**: otra vez, de nuevo, nuevamente.
- **igual**: no obstante, a pesar de eso.

TRABAJAR LA GRAMÁTICA

ESTILO INDIRECTO

C.6 Las siguientes frases, en estilo indirecto, pertenecen a la conversación que has escuchado. ¿Qué crees que dijeron esas personas en estilo directo?

1. "La tía Pupe dijo que lo hagamos en su casa."

2. "La abuela se quejaba y decía que ella no había podido cocinar bien porque esa no era su cocina y que no es lo mismo cocinar en la cocina de otro."

3. "Liz llegó retarde y dijo que se le había caído el *farfalaj* en el colectivo y que se había tenido que ir a su casa de vuelta a cocinar."

C.7 Observa los cambios en los tiempos verbales de la actividad anterior. ¿Entiendes por qué cambian al pasar de estilo directo a estilo indirecto? ¿Qué otros cambios se producen?

➡ Gram., p. 179 ▸ 14

C.8 🎧 16-20 Escucha de nuevo cinco fragmentos de la conversación entre Josefina y Ceci y resúmelos. Trata de usar el estilo indirecto.

1. *Josefina le recuerda a Ceci que el viernes siguiente...*

2.

3.

4.

5.

SE ACCIDENTAL

C.9 La cena de la que hablan Josefina y Ceci fue un poco accidentada. Aquí se explica de tres formas distintas una de las cosas que salieron mal. ¿Qué diferencias observas? ¿Con qué intención diría alguien cada frase?

- La abuela quemó el *gefilte fish*.
- A la abuela se le quemó el *gefilte fish*.
- El *gefilte fish* se quemó.

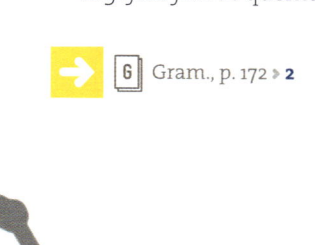

➡ Gram., p. 172 ▸ 2

C.10 Ahora, cuenta algún incidente que te haya ocurrido a ti o a otra persona usando la estructura que has observado en C.9.

| A mí / A... | un día / una vez / muchas veces / nunca / ... | se me / se le / se nos / se les | quemar / perder / quedar / caer / romper / olvidar / morir / derramar / pudrir / estropear / ... |

➡ *A mí una vez se me olvidó apagar las luces de casa y...*

OBSERVAR LA VARIEDAD DEL ESPAÑOL

VARIEDAD RIOPLATENSE

C.11 La conversación que has oído tiene lugar entre dos mujeres argentinas. Su variante del español es la llamada **rioplatense**. Observa estos grupos de frases y encuentra en cada uno algún rasgo característico de esta variedad.

1. Che y... Ceci, ¿hablaste con la vieja últimamente?

2. No sé. Uno rubio, resimpático.

   Sí, siempre le sale rebién y esta vez estaba remal.

3. Pero el año pasado ya lo hicimos en lo de la tía Pupe...

   No lo hicimos en lo de la abuela.

4. ¿Te acordás?

   Ay, sí, tenés razón.

5. Ay, sí, es verdad... No, no, pará. No era Javi.

6. Pero, bueno, la verdad que la cocina de la tía Pupe está buenísima.

C.12 15 Escucha de nuevo la conversación. ¿Observas otros rasgos característicos de esta variedad (entonación, léxico, pronunciación...)? Si quieres, consulta la transcripción.

OBSERVAR EL DISCURSO

EXPRESAR DUDA, SORPRESA O CORREGIR INFORMACIÓN

C.13 Fíjate en los recursos para expresar duda o sorpresa o para corregir información previa. ¿Hay algún recurso que no conozcas?

1. JOSEFINA: Lo que sí, este año, la tía Pupe dijo que lo hagamos en su casa...
   CECI: **Pero** el año pasado ya lo hicimos en lo de la tía Pupe, ¿no te acordás?

2. CECI: Pero el año pasado ya lo hicimos en lo de la tía Pupe, ¿no te acordás?
   JOSEFINA: ¿El año pasado lo hicimos en la casa de la tía**?**

3. CECI: Sí, era Javi.
   JOSEFINA: No, **no era** Javi **el que** se cayó. El que se cayó **fue** el novio ese que tenía la prima.

4. CECI: Ay, ¿cómo **se llamaba**?
   JOSEFINA: No sé. Uno rubio, resimpático.

5. JOSEFINA: ¿Qué año es este?
   CECI: ¿5776**?**

C.14 Ahora, inventa las intervenciones que faltan en estos diálogos.

1. —
   —¡**Pero** se acaba de casar!

2. —
   —¿Te dije a las 22 h**?**

3. —
   —No, **no fue** en Barcelona **donde** se conocieron. **Donde** se vieron por primera vez **fue** en Buenos Aires.

4. —
   —¿Pero Ramón no **estaba** soltero?

5. —
   —¿Alfred Hitchcock**?**

ACTUAR

HAZ MEMORIA

C.15 Piensa en alguna anécdota que haya ocurrido en una celebración o reunión con tu familia y cuéntasela a tus compañeros.

C.16 En grupos de tres. Primero, encontrad un acontecimiento reciente que todos recordéis. Cada uno cuenta a los demás dónde estaba, con quién y cómo lo vivió. Puede ser un acontecimiento de estos tipos o de otro.

- una catástrofe natural
- un hecho histórico
- un accidente grave
- un evento multitudinario
- un triunfo deportivo
- ...

C.17 Ahora, entre los tres, reconstruid la secuencia del acontecimiento: qué y cuándo ocurrió, qué se dijo en las noticias, qué información se dio en los días posteriores, etc.

¡Compártelo! #cdec1_memoria

D DESCUBRIMIENTO O ENCONTRONAZO

DÍA DE LA RESISTENCIA INDÍGENA
12 de octubre de 1492

Las hipócritas denominaciones con que fue conmemorado el aniversario de la llegada de las naves de Colón a tierras americanas pusieron de manifiesto el intento de disimular, encubrir y minimizar los crímenes cometidos. Celebrar "el descubrimiento de América" significaba omitir, nada menos, que existían unos setenta millones de seres humanos que ya habían descubierto el continente y vivían en él. La denominación improvisada en medio del debate de "encuentro de dos culturas" o "de dos mundos" fue un hábil intento de falsificar la historia, dado que ese encuentro no tuvo nada de protocolar o pacífico, como cínicamente pretendieron sus ideólogos y difusores.

El genocidio desatado, el saqueo de sus incalculables riquezas y el sometimiento de los supervivientes presentan un cuadro muy distinto al pretendido y mucho más próximo al de un verdadero "encontronazo", donde el desequilibrio tecnológico impuso sus trágicas desproporciones.

La expedición de Colón fue la más destacada empresa de las que hicieron posible uno de los acontecimientos más importantes de la historia humana: tomar conciencia de la magnitud del planeta y poder comunicar sus diversos puntos geográficos. Se relacionaron mundos antes desconocidos entre sí, algunos en estadios muy primitivos de desarrollo, otros más avanzados, como los europeos, que ya conocían la brújula, la pólvora, el papel y la imprenta.

Se modificaron las economías cerradas de esos países para constituir un mercado mundial. "Los descubrimientos de los yacimientos de oro y plata en América, la cruzada de exterminio, la esclavización de las poblaciones indígenas, forzadas a trabajar en el interior de las minas, el comienzo de la conquista y del saqueo de las Indias, la conversión del continente africano en cazadero de esclavos negros son todos hechos que señalan los albores de la era de producción capitalista (...). Las riquezas apresadas fuera de Europa por el pillaje, la esclavización y la masacre refluían hacia la metrópolis, donde se transformaban en capital."

Fuente: Bernardo Veksler (escritor y periodista), bernardoveksler.blogspot.com.es

---

1492 marca sin duda un antes y un después en la historia; muy particularmente para los indígenas americanos. Pues no hablamos ya propia y exclusivamente de la significación histórica y científica -y hasta metafísica y teológica- que supuso el descubrimiento de un nuevo continente en el siglo XV -cuatro veces más grande que Europa- sino de la liberación de la mayor porción de su población oprimida inhumanamente bajo la tiranía de distintos reyes y caciques.

Era aquel, el mundo precolombino, escenario de ejecuciones masivas de seres humanos, donde la vida no tenía más valor que el de la fuerza del trabajo -los aztecas asesinaron no menos de diez millones de personas en algo más de un siglo mediante los denominados sacrificios humanos-, de canibalismo generalizado -del que ni los niños se salvaban-, de una sociedad racista, sexista y clasista donde el pueblo llano, explotado vilmente por estratos privilegiados y sanguinarios ídolos, no tenía derecho alguno, sino interminables obligaciones.

Era aquel, en suma, un continente viciado hasta el hartazgo, donde convergían entre sí prácticas aberrantes a tal grado que, al conocerlas, podrían herir hondamente la sensibilidad del lector: mutilaciones genitales, deformaciones de cráneos de niños y recién nacidos, la pederastia como hábito cotidiano, entre otras tantas. El presente libro contiene relatos e imágenes que muestran de una forma descarnada la realidad con la que se encontraron quienes fueron llamados a la conquista y evangelización de estas tierras bárbaras.

Arqueólogos, antropólogos, etnólogos y un sinnúmero de expertos han hablado y confirmado todo cuanto escribieron los cronistas americanos y reafirmamos aquí nosotros.

Fuente: Cristian Rodrigo Iturralde, *1492. Fin de la barbarie, comienzo de la civilización en América*, Ed. Buen Combate, 2014

Prepárate en casa: *Texto mapeado*

M DE MEMORIA | 109

COMPETENCIA CRÍTICA

CRISTÓBAL COLÓN LLEGA A AMÉRICA

D.1 Estos dos textos hablan de la llegada de Colón a América. La mitad de la clase leerá un texto y la otra mitad, el otro. Anota, al lado de cada párrafo, de qué trata y los sucesos principales que cita el autor. Luego, pon un título al texto que has leído.

D.2 Trabaja con un compañero que ha leído el otro texto y explícale con tus palabras el que has leído tú.

El texto | sostiene / argumenta / defiende | que...

En el texto | se califica | la actuación de los españoles | de...

El autor del texto | presenta a | los indígenas americanos | como...

D.3 Uno de los autores ve la llegada de Colón a América como algo positivo y el otro, como algo negativo. En parejas, buscad en los dos textos palabras o frases que transmitan su postura.

D.4 Busca información sobre el autor del texto que has leído (dónde trabaja, qué tipo de obras escribe, etc.) y cuéntaselo a tu compañero. En tu opinión, ¿es interesante conocer esta información para comprender mejor los textos?

D.5 ¿Crees que alguien podría sentirse ofendido o atacado al leer estos textos? ¿Cuál? ¿Por qué?

D.6 ¿Qué nombre le darías tú a la llegada de Colón a América? Trabaja con un compañero.

ACTUAR

A DEBATE

D.7 Vamos a organizar un debate sobre cómo se debe recordar 1492. Antes, clasifica los argumentos que aparecen a continuación en una escala de 1 a 5 (1 = nada de acuerdo; 5 = totalmente de acuerdo).

1492: ¿Debería celebrarse como un logro o conmemorarse como una tragedia?

a. Nada justifica la masacre de los indígenas en el continente americano.
b. Hay que reconocer a las poblaciones indígenas y compensarlas por lo que han sufrido.
c. Los españoles de hoy no tienen ninguna responsabilidad sobre lo que pasó hace 500 años.
d. No tiene sentido volver al pasado; lo que ocurrió ya no puede cambiarse.
e. Debemos hacer algo para recuperar las lenguas y las culturas que fueron aniquiladas.
f. Nunca sabremos la verdad sobre lo que ocurrió porque es imposible contrastar toda la información.
g. Debemos olvidar para avanzar. Si miramos atrás, siempre encontraremos injusticias que no podremos reparar.
h. La humanidad evoluciona y es inevitable que desaparezcan algunas culturas.
i. La historia la escriben los vencedores.
j. Si Colón no hubiera llegado a América, hoy los españoles y los latinoamericanos no podrían comunicarse.
k. Sin memoria repetiremos los errores del pasado.
l. En la historia no hay buenos ni malos.
m. Es natural que las civilizaciones más avanzadas se impongan a las que están menos desarrolladas.

D.8 Ahora, celebramos el debate. Posiciónate según lo que has marcado en D.7 y usa esos argumentos para defender tu postura. Apóyate en los textos y da ejemplos para argumentar tu opinión. Podéis grabar el debate y analizarlo luego individualmente o de forma colectiva.

¡Compártelo! #cdec1_debate1492

¿QUÉ HAS APRENDIDO?

1. Escribe frases relacionadas con el mundo del cine usando las dos palabras de las etiquetas.

aparición • encarnar   escena • masacre   trama • dictadura   largometraje • cautiverio   secuencia • huir   narración • centrarse en   fotografía • plano   tortura • fuera de cuadro   género • montaje   dirección • filmografía

→ *Lo más inesperado de la película fue la aparición de Mr. Bean encarnando al sacerdote en la ceremonia final.*

---

2. Piensa en una celebración familiar típica de tu cultura. Ahora escribe unas líneas explicando qué te gusta y qué no de esta fiesta utilizando al menos tres frases con *lo* + adjetivo.

→ *Lo divertido del Año Nuevo es ver a todos mis primos y reírnos recordando lo vivido. El problema es que mis tíos se ponen a hablar de política y ahí es cuando empieza lo aburrido.*

→ Gram., p. 172 › **1**

3. Natalia envió este mensaje a su amiga Flor ayer por la tarde. ¿Puedes explicarle a Sofía lo que decía Natalia?

> Flor, ¡perdoname! Estuve todo el día de reunión en reunión y no tuve ni un minuto para contestarte.
>
> ¡¿Ya le dieron la entrada a alguien o estoy a tiempo?! Me muero por ir al concierto con ustedes.
>
> Yo ahora salgo de la oficina y paso por casa a cambiarme, que se me cayó el café en la camisa… ¡qué desastre!
>
> Quedaron en lo de Sofía, ¿no? Decile que le llevo la mochila que me prestó el otro día.
>
> Un beso

→ Gram., p. 179 › **14**

4. Completa los siguientes diálogos usando algún recurso para expresar duda o sorpresa o corrigiendo la información que se da.

1. —El rey de Francia financió la expedición de Colón a América.
   —

2. —Cuando Colón llegó a América, ya había gente ahí que hablaba español.
   —

3. —Me encanta la última película de Julio Médem.
   —

4. —¿Cómo se llamaba esa película en la que salen Jim Carrey y Kate Winslet?
   —

5. Lee las frases de la primera columna y fíjate en los posibles finales. ¿Son correctas todas las combinaciones?

Diego estropeó el ordenador	1	A	y el seguro no quiere pagarnos uno nuevo.
A Diego se le estropeó el ordenador	2	B	porque sabía que solo así conseguiría que le compraran uno nuevo.
El ordenador se estropeó	3	C	intentando instalar un programa pirata.

→ Gram., p. 172 › **2**

6. ¿Qué es lo más importante y útil que has aprendido en esta unidad?

7. ¿Qué es lo que te ha parecido más difícil?

8. ¿En qué aspectos has mejorado?

9. ¿Qué puedes hacer a partir de ahora para afianzar los contenidos que te resultan difíciles?

M de mujeres

A | CUESTIÓN DE ACTITUD

ENTRAR EN EL TEMA

FEMINISMO Y MACHISMO

A.1 ¿Qué son para ti el machismo y el feminismo? Comentadlo en clase.

A.2 Lee esta tira cómica. ¿Qué mensaje quiere transmitir la autora?

MATAS UN POCO MÁS EL FEMINISMO CUANDO:

Te rindes ante la informática
— A ver si mi novio me crackea el programa, que yo soy negada.
¡Para instalar la igualdad, empieza por instalarte tú los programas!

Le valoras por su cartera
— ¡Es un perfecto caballero! ¡Siempre lo paga todo él!
Si buscas un hombre que te mantenga, lo acabarás pagando.

La culpas por inercia a ella
— ¡Vaya buscona! Mira que liarse con un hombre casado y con hijos...
¿Si fuera la mujer casada infiel, culparías al amante?

Comparas feminismo con machismo
— Yo no soy feminista porque quiero la igualdad.
El feminismo es una teoría de igualdad y el machismo, de superioridad.

MODERNA DE PUEBLO

A.3 Esta viñeta recibió bastantes críticas en la red, pero también hubo quienes la defendieron. ¿Qué argumentos crees que esgrimían unos y otros?

A.4 Lee la definición de micromachismo. ¿Conocías este concepto? ¿Crees que las actitudes que retrata Moderna de Pueblo son micromachistas? ¿Por qué?

> Se conocen como micromachismo las actitudes y comportamientos cotidianos machistas muy sutiles, que pasan desapercibidos para la mayoría de la población.

A.5 En tu entorno o cultura, ¿se producen este tipo de actitudes? ¿Puedes poner algún ejemplo?

→ Sí, por ejemplo cuando el camarero piensa que el vino es para él y el refresco, para ella.

Prepárate en casa: ¿Qué sabes?

MUJERES EN ESCENA

M DE MUJERES | 112

100 FEMMES
Cien mujeres de tu ciudad en escena

1 Las mujeres van llegando al ensayo. Mientras se cambian de ropa, van saliendo de su cotidianidad. Les hago notar la importancia que tiene tomar conciencia de ello, con el fin de que lo integren como parte del proceso. Son mujeres comunes, sin ninguna experiencia teatral, de una misma ciudad, de profesiones y estratos sociales diversos. Han venido hasta aquí para participar en un juego que desconocen. No tienen guion. Lo irán descubriendo todas a la vez, lo construirán juntas siguiendo el itinerario que hemos preparado para ellas, a su medida, a partir de lo que han escrito sobre su ciudad, su visión del mundo y sus vivencias personales, en su propia lengua. [...]

Me acerco a alguna de ellas y la invito a alejarse del grupo para que charlemos en privado sobre algo de lo que escribió en el cuestionario previo y que me ha llamado la atención. Puede tratarse de una anécdota sorprendente, de una aseveración rotunda, de un pensamiento universal o de una experiencia dolorosa.

Cuando se trata de mujeres que han superado o están en proceso de enfrentarse a una circunstancia difícil, cuyo relato puede ayudar a otras personas, les pregunto si están de acuerdo en compartir sus experiencias con el público. La emoción las domina y se les entrecorta la voz. Les digo que, si no se sienten capaces de hacerlo ellas mismas, otra compañera puede contarlo en su lugar. Pero son valientes y terminan aceptando el reto.

En la sala de ensayos se respira un ambiente de disciplina, entrega y entusiasmo. Participan mujeres de 18 a 84 años. Aunque haga demasiado calor, estén cansadas, les cueste seguir el ritmo o se sientan contrariadas al tropezar con sus propias resistencias, ninguna se queja. Paso a paso, algunos límites se difuminan y otros se hacen más evidentes. Cuando detectan un bloqueo, lo convierten en desafío. [...]

Ellas ignoran el resultado del trabajo visto desde fuera, no saben ni de su estética, ni de lo que puede llegar a transmitir en su conjunto, ni pueden apreciar el ritmo, ni el posible impacto que pueda causar en el espectador. Ellas han vivido otra obra, la suya, la que vienen escribiendo desde que oyeron hablar por primera vez de *100 Femmes*: "Lo escuché por la radio y me dije: ¿un proyecto con cien mujeres? ¡Yo tengo que ser una de ellas!". La respuesta a esa llamada fue intuitiva, una decisión que marcó el inicio de un proceso personal compartido, la conquista de un lugar inaccesible, el escenario, donde dialogar con nuestros múltiples "yo" y explorar nuevos horizontes. [...]

Fuente: traducido y adaptado de "One Hundred Women on Stage [from your town]", *Women in Theatre Magazine*, International Edition, 2014

➡ 🏠 💻 Prepárate en casa: *Texto mapeado*

¿Quién es Àngels Aymar?
Actriz, dramaturga y directora de teatro catalana. Ha participado como actriz en películas y series de televisión y es autora de más de una veintena de obras, algunas de las cuales han sido traducidas a otras lenguas y representadas en Europa, Latinoamérica y Estados Unidos. Entre sus obras destacan Hearts beating like drums, 100 Femmes, Out of the blue *o* Solavaya.

PREPARAR EL DOCUMENTO

100 FEMMES EN IMÁGENES

B.1 Antes de leer el texto sobre *100 Femmes. Cien mujeres de tu ciudad en escena*, mira las imágenes y ve el vídeo. ¿En qué crees que consiste el espectáculo? ¿Cómo te lo imaginas?

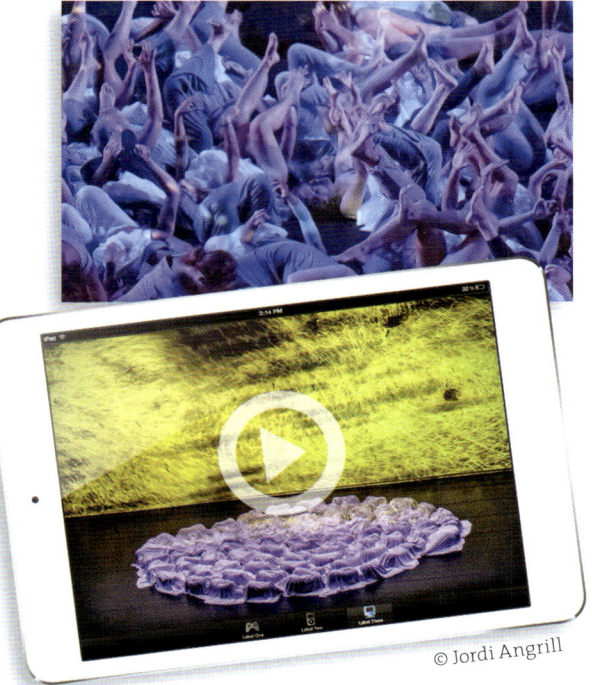

© Jordi Angrill

ENTENDER EL DOCUMENTO

EL ESPECTÁCULO

B.2 Lee el texto y escribe un resumen que incluya la información siguiente:

- Las mujeres que participan
- Los temas que trata
- La dinámica de trabajo

B.3 ¿Cuál crees que es el objetivo del espectáculo?

B.4 Si *100 Femmes* se montara en tu ciudad, ¿te gustaría participar en él o asistir como espectador/a?

TRABAJAR EL LÉXICO

PALABRAS Y SIGNIFICADOS

B.5 ¿Qué significa experiencia en estas frases extraídas del texto: "acontecimiento vivido" o "conocimiento adquirido"?

1. "Son mujeres comunes, sin ninguna **experiencia** teatral."

2. "Puede tratarse de una anécdota sorprendente, de una aseveración rotunda, de un pensamiento universal o de una **experiencia** dolorosa."

3. "[...] les pregunto si están de acuerdo en compartir sus **experiencias** con el público."

B.6 Observa estas frases y di qué significa experiencia en cada caso: "acontecimiento vivido" (A), "conocimiento adquirido" (B) o ambos (A y B).

1. Lo primero que me preguntaron en la entrevista fue si tenía **experiencia** en *marketing*. →
2. Los padres siempre queremos transmitir nuestra **experiencia** a los hijos. →
3. En este trabajo nada es comparable a la **experiencia** que dan los años. →
4. Nuestro invitado de hoy es un gran aventurero y tiene muchas **experiencias** que contarnos. →
5. Pensamos que sería bueno que los profesores del centro se reunieran, por lo menos, una vez al mes; así podrían compartir **experiencias**. →
6. Este verano he estado colaborando con una ONG que trabaja con niños y me ha encantado vivir esa **experiencia**. He aprendido mucho. →

B.7 Existen muchas otras palabras que cambian de significado de manera sutil según el contexto. Lee estas frases y fíjate en las palabras destacadas. ¿Qué diferencias de significado observas?

1. Me gusta mucho mi profesor de español porque nos da muchos **ejemplos**.
2. A menudo vemos comportamientos antideportivos. Por **ejemplo**, lo que sucedió en los últimos JJ. OO.; fue vergonzoso.
3. En momentos de crisis, los políticos deberían dar **ejemplo** de austeridad.
4. Sigo teniendo **contacto** con mi mejor amiga de la infancia.
5. Es funcionario, por eso tiene tantos **contactos** en el Ministerio.
6. El acusado admitió que tuvo **contactos** con la mafia.
7. Hay que llegar a un acuerdo porque todos tenemos **intereses** en juego.
8. No aceptó el préstamo que le ofrecía el banco porque tenía un **interés** muy alto.
9. Muchos profesores dicen que los adolescentes no tienen ningún **interés** en aprender.
10. El problema de Ana es que sabe mucha teoría pero todavía no tiene mucha **práctica** como enfermera.
11. Lo siento, el martes por la mañana no podemos quedar porque tengo las **prácticas** de laboratorio en la facultad.

COMBINACIONES

B.8 Observa estas combinaciones y escribe frases teniendo en cuenta los cambios de significado. Si lo necesitas, busca ejemplos de uso en internet y fíjate en los complementos, en el uso del singular o el plural, etc.

ejemplo
- ser (un) buen/mal ejemplo (de)
- servir de ejemplo
- seguir el ejemplo (de)
- poner como ejemplo

contacto
- mantener/perder el contacto (con)
- estar/seguir en contacto (con)
- añadir a contactos
- entrar en contacto (con)
- establecer contacto (con)

interés
- con interés
- mostrar interés
- ser de interés
- hacer (algo) por interés
- intereses altos

práctica
- poner en práctica
- estar en prácticas
- falta de práctica
- prohibir/censurar la práctica (de)
- con práctica
- en la práctica

TRABAJAR LA GRAMÁTICA

PERÍFRASIS DE DESARROLLO Y FINAL

B.9 Relaciona estas frases del texto con las expresiones de la derecha según el matiz que proporciona cada perífrasis destacada en negrita.

"Las mujeres **van llegando** al ensayo." — 1

"Pero son valientes y **terminan aceptando** el reto." — 2

"Ellas han vivido esta obra, la suya, la que **vienen escribiendo** desde que oyeron hablar por primera vez de *100 Femmes*." — 3

A — gradualmente, escalonadamente, de manera gradual

B — desde hace un tiempo, de un tiempo a esta parte

C — al final, finalmente

→ Gram., p. 177 → 9.2.2, 9.2.4

B.10 Lee estas frases y piensa en qué contexto se han podido decir. ¿Podrían cambiarse *ir* y *venir* por *estar*?

1. La manera en que **venimos redactando** el proyecto es la que nos dijeron. Si lo queréis de otra forma, habrá que empezar de nuevo desde el principio.
2. **Vamos haciendo** la cena, así cuando vengan los invitados ya estará lista.
3. **Iremos informando** a medida que nos proporcionen nuevos datos.
4. Te lo **vengo diciendo** desde hace semanas. No entiendo por qué ahora te sorprendes.

B.11 Continúa estas frases usando alguna de las siguientes perífrasis.

ir + gerundio   *venir* + gerundio   *terminar* + gerundio

1. Estoy segura de lo que hago. Es una decisión muy meditada; de hecho,

2. Siempre es la última vez que te traes trabajo a casa, pero siempre

3. Me estoy empezando a poner nerviosa. ¿Te queda mucho? Al final

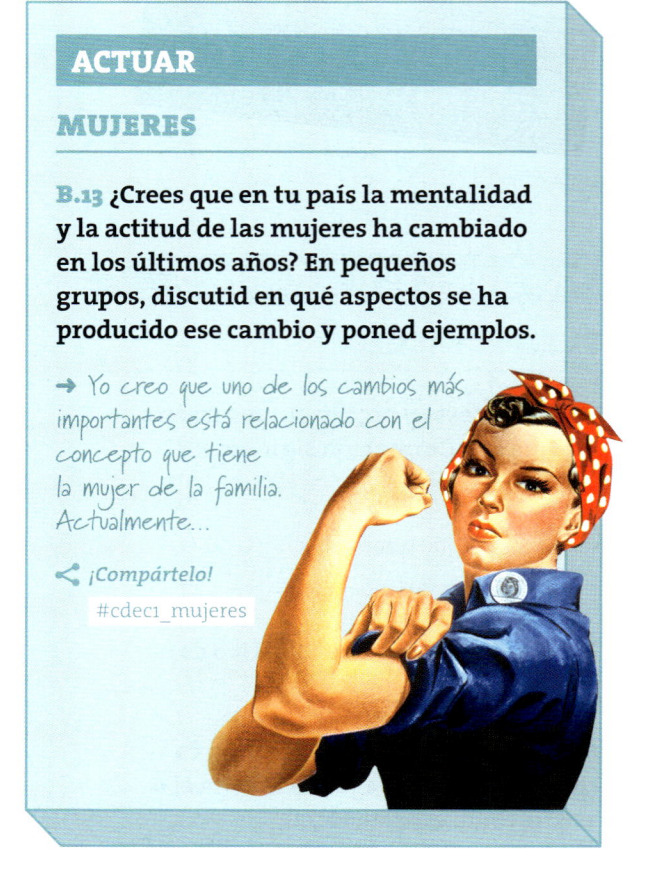

OBSERVAR EL DISCURSO

¿QUÉ EVOCA EL TEXTO?

B.12 Lee de nuevo el texto y comenta estas preguntas con algunos compañeros.

- ¿Cómo se describe el proceso de preparación y puesta en escena del espectáculo? ¿Es una descripción del proceso detallada, sutil...?
- ¿Dirías que el texto logra transmitir alguna emoción? ¿Cuál? ¿Cómo?
- ¿La directora del espectáculo y autora del texto empatiza con las participantes? ¿En qué te basas?
- ¿A ti te ha causado alguna sensación la lectura del texto? ¿Cuál y en qué fragmentos?

ACTUAR

MUJERES

B.13 ¿Crees que en tu país la mentalidad y la actitud de las mujeres ha cambiado en los últimos años? En pequeños grupos, discutid en qué aspectos se ha producido ese cambio y poned ejemplos.

→ Yo creo que uno de los cambios más importantes está relacionado con el concepto que tiene la mujer de la familia. Actualmente...

< ¡Compártelo!
#cdec1_mujeres

C
ESCUELA Y DESIGUALDAD

M DE MUJERES | 115

Con 30 814 175 habitantes, el Perú es el octavo país más poblado de América. Del total de la población, un 45% son amerindios (principalmente de la etnia quechua), alrededor del 37% son mestizos, fundamentalmente descendientes de la mezcla de sangre española y quechua, y le siguen la población blanca y la población negra.

La superficie del territorio peruano es de 1 285 216 km², que lo sitúa entre los 20 países más extensos del mundo. La superficie agropecuaria es de 387 424 km² y corresponde al 30% del territorio nacional. Del total de personas adultas mayores dedicadas a actividades agrícolas, el 66,1% son hombres y el 33,9% son mujeres. La población censada en los poblados rurales representa el 24,1% de la población empadronada.

LA ESCUELA DEL SILENCIO

→ Prepárate en casa: Vídeo + transcripción

PREPARAR EL DOCUMENTO

PROBLEMAS

C.1 El documental *La escuela del silencio* trata sobre la problemática de las niñas en las escuelas rurales del Perú. ¿Cuál crees que puede ser esa problemática? En parejas, haced una lista de posibles problemas.

ENTENDER EL DOCUMENTO

DESIGUALDAD ENTRE NIÑOS Y NIÑAS

C.2 Vas a ver el comienzo del documental. Toma notas y describe la diferencia entre la actitud de la niña y la del niño. ¿A qué crees que se debe?

C.3 Lee esta frase extraída del documental y comenta con un compañero cuáles crees que son esos factores. Escríbelos en la tabla. Después, ve el vídeo y toma notas. ¿Tus hipótesis eran correctas?

"Gran parte de los factores que desencadenan esta aplastante realidad [la desigualdad de género] se desarrollan durante la etapa escolar."

Factores que desencadenan desigualdad de género en la escuela	
Antes del visionado	Después del visionado

116 | M DE MUJERES C

C.4 Ve el resto del documental, toma notas y desarrolla los factores de C.3, listados a continuación, con más detalle a partir de los ejemplos del vídeo. Puedes trabajar con un compañero.

- La organización de las labores dentro del aula
- La distribución y el uso de los espacios
- Imágenes y mensajes de los libros de texto y material
- Formas de participar y actitud

> En cuanto al tema de la organización de las labores dentro del aula, en el vídeo se dice que se reproducen los mismos roles que en el entorno familiar…

C.5 ¿Cómo relacionas la historia de María, la niña del vídeo, con los factores de desigualdad que has visto en el documental? ¿Crees que su caso es el resultado habitual de estos factores o un hecho aislado?

TRABAJAR EL LÉXICO

DESIGUALDAD DE GÉNERO

C.6 En el vídeo se emplean estas palabras y expresiones para hablar de la desigualdad de género. ¿En tu lengua existen expresiones equivalentes? ¿Pertenecen a un registro formal o coloquial?

| violencia familiar y sexual | condiciones desiguales | desigualdad de género | formas de discriminación |
| reforzar las desigualdades | roles establecidos | invisibilizar a las mujeres | empoderar a las mujeres | relaciones de igualdad |

C.7 Utiliza al menos cuatro de las expresiones anteriores para describir la situación en tu país.

TRABAJAR LA GRAMÁTICA

USOS DE SE

C.8 Observa estas dos frases. ¿En qué se parecen y en qué se diferencian? ¿Sabemos quién *ejecuta* en la primera frase? Y en la segunda, ¿quién o qué *reproduce*?

"Las labores domésticas son ejecutadas por mujeres."

"Las desigualdades de género se reproducen en la cultura escolar."

C.9 Las dos frases anteriores son oraciones pasivas igualmente válidas en español, pero que se usan en contextos, a veces, distintos. Observa estas frases y piensa en qué contexto podría usarse cada una y por qué.

- María teje chalinas.
- Se tejen chalinas.
- Las chalinas son tejidas por las mujeres.

C.10 La forma **se** tiene diversas funciones en español. Vamos a destacar tres de ellas que aparecen en el reportaje.

1 Ocultar el agente de una acción
(Alguien hace algo → Algo se hace)

La forma **se** se combina con verbos que pueden tener un agente. En la construcción con **se**, ese agente no se especifica porque no es pertinente.

La desigualdad de género en educación se mantiene en términos de brechas de oportunidad.

Los políticos y autoridades mantienen la desigualdad de género en términos de brechas de oportunidad.

- ¿Tiene el verbo **mantener** el mismo significado en ambas frases? ¿Quién realiza la acción en cada caso? ¿Cuál es el sujeto de cada frase?

2 Indicar que el objeto directo y el sujeto coinciden (verbo reflexivo)
(Alguien hace algo → Alguien se hace)

En estos casos, la función de **se** es señalar que el sujeto realiza la acción sobre sí mismo, no sobre otra persona u objeto.

La timidez de las niñas hace que se escondan.

Las niñas esconden sus juguetes.

- ¿Tiene el verbo **esconder** el mismo significado en ambas frases? ¿Qué esconden las niñas en cada caso?

3 Modificar el significado y la construcción de un verbo

El verbo con **se** tiene un significado y una forma de construirse relativamente distinta del verbo sin el pronombre **se**.

Juan se ocupa de la lectura.

En estas escuelas es común que los niños ocupen el centro del salón de clases.

- ¿Tiene el verbo **ocupar** el mismo significado en ambas frases? ¿Qué complementos tiene el verbo **ocupar** en cada una de las frases?

→ [6] Gram., p. 172 ▸ 2

C.11 Identifica cuál de las tres funciones anteriores tiene **se** en estas frases del reportaje y transforma estas frases sin usar **se**.

1. "La discriminación de género no **se va a extinguir** por sí sola."
2. "La timidez hace que las niñas no **se expresen** correctamente en castellano."
3. "Las desigualdades de género **se reproducen** en la cultura escolar."
4. "Las desventajas que ocasiona esto en las niñas **se acumula** durante su vida."
5. "Las niñas Marleni y Yoryini **se encargan** de la repartición del desayuno."
6. "Las niñas **se trasladan** por los márgenes."
7. "María **se dedica** a tejer y a pastorear vacas."

OBSERVAR LA VARIEDAD DEL ESPAÑOL

ESPAÑOL INTERNACIONAL

C.12 La locutora del vídeo utiliza el "español internacional" o "neutro", que es una variante desarrollada en América en la que se han eliminado las particularidades propias de cada país o zona dialectal. Comenta estas cuestiones con un compañero.

- ¿Te ha sorprendido este uso de una variante estándar?
- ¿Por qué crees que se hace?
- ¿Te parece que está justificado o, por el contrario, crees que debería haberse usado la variante peruana?

ACTUAR

COLECTIVOS Y DESIGUALDAD

C.13 Prepara una presentación sobre cómo se manifiesta la desigualdad en otros colectivos, en la actualidad o a lo largo de la historia. Después, exponla en clase.

inmigrantes
personas con discapacidad
gente mayor
transexuales
indígenas
…

◂ ¡Compártelo! #cdec1_desigualdad

¿IGUALDAD DE GÉNERO?

M DE MUJERES | 118

→ 🏠🖥 Prepárate en casa: *Texto mapeado*

A

AdoptaUnTio.es (en Francia AdopteUnMec.com) se ha convertido en todo un fenómeno social gracias al original concepto en el que verás una tienda chic y glamurosa de hombres... ¡Y tú eres la compradora! Además de original, la web es muy divertida y cambia por completo los parámetros de las existentes y conocidas o no tan conocidas webs o chats de contactos.

En AdoptaUnTio.es, tú eres quien lleva la iniciativa y tú decides qué usuarios pueden contactar contigo. ¿No te parece agotador que en numerosas redes sociales te agobien desconocidos que aparecen en ventanas de chat haciéndote sentir en muchas ocasiones "acosada" y a los que tienes que bloquear para, finalmente, desaparecer de esas webs?

Los objetivos fundamentales de AdoptaUnTio.es son la igualdad de género, el respeto, la privacidad deseada y la posibilidad de elegir y de ser tú quién dé el primer paso, de modo que deja a un lado los prejuicios, los complejos y los miedos y saca ese poder de seducción que todas las mujeres poseen... Tú eres quien lleva las riendas. ¡Y a ellos les encanta! Buena prueba de ello es que, en Francia, la web cuenta con más de cinco millones de usuarios registrados desde su lanzamiento en 2007 y más de cien mil fans en su página de Facebook.

B

Me he quedado flipando al enterarme de la última web de citas que ha llegado a España para "competir", si llega a la altura, con Meetic, eDarling y Badoo. Se trata de AdoptaUnTio.es, inspirada en la pionera web francesa AdopteUnMec.com.

Lo peculiar de esta red es que las mujeres son las que "cortan el bacalao", ya que ellas son las compradoras y llenan su carrito de la compra con los hombres que les gustan y solo pueden hablarles los afortunados que están en su carrito. Vamos, como en el mercado de toda la vida, pero esta vez las secciones no son la carnicería, ni la frutería, ni la pollería [...], los hombres se dividen en secciones en función de su aspecto físico: barbudos, zanahorios, bigotes, rizos... y nos los presentan con ofertas especiales.

En fin, por el momento no ha dado mucho que hablar, si fuera al contrario seguramente muchos círculos de la sociedad la estarían poniendo a caldo.

Fuentes: http://www.revistafeminity.com/adopta-un-tio-un-fenomeno-social-y-divertido-para-encontrar-pareja, http://www.chusnaharro.eu/redllenando/adopta-un-tio-a-la-compra-de-hombres/

COMPETENCIA CRÍTICA

ADOPTA UN TÍO

D.1 Lee los textos. Uno es un artículo publicado en una revista electrónica femenina y el otro es un comentario escrito por un hombre en un blog. ¿Qué indica cuál es cada uno?

D.2 ¿A qué público se dirige cada uno de los textos?

D.3 ¿Cuál crees que ha sido la motivación para escribir cada uno de los textos?

D.4 Decide y argumenta con un compañero qué texto...

- ☐ defiende la iniciativa como un avance social.
- ☐ es más irónico.
- ☐ utiliza una lengua más informal.
- ☐ anima a usar la página.

D.5 Resume la tesis de cada autor en una o dos frases. ¿Con cuál estás más de acuerdo?

D.6 Con un compañero, dadle un título a cada texto. Después, ponedlo en común con el resto de la clase.

D.7 ¿Usarías esta web para conocer a hombres o a mujeres? ¿Por qué?

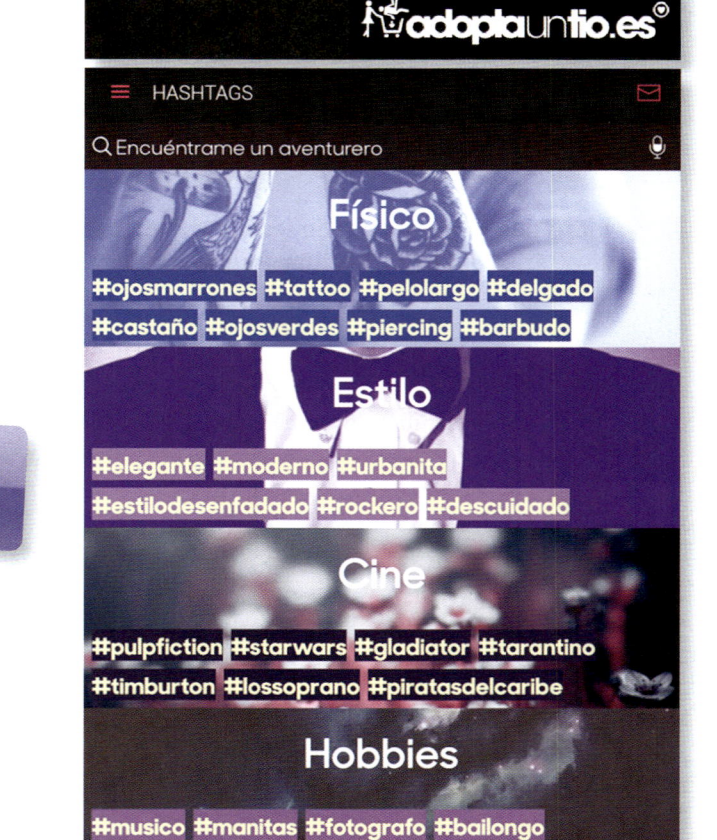

SOY UNA MUJER (CLIENTE)
SOY UN HOMBRE (PRODUCTO)

adoptauntio.es
HASHTAGS
Encuéntrame un aventurero

Físico
#ojosmarrones #tattoo #pelolargo #delgado
#castaño #ojosverdes #piercing #barbudo

Estilo
#elegante #moderno #urbanita
#estilodesenfadado #rockero #descuidado

Cine
#pulpfiction #starwars #gladiator #tarantino
#timburton #lossoprano #piratasdelcaribe

Hobbies
#musico #manitas #fotografo #bailongo
#dibujante #jardiland #playa #videojuegos #futbol

ACTUAR

PARA TODOS

D.8 Mira las imágenes y secciones de la web adoptauntio.es que hay en esta página y en la anterior. ¿Qué te parecen?

D.9 ¿Cómo se podría convertir esta web en una página igualitaria y "neutra"? ¿Qué debería cambiar? ¿Por qué? En grupos, elaborad un informe y presentad vuestra propuesta al resto de la clase.

sexo → débil fuerte
sociedad → patriarcal machista igualitaria
exteriorizar → sentimientos
asignar → roles
lenguaje → sexista neutro hiriente
emancipación → económica
tener → prejuicios privilegios
falta de → sensibilidad tacto
desvalorizar
cosificar
discriminar
marginar

cabellos de oro RUBIO
BIOMAN FUERZA VERDE
5 frutas y legumbres al día

¡Compártelo! #cdec1_adoptauntio

¿QUÉ HAS APRENDIDO?

1. Busca en la unidad o en internet palabras que puedas combinar con estas.

violencia *desigualdad*

sexo *rol*

sociedad *sexista*

---

2. Cuando la viñeta de Moderna de Pueblo (A.2) se publicó, recibió bastantes críticas en la red. Aquí tienes una de ellas. Léela y escribe un comentario de respuesta, mostrando tu acuerdo o desacuerdo con lo que dice.

No existe esa mujer que, según tu viñeta, no tiene ni idea de informática o a la que solo le interesa lo económico. Existen personas que no tienen ni idea de informática, hombres y mujeres, de la misma manera que existen personas a las que les interesa sobre todo lo económico, hombres y mujeres. Adscribir esos comportamientos a una mujer es básicamente sexista y denota no haber reflexionado demasiado sobre el asunto.

Fuente: fragmento de *https://genericidios.wordpress.com/2015/01/05/carta-a-moderna-de-pueblo-aka-raquel-corcoles/*

---

3. Usa **estar, ir, venir** o **terminar** + gerundio para hablar sobre algo que...

1. estás aprendiendo ahora.
2. está sucediendo en tu país.
3. vienes haciendo en los últimos meses.
4. ha ido cambiando en tu vida, país o ciudad.

→ Gram., p. 177 › **9.2.2, 9.2.4**

---

4. Escribe **se** cuando sea necesario. ¿Entiendes por qué se usa y por qué no se usa en cada caso?

1. En esta universidad .... está investigando un nuevo tratamiento contra el cáncer.
2. .... desarrollan un nuevo fármaco contra el cáncer.
3. Cuando yo no estoy, él es quien .... ocupa de llevar al cole a los niños.
4. Esta mesa .... ocupa demasiado sitio. Voy a llevarla al trastero.
5. María .... dedica todo su tiempo a estudiar.
6. Mi hermano es ingeniero, pero ahora .... dedica a la hostelería.
7. Ciertas actitudes hacen que .... mantengan los roles y que no se pueda acabar de una vez con la desigualdad.
8. La discriminación de género no .... va a extinguir por sí sola.
9. La timidez hace que las niñas no .... expresen sus sentimientos abiertamente.

→ Gram., p. 172 › **2**

5. ¿Qué es lo más importante y útil que has aprendido en esta unidad?

6. ¿Qué es lo que te ha parecido más difícil?

7. ¿En qué aspectos has mejorado?

8. ¿Qué puedes hacer a partir de ahora para afianzar los contenidos que te resultan difíciles?

N de naturaleza

A — LA NATURALEZA Y EL HOMBRE

ENTRAR EN EL TEMA

LA NATURALEZA Y TÚ

A.1 Piensa en alguna palabra o frase que relaciones con cada una de estas imágenes. Luego, ponlas en común con tus compañeros.

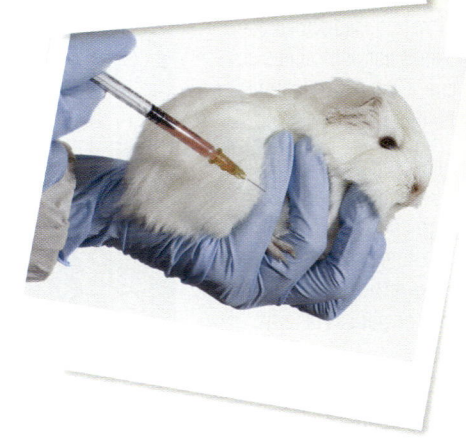

A.2 ¿Hay alguna foto que hable de ti, de tu modo de vida o de alguna experiencia que hayas vivido? En grupos de tres, explícaselo a tus compañeros.

> La foto de las verduras orgánicas tiene bastante que ver conmigo. Sé que es más caro, pero yo prefiero la fruta y la verdura de cultivo ecológico...

→ 🏠 🖥 Prepárate en casa: *¿Qué sabes?*

EL VOLCÁN PACAYA

Prepárate en casa: *Texto mapeado*

≡ **EL PAÍS**

Un país **de blogs**

El blog de viajes
POR PACO NADAL

El volcán Pacaya vuelve a despertar en Guatemala

13 ENERO 2014 / 09:00 CET

El volcán Pacaya, uno de los más conocidos de Guatemala, acaba de entrar en erupción. La última vez que estalló fue en mayo de 2010 y dejó tras de sí un paraje volcánico tan singular que su cono humeante se había convertido en una de las visitas turísticas más solicitadas del país centroamericano. Ya nada será igual.

Este es el *post* que escribí sobre el Pacaya el 21 de enero de 2013 con el título "La interesante historia del hombre que era amigo de un volcán".

La interesante historia del hombre que era amigo de un volcán

Si el Creador hubiera hecho una apuesta consigo mismo para elegir el lugar más inapropiado para colocar un país, le habría salido Guatemala. Este pequeño país centroamericano desde el que continúo escribiendo es una tierra ubérrima y rica, con bellas montañas, selvas, lagos, cafetales, ruinas mayas, un clima bonancible y paisajes soberbios. Pero Dios tuvo la guasa de colocarla encima de la confluencia de tres placas tectónicas. ¡Casi nada! Placas en movimiento que garantizan un terremoto digno de apertura de noticiero cada 50 años y unos cuantos de menor intensidad repartidos por ese intervalo. Como consecuencia de esa pesada digestión magmática que se gesta en su subsuelo, el país está atravesado además por una cadena de volcanes activos de incomparable belleza, pero que añaden al panorama otros plus de catástrofes naturales que llegan con regularidad de reloj suizo.

Uno de los últimos en entrar en erupción fue el volcán de Pacaya, de 2600 metros de altitud, a una hora de distancia de la capital del país. El 27 de mayo de 2010 el cráter principal del Pacaya pegó un estornudo, lanzó una nube de material piroclástico que se elevó a kilómetro y medio de altitud y escupió una lengua de lava que a punto estuvo de tragarse la aldea de El Patrocinio, una de las muchas que se desparraman por sus laderas.

Las nuevas coladas de lava del Pacaya y el paisaje del averno que la erupción dejó a su paso son hoy una de las atracciones turísticas de Guatemala. Como otros muchos viajeros, subo hasta la antesala del cráter para disfrutar de un día de excursión por un paraje recién creado por la naturaleza. El Pacaya es un parque natural protegido al que hay que entrar obligatoriamente con guía. El mío se llama Rodolfo Pineda, tiene 38 años, aunque aparenta muchos más, y destila una vitalidad contagiosa. Mientras subimos por un sendero marcado entre basaltos y piedra pómez me dice que hasta 1961 el Pacaya era solo "una montaña", por eso viven más de nueve mil personas en sus laderas. Pero que ese año entró en erupción y desde entonces vomita lava y fuego regularmente. Él está aún reparando los daños provocados por la erupción de 2010 en su casa.

"¿Y por qué no se trasladan a otro sitio más seguro?", le pregunto. Para quienes no hemos nacido en una zona sísmica, vivir en el ojo del huracán nos provocaría un estrés insufrible.

"¿Sabe por qué sigo viviendo aquí y no me pasa nada? Porque el volcán es mi amigo y nos damos protección el uno al otro. El volcán atrae turistas y de eso vivimos; el volcán fertiliza los suelos con sus cenizas volcánicas, aporta potasio y otros nutrientes que son muy buenos para cultivar el café. Subo todos los días con visitantes y soy feliz cuando estoy aquí arriba; el día que no vienen turistas y no veo el volcán me siento vacío."

"Cuando era pequeño" —continúa—, "mi padre quería que fuera a ayudarlo al campo, pero a mí no me gustaba eso. Yo quería subir al volcán. Los chiquillos nos poníamos a hacer los deberes al lado del camino y cuando llegaba algún coche con turistas nos ofrecíamos para ir con ellos de guías."

Hoy hace un día radiante y el cono fracturado y aún humeante del Pacaya se recorta sobre un cielo azul, límpido y vitalista. El río de lava petrificada forma un escenario singular. Pero aún más bella es la vista panorámica que desde aquí arriba se tiene de los otros volcanes cercanos: el volcán de Agua y el volcán de Fuego, a cuyos pies está la ciudad de Antigua, se elevan en la distancia como cíclopes majestuosos coronados por penachos de nubes y fumarolas de azufre. ¡Una fotografía maravillosa para grabar en el disco duro de los recuerdos!

Hay bastantes turistas por los senderos habilitados y lugareños que los guían a pie o a caballo. "¿Y no es peligroso andar por aquí teniendo en cuenta que el suelo se siente aún caliente?", le vuelvo a inquirir a Rodolfo.

"No, y le digo la razón. Porque nosotros conocemos el volcán, somos sus amigos y estamos pendientes de su evolución. Cuando las comunidades que viven junto al volcán están involucradas, todo va mejor. Los habitantes de estas aldeas hacen de guías, tienen un par de caballos para alquilar, venden artesanías o bastones para caminar o trabajan en la municipalidad. Todos se involucran y cuidan el volcán. Procuramos que nadie se meta en zonas peligrosas, que no haya accidentes. Todos ganan con el volcán y lo protegen. Si a esa gente la dejamos olvidada... como que no."

En la erupción de 2010 solo murió una persona. Un periodista de la televisión guatemalteca que se acercó demasiado y le cayó una roca incandescente encima. Rodolfo estaba con él, según me dice. Faltaban 25 minutos para las seis de la tarde y la cosa se estaba poniendo muy fea. Rodolfo se puso de rodillas, pegó la oreja al suelo —como un guía siux en las películas del oeste— y oyó las entrañas del volcán crepitar. Avisó del peligro al equipo de TV y dijo que había que irse de allí rápidamente. Él corrió ladera abajo con un tablón de madera sobre la cabeza para protegerse de la lluvia de fuego, pero el periodista y el cámara se quedaron. Una decisión mortal.

La madre de Rodolfo, que tiene 82 años, cuando se enteró de lo sucedido le dijo: "Si tú no moriste allá arriba es porque no te tocaba. A él le tocaba".

Me encanta la lógica aplastante de la gente sencilla.

Fuente: www.elpais.com

PREPARAR EL DOCUMENTO
EL VOLCÁN PACAYA

B.1 Lee el título del texto y comenta con tus compañeros qué contenido esperas encontrar en él. Entre todos, elaborad una lista de palabras que penséis que aparecerán.

ENTENDER EL DOCUMENTO
EL HOMBRE QUE ERA AMIGO DE UN VOLCÁN

B.2 Lee el texto y comprueba las hipótesis de B.1.

B.3 Escribe frases que expresen, con tus propias palabras, las mismas ideas que los fragmentos subrayados del texto.

B.4 ¿Cómo describirías la relación de Rodolfo con el volcán? ¿Tú podrías vivir en un lugar así? ¿Por qué?

B.5 ¿Qué relación tienes tú con la naturaleza? ¿Tienes relación con lo urbano? ¿Crees que la gente del lugar donde vives respeta el entorno?

> Yo intento estar en contacto de una manera u otra con la naturaleza siempre que puedo. En casa, por ejemplo...

TRABAJAR EL LÉXICO
PALABRAS EN COMPAÑÍA

B.6 Estas combinaciones de palabras aparecen en el texto. ¿Las entiendes? Usa algunas para resumir el artículo en unas pocas líneas.

- *tierra* › ubérrima · rica
- *zona* › sísmica · peligrosa
- *cielo* › azul · límpido · vitalista
- *catástrofe* › natural
- *paraje* › volcánico
- *clima* › bonancible
- *volcán* › en erupción · activo
- *placas* › tectónicas · en movimiento

B.7 Crea combinaciones con algunas de las palabras anteriores (*tierra*, *zona*, *cielo*, *catástrofe*, *paraje* y *clima*) y estas. Puede haber más de una combinación posible.

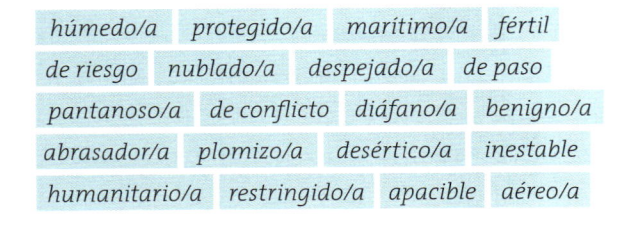

húmedo/a	protegido/a	marítimo/a	fértil
de riesgo	nublado/a	despejado/a	de paso
pantanoso/a	de conflicto	diáfano/a	benigno/a
abrasador/a	plomizo/a	desértico/a	inestable
humanitario/a	restringido/a	apacible	aéreo/a

B.8 Escribe frases de ejemplo con algunas de las combinaciones anteriores.

TRABAJAR LA GRAMÁTICA
POR Y PARA

B.9 Lee las frases y escribe en los huecos la letra correspondiente a cada explicación.

1. a. Las cartas fueron escritas **por** el mejor amigo de Ana.
   b. Las cartas fueron escritas **para** el mejor amigo de Ana.
   - En _b_ el mejor amigo de Ana es el destinatario de las cartas; en _a_ el amigo es quien las escribe.

2. a. Inés tiene un par de muebles **por** vender.
   b. Inés tiene un par de muebles **para** vender.
   - En ___ Inés vendía algunos muebles y los ha vendido todos menos dos; en ___ Inés tiene solo dos muebles que están a la venta y todavía no los ha vendido.

3. a. **Para** eso me quedaba en casa.
   b. **Por** eso me quedaba en casa.
   - En ___ explico la razón de quedarme en casa; en ___ doy a entender que quedarme en casa hubiera sido una mejor opción.

4. a. **Por** mí, haz una sopa.
   b. **Para** mí, haz una sopa.
   - En ___ la opción de la sopa me parece bien; en ___ pido una sopa.

5. a. Por favor, habla **para** ti.
   b. Por favor, habla **por** ti.
   - En ___ le pido a alguien que no hable en voz alta; en ___ expreso que lo que dice la otra persona no refleja mi opinión.

6. a. ¿Puedes cantar **por** mí?
   b. ¿Puedes cantar **para** mí?
   - En ___ quiero que alguien me cante una canción; en ___ tenía que cantar y pido que me sustituyan.

>> Continúa en la página siguiente.

124 | N DE NATURALEZA B

7. a. **Por** la edad que tiene, se mueve muy bien.
   b. **Para** la edad que tiene, se mueve muy bien.
   • En ___ quito importancia a la edad; en ___ la edad es el motivo de moverse bien.

8. a. Miguel solo está **por** ella.
   b. Miguel solo está **para** ella.
   • En ___ Miguel cuida con dedicación de otra persona; en ___ no quiere que nadie lo moleste, a excepción de una persona.

9. a. Tengo crema **por** la cara.
   b. Tengo crema **para** la cara.
   • En ___ especifico el tipo de crema; en ___ digo que tengo crema en la cara.

10. a. Cocinaré la carne **por** la noche.
    b. Cocinaré la carne **para** la noche.
    • En ___ digo cuándo voy a cocinar la carne; en ___ digo cuándo voy a comer la carne.

11. a. Emilio ha comprado el coche **por** su hijo.
    b. Emilio ha comprado el coche **para** su hijo.
    • En ___ Emilio va a regalarle un coche a su hijo; en ___ la razón de haberse comprado el coche es su hijo.

12. a. Mira **por** la ventana.
    b. Mira **para** la ventana.
    • En ___ le pido a alguien que mire a través de la ventana; en ___ le pido a alguien que mire hacia la ventana.

→ G Gram., p. 174 ▸ 4

B.10 Busca en el texto frases con por y con para y piensa con qué uso de los presentados en B.9 se corresponden.

B.11 Elige cuatro o cinco usos que te parezcan complicados y escribe tus propias frases de ejemplo.

OBSERVAR EL DISCURSO

GÉNERO Y ESTILO

B.12 El texto que has leído es una crónica periodística. ¿Qué lo diferencia de una noticia? ¿Cuáles son los datos del texto que aparecerían en una noticia?

B.13 Estos tres recursos literarios aparecen en la crónica. Busca en el texto ejemplos de cada uno de ellos.

1. **Personificación**: consiste en atribuir cualidades humanas a cosas o a animales a los que se hace hablar, actuar o reaccionar, como si fueran personas.
   Las estrellas nos miraban en silencio.

2. **Símil**: consiste en comparar un término real con otro imaginario que se le asemeja en alguna cualidad. Puede usar las siguientes estructuras: **como**, **tal como**, **igual que**...
   Su piel era blanca como la nieve.

3. **Metáfora**: consiste en un tipo de analogía o asociación entre elementos que comparten alguna similitud de significado para sustituir a uno por el otro.
   Al ver a su amigo se le iluminó la cara.

B.14 ¿En qué te hacen pensar estas imágenes? Crea al menos una frase para cada una utilizando alguno de los recursos de B.13.

A

B

C

ACTUAR

CRÓNICA

B.15 Piensa en algún suceso relacionado con la naturaleza y escribe una crónica corta.

< ¡Compártelo!
#cdec1_crónica

C MÉXICO CONTRA EL ESMOG

¿Qué es el esmog?
La palabra esmog *(en inglés,* smog*) deriva de las palabras inglesas* smoke *('humo') y* fog *('niebla') y sirve para designar la niebla contaminante que se acumula especialmente en ciudades o zonas industriales. La exposición continuada al esmog causa problemas respiratorios y pulmonares y afecta también a árboles y cultivos.*

→ 🏠 💻 Prepárate en casa: *Vídeo + transcripción*

PREPARAR EL DOCUMENTO

AIRE

C.1 La página www.aire.cdmx.gob.mx pertenece a la Secretaría de Medio Ambiente del Gobierno de México. Visítala y recoge información sobre las siguientes cuestiones.

- ¿Qué tipo de información se puede encontrar en ella?
- ¿A quién va dirigida?
- ¿La información de la página es fácil de entender? ¿Piensas que los datos son fiables?
- ¿Sabes si existe una página web similar con datos de tu ciudad? ¿La consultas? Coméntalo con tus compañeros.

ENTENDER EL DOCUMENTO

ESMOG EN CIUDAD DE MÉXICO

C.2 🎥 Vas a ver un reportaje sobre la lucha de Ciudad de México contra el esmog. Toma notas para responder a estas preguntas.

- ¿Cómo incentiva el Estado la disminución de vehículos contaminantes?
- ¿Qué dice Armando Retama sobre la mejora de la calidad del aire de la ciudad?
- Según el vídeo, ¿cuáles son las ventajas de tener jardines urbanos?
- ¿Qué es lo que al biólogo Jerónimo Reyes le parece ilógico en un país como México?

C.3 ¿Dirías que el reportaje utiliza un tono alarmante o más bien esperanzador respecto a la situación de la calidad del aire de Ciudad de México? Argumenta tu opinión. Si lo necesitas, ve de nuevo el vídeo.

C.4 ¿Crees que las medidas que toma el Gobierno mexicano son suficientes para reducir la contaminación del aire?

C.5 ¿Sabes si en tu ciudad existe un organismo de gestión medioambiental que vele por la calidad del aire? Si es así, ¿qué medidas aplica? Coméntalo con un compañero.

126 | N DE NATURALEZA C

TRABAJAR EL LÉXICO

HORA PICO EN CIUDAD DE MÉXICO

C.6 Fíjate en el ejemplo y escribe frases con las palabras y expresiones de las etiquetas para resumir la primera parte del reportaje. Si lo necesitas, vuelve a ver el vídeo.

hora pico • caos • vehículos

→ En la hora pico los vehículos crean el caos en Ciudad de México.

partículas en suspensión • nube de esmog
enfermarse • vías respiratorias • calidad del aire
contaminación atmosférica • vehículos viejos
compensación económica • vehículo más ecológico
camiones • gas de efecto invernadero • retirar
emisiones cero • mejora de calidad del aire
estación de medición • sustancias nocivas
gestión medioambiental • disminuir • contaminación

C.7 Vas a intentar reconstruir el fragmento del vídeo que habla sobre el jardín que ha plantado Jerónimo Reyes en una azotea. Ve de nuevo ese fragmento y toma notas.

C.8 En parejas, comparad lo que habéis escrito y volved a ver el vídeo para completar la información que os falta.

C.9 Escribid el texto en parejas. Luego, volved a ver el vídeo y comparad lo que se dice con lo que habéis escrito.

TRABAJAR LA GRAMÁTICA

UN PAÍS MEGADIVERSO

C.10 Fíjate en estas tres frases del reportaje. ¿Entiendes para qué sirven los recursos marcados en negrita?

"**Aunque** sigue habiendo contaminación, hay algunos avances."

"Los contaminantes continúan disminuyendo, eso **a pesar de que** la ciudad continúa creciendo."

"En la Ciudad de México, el 80% de las plantas que están cultivadas en los jardines [...] son exóticas, no son plantas de México, **siendo** un país megadiverso."

→ G Gram., p. 183-184 ▸ **19.2**

C.11 Escribe cuatro o cinco frases relacionadas con el medio ambiente usando los recursos de C.10 u otros con la misma función.

→ A mí me sorprende que en países como España, por ejemplo, a pesar de disfrutar de tanto sol, no se aproveche más como fuente de energía renovable.

C.12 En parejas o pequeños grupos, comentad las frases que habéis escrito en C.11 y haceos preguntas.

N DE NATURALEZA

OBSERVAR EL DISCURSO

ENTRE REGISTROS

C.13 Compara la versión de las frases del reportaje, más formales, con la versión más coloquial y comenta las diferencias con un compañero. Ten en cuenta los aspectos de la lista.

1. "El Estado ofrece una compensación económica a todo aquel que sustituya su vehículo viejo por otro más ecológico."
   - Si cambias tu coche por uno más ecológico, el Estado te da dinero.

2. "Unos cuarenta mil camiones han sido ya convertidos en chatarra."
   - Ya han convertido en chatarra unos cuarenta mil camiones.

3. "Por muy poco dinero, todo aquel que se registre puede moverse en bici por la ciudad."
   - Los que se registren tienen que pagar algo y pueden moverse en bici por la ciudad.

4. "Eso contribuye a una mejora notable de la calidad del aire en México."
   - Eso hace que la calidad del aire en México mejore notablemente.

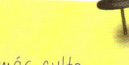

Nota:
- Léxico más culto
- Variedad léxica
- Precisión informativa
- Sustantivación
- Uso de la voz pasiva
- Marcadores de registro elevado

C.14 Reformula estas frases en un registro más formal teniendo en cuenta los aspectos que has trabajado en C.13.

1. Quieren sacar una ley para que los coches con más de veinte años no entren en la ciudad.
   → *Proponen aprobar una ley con el fin de restringir la entrada en la ciudad de aquellos vehículos que tengan más de veinte años de antigüedad.*
2. Si tienes dos autos o más, tendrás que pagar un impuesto extra.
3. El aire está tan cargado que a veces cuesta respirar.
4. En la manifestación de ayer para que no se construya la carretera interurbana había un montón de gente.
5. No solo nosotros tenemos que preocuparnos del medioambiente. Los que tienen que dar ejemplo son los políticos y las personas públicas.
6. Todo el mundo está encantado con la idea de construir un parque en el centro de la ciudad.
7. Con el aire tan contaminado, se hace difícil salir a hacer deporte al aire libre.
8. En Barcelona, un montón de gente va en bici. Supongo que por eso se están haciendo nuevos carriles bici, para que sea más fácil circular.

ACTUAR

GESTIÓN MEDIOAMBIENTAL

C.15 Investiga sobre la gestión medioambiental de la ciudad en la que resides y escribe un breve reportaje sobre alguno de los siguientes temas u otro.

- la bicicleta como medio de transporte
- el uso de terrenos públicos para plantar huertos urbanos
- medidas para reducir la contaminación del aire
- proyectos relacionados con el reciclaje
- …

¡Compártelo! #cdec1_gestiónmedioambiental

RECOMENDACIONES

Reportaje
- Piensa en la **estructura** (título, entrada, cuerpo y final).
- **Busca información** en organismos oficiales (página web del ayuntamiento, del ministerio involucrado, etc.).
- Recoge **testimonios** de la gente del lugar.
- **Entrevista a algún experto** en el tema (si es posible) o busca alguna entrevista que le hayan hecho en algún medio de comunicación.
- Añade **imágenes** (fotos, infografías, gráficos, etc.).

CARTA A GREENPEACE

Prepárate en casa: *Texto mapeado*

29 de junio de 2016

A los líderes de Greenpeace, las Naciones Unidas y los Gobiernos de todo el mundo

El Programa de Alimentación y Agricultura de las Naciones Unidas ha señalado que será necesario que la producción mundial de alimentos, piensos y fibras se duplique aproximadamente para el 2050 si se quieren satisfacer las demandas de la creciente población mundial. Organizaciones opuestas a la mejora vegetal moderna, con Greenpeace en cabeza, han negado en repetidas ocasiones estos hechos y se oponen a las innovaciones biotecnológicas en la agricultura. Han tergiversado sus riesgos, beneficios e impactos y han apoyado la destrucción criminal de ensayos de campo aprobados y de proyectos de investigación.

Instamos a Greenpeace y a sus seguidores a volver a examinar las experiencias con cultivos y alimentos mejorados mediante la biotecnología de los agricultores y de los consumidores en todo el mundo, reconocer las conclusiones de los organismos científicos competentes y de los organismos reguladores y abandonar su campaña contra los OMG en general y contra el arroz dorado en particular.

Los organismos científicos y reguladores de todo el mundo han concluido de manera repetida y coherente que los cultivos y alimentos mejorados mediante la biotecnología son tan seguros, si no más seguros, como los derivados de cualquier otro método de producción. Nunca ha habido un solo caso confirmado de un efecto negativo derivado de su consumo sobre la salud de los seres humanos o de los animales. Se ha mostrado en repetidas ocasiones que son menos perjudiciales para el medioambiente y una gran ayuda para la biodiversidad global.

Greenpeace ha encabezado la oposición al arroz dorado, que tiene el potencial de reducir o eliminar gran parte de las muertes y de las enfermedades causadas por una deficiencia en vitamina A (DVA), con mayor impacto en las personas más pobres de África y el sudeste de Asia.

La Organización Mundial de la Salud estima que 250 millones de personas sufren DVA, incluido el 40 % de los niños menores de cinco años en los países subdesarrollados. Las estadísticas de UNICEF muestran que entre uno y dos millones de muertes prevenibles ocurren cada año como resultado de la DVA, ya que esta afecta negativamente al sistema inmunológico, exponiendo a los menores a un gran riesgo. La DVA es la principal causa de ceguera infantil a nivel mundial y afecta a entre 250 000 y 500 000 niños cada año. La mitad muere en los siguientes doce meses tras perder la vista.

LLAMAMOS A GREENPEACE a que cese y desista en su campaña contra el arroz dorado específicamente, y contra los cultivos y alimentos mejorados a través de la biotecnología en general.

LLAMAMOS A LOS GOBIERNOS DEL MUNDO a rechazar la campaña de Greenpeace contra el arroz dorado específicamente, y contra los cultivos y alimentos mejorados a través de la biotecnología en general, a hacer todo lo posible para oponerse a las acciones de Greenpeace y acelerar el acceso de los agricultores a todas las herramientas de la biología moderna, especialmente a las semillas mejoradas a través de la biotecnología. La oposición basada en la emoción y el dogma en contradicción con los datos debe ser detenida.

¿Cuántas personas pobres en el mundo deben morir antes de considerar esto un **crimen contra la humanidad**?

Atentamente,

Fuente: *supportprecisionagriculture.org*

¿Qué es la carta de galardonados del Premio Nobel a favor de la agricultura de precisión?
A raíz de un informe publicado por la Academia Nacional de Ciencias de EE. UU., más de un centenar de premios Nobel de Medicina, Física y Química se han posicionado a favor de la agricultura de precisión y han firmado un carta en la que piden a Greenpeace que suspenda sus campañas en contra de los organismos genéticamente modificados (OMG) pues, según el informe antes citado, no existe ninguna evidencia de que estos cultivos sean dañinos para la salud o el medioambiente.

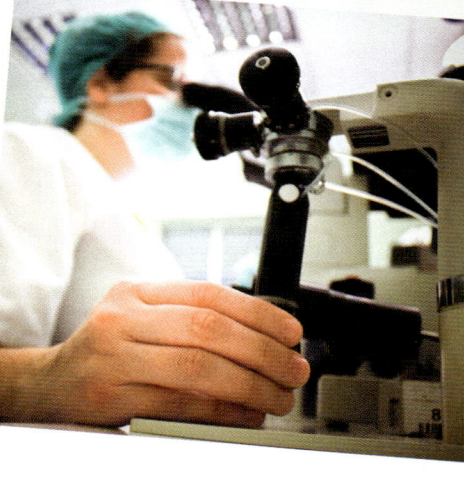

COMPETENCIA CRÍTICA
BIO VS. OMG

D.1 Mira estas imágenes y elige cinco conceptos de las etiquetas que relacionas con cada una de ellas. Luego, compara y comenta tu opinión con la de tus compañeros.

compromiso   *conciencia*   *seriedad*   *progreso*
racionalidad   *pasión*   *protección*   *futuro*
manipulación   *autoridad*   *respeto*   *ética*
libertad   *dogmatismo*   *prestigio*   *credibilidad*
capitalismo   *objetividad*   *responsabilidad*

A

B

→ Para mí, Greenpeace es ejemplo de compromiso y ética...

D.2 Lee el texto y responde a estas preguntas.
- ¿Qué petición se hace?
- ¿Quién la formula?
- ¿A quién va dirigida?
- ¿Cuál es el motivo de esta petición?

D.3 Vuelve a los conceptos de la actividad D.1 y di cuáles asocia el texto con Greenpeace y cuáles con organismos reguladores, respectivamente. ¿Dónde se ve reflejada esa postura?

D.4 ¿Qué argumentos expone el texto en defensa de los organismos genéticamente modificados?

D.5 Los OMG, organismos modificados genéticamente, son conocidos popularmente con el nombre de transgénicos. Sin embargo, en el texto no aparecen estos términos. Busca de qué maneras se hace referencia a ellos. ¿Por qué crees que se evita utilizar esas palabras?

D.6 ¿Con qué intención crees que se formula la pregunta final del texto? ¿Qué efecto tiene el uso de la negrita?

D.7 Elige en qué punto ubicas el contenido del texto. Luego, coméntalo con algunos compañeros justificando tu respuesta.

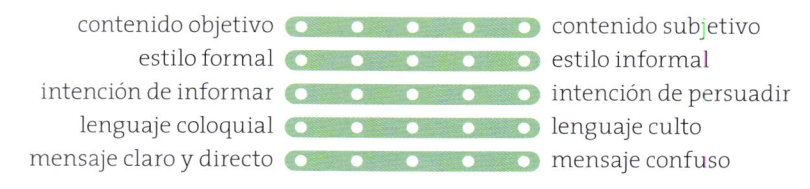

contenido objetivo	○—○—○—○—○	contenido subjetivo
estilo formal	○—○—○—○—○	estilo informal
intención de informar	○—○—○—○—○	intención de persuadir
lenguaje coloquial	○—○—○—○—○	lenguaje culto
mensaje claro y directo	○—○—○—○—○	mensaje confuso

D.8 ¿Cuál fue la reacción de Greenpeace a la carta que has leído? Busca información en su página web y comentad en clase qué os parece su respuesta.

ACTUAR
REACCIONES

D.9 Después de leer la carta, ¿ha cambiado tu percepción de los OMG? ¿Y tu opinión sobre Greenpeace? ¿Crees que su actitud hacia los alimentos transgénicos es irresponsable o justificable?

D.10 Estos son algunos comentarios que hicieron los lectores de prensa digital a la carta de los premios Nobel. Léelos y luego escribe uno tú.

MARCIA RIM — 30/06/2016, 17:01
La solución para que miles de niños no mueran por carencia de vitamina A no es que se permita el desarrollo de transgénicos, sino que articulen otras opciones de alimentación y se reduzca la natalidad en lugares donde es insostenible.

JAVIER GONZÁLEZ — 30/06/2016, 18:22
Yo creo que la cuestión principal no es que los transgénicos sean buenos o malos, sino que, por contrato, estas multinacionales prohíban al agricultor utilizar parte de su cosecha como nueva semilla, de modo que el que los cultiva debe comprarles la semilla y los herbicidas cada temporada por los siglos de los siglos.

LAURA EFE — 30/06/2016, 18:41
Si hoy en día no existiese el café y se presentase como candidato a ser comercializado como nuevo transgénico, no pasaría ninguno de los controles que pasan hoy en día los transgénicos. Los transgénicos son seguros, como ha concluido la OMS en todas las ocasiones, y son absolutamente necesarios para cubrir las futuras necesidades alimentarias de una población en continuo incremento; son plantas diseñadas con alguna mejora fundamental. El miedo es causa de la ignorancia y el dogmatismo.

< ¡Compártelo!   #cdec1_alimentostransgénicos

¿QUÉ HAS APRENDIDO?

1. Solo una de estas frases utiliza el gerundio con sentido concesivo. Señala cuál es y transforma la frase utilizando otro recurso equivalente.

☐ Saliendo de casa, me encontré con Miguel.
☐ Teniendo tanto dinero, no gasta nada en ropa.
☐ Viviendo con sus padres, nunca va a aprender a cocinarse ni un huevo frito.
☐ Teniendo en cuenta lo que dices, haremos lo posible por resolver el problema.

→ G Gram., p. 183-184 > **19.2**

2. Completa el texto con los verbos que faltan. Hay más de una solución posible.

Los vehículos de gasolina _____ gases de efecto invernadero que _____ la niebla tóxica. Solo si _____ el nivel de sustancias nocivas _____ la calidad del aire.

3. Completa los huecos con por o para.

1. —¿Qué hacemos? ¿Cocino algo o pedimos una pizza?
   —_____ mí, pide pizza y así no tienes que cocinar.
2. —¿Has acabado ya la serie?
   —No, me quedan tres episodios _____ ver.
3. —_____ lo mucho que come, está delgadísimo.
   —Es genético, sin duda.
4. —Quería bajar a comprar, pero Raúl tiene fiebre.
   —¿Quieres que vaya _____ ti?
5. —¿Dónde está ese bar del que me hablaste?
   —Uy, pues no te sé decir exactamente... Yo creo que, si das una vuelta _____ el barrio, lo acabarás encontrando.
6. —¿Cuándo es la fecha de entrega del trabajo?
   —Pues hay que tenerlo hecho _____ el 6 de abril.

→ G Gram., p. 174 > **4**

4. Dibuja un mapa conceptual en torno a los temas principales de la unidad. Puedes seguir el criterio que te resulte más útil para recordar las nuevas palabras y expresiones (temático, categoría gramatical, etc.).

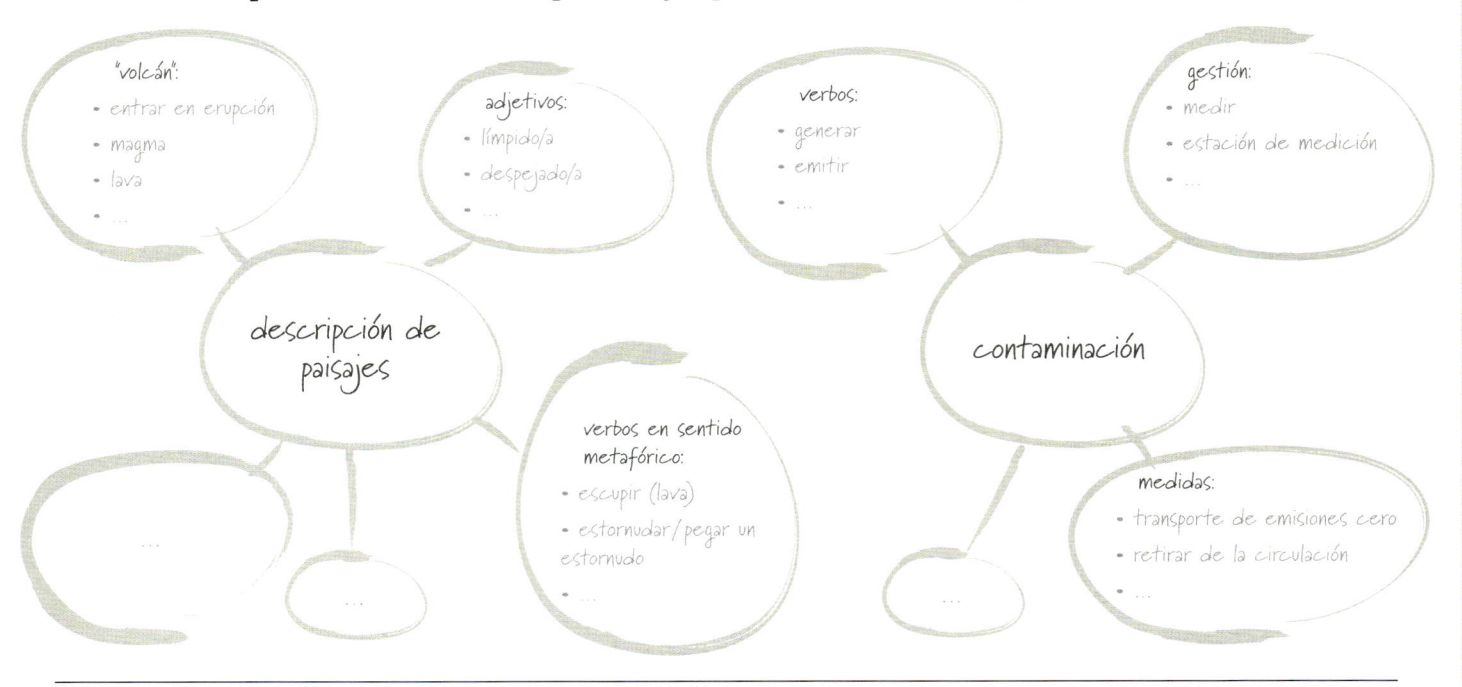

- "volcán":
  - entrar en erupción
  - magma
  - lava
  - ...

- adjetivos:
  - límpido/a
  - despejado/a
  - ...

- verbos:
  - generar
  - emitir
  - ...

- gestión:
  - medir
  - estación de medición
  - ...

- descripción de paisajes

- contaminación

- verbos en sentido metafórico:
  - escupir (lava)
  - estornudar/pegar un estornudo
  - ...

- medidas:
  - transporte de emisiones cero
  - retirar de la circulación
  - ...

5. Reformula estas frases en un registro más formal usando las palabras entre paréntesis.

1. Los productos ecológicos vendieron un 25 % más. (mercado, registrar)
2. Les dieron un premio a los científicos que ayudaron a predecir el cambio climático. (galardonados, estudio)
3. Según un estudio, no se sabe qué efecto tiene comer muchos alimentos transgénicos durante la infancia. (estudio, consumo excesivo, desvelar)

6. ¿Qué es lo más importante y útil que has aprendido en esta unidad?

7. ¿Qué es lo que te ha parecido más difícil?

8. ¿En qué aspectos has mejorado?

9. ¿Qué puedes hacer a partir de ahora para afianzar los contenidos que te resultan difíciles?

O de orígenes

A NUEVOS ROSTROS

O DE ORÍGENES A | 131

ENTRAR EN EL TEMA
MULTICULTURALISMO

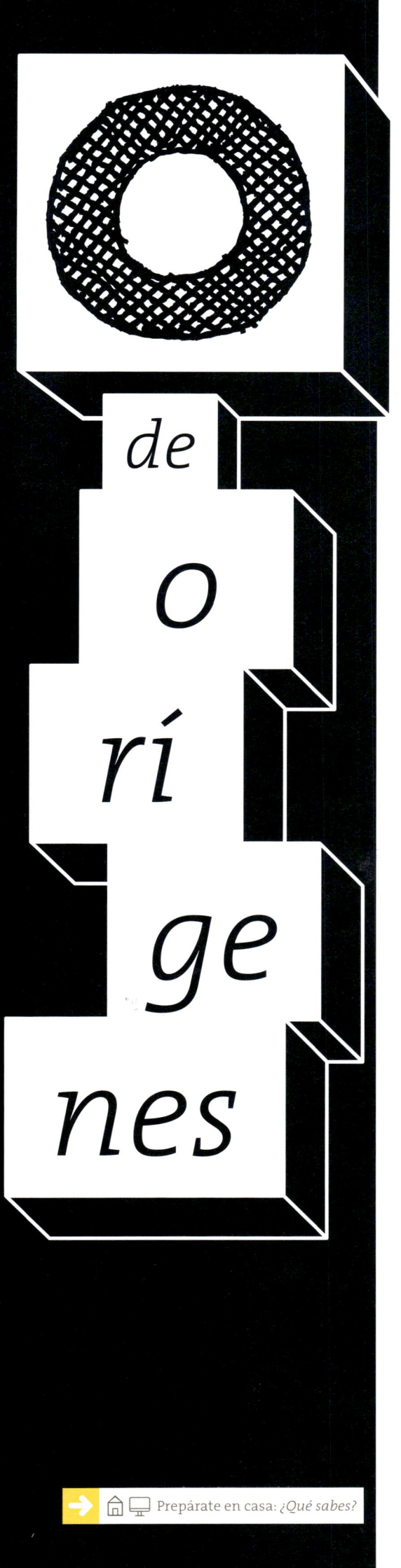

A.1 Mira estas fotos del retratista Martin Schoeller, publicadas por *National Geographic*. Elige dos y descríbelas.

tez	clara	oscura
labios	finos	carnosos
facciones	marcadas	suaves
frente	alta	ancha	estrecha
cejas	pobladas	gruesas	finas
ojos	rasgados	saltones	almendrados
pelo	liso	ondulado	rizado	afro
nariz	aguileña	respingona	ancha	chata
barba	poblada	recortada	larga	de tres días
rostro	redondo	ovalado	alargado	cuadrado

A.2 Según los datos de la Oficina del Censo de Estados Unidos, así es como se autodefinen cinco de estas personas. ¿Quién crees que es en cada caso?

☐ Alexander Sugiura, 27 años, Brooklyn, Nueva York. Autoidentificación: americano y judío étnico. Casilla del censo marcada*: japonés/esa.

☐ Adrián Adrid, 24 años, Haleiwa, Hawái. Autoidentificación: blanco. Casilla del censo marcada: blanco/a, filipino/a.

☐ Jesse Lee, 32 años, Nueva York, Nueva York. Autoidentificación: mitad china, un cuarto sueca, un cuarto francesa. Casilla del censo marcada: chino/a.

☐ Celeste Seda, 26 años, Brooklyn, Nueva York. Autoidentificación: dominicana y coreana. Casilla del censo marcada: asiático/a, otra.

☐ Hosanna Marshall, 32 años, Nueva York, Nueva York. Autoidentificación: afroamericana, nativa americana, blanca y judía. Casilla del censo marcada: negro/a.

*En EE. UU. se reconocen seis grupos étnicos: blancos, indígenas nativos americanos y nativos de Alaska, asiáticos, negros o afroamericanos, nativos de Hawái y las islas del Pacífico y personas de dos o más razas.

A.3 ¿Se corresponden las autodefiniciones con lo que habéis observado en A.1?

A.4 Lee lo que dice *National Geographic* sobre el multiculturalismo. ¿Has observado tú también este fenómeno? ¿En qué sentido?

"Con el multiculturalismo en aumento y las diferencias raciales entre los habitantes del planeta Tierra, la humanidad se mezclará cada vez más. […] Este proceso científico se conoce como 'ascendencia mixta' y dará lugar a nuevas razas, incluso a la desaparición de algunas que existen ahora."

→ 🏠💻 Prepárate en casa: *¿Qué sabes?*

¿HOGAR, DULCE HOGAR?

→ 🏠💻 **Prepárate en casa:** *Texto mapeado*

CÓDIGO NUEVO | ACTUALIDAD | VIDA | DINERO | ENTRETENIMIENTO | DEPORTES | MÚSICA | HUMOR | AGENDA

MILENIALES

VOLVER A CASA DESPUÉS DE VIVIR EN OTRO PAÍS NO ES TAN FÁCIL COMO PARECE

MARÍA SANZ 7 de abril de 2016

Volver a casa para quedarse, después de una temporada expatriado, es sentirse pletórico, creer que no hay nada imposible, llenar de aire los pulmones, relajado, sin dificultad para respirar. Es alegría, energía, un subidón constante. Son abrazos <mark>a destajo</mark>, fiestas continuadas de bienvenida y una placidez que atonta. Normalmente, cuanto mayores hayan sido el tiempo fuera y la distancia, mayores serán estas sensaciones.

Igual que mayor será el golpe de realidad que sorprenda a un expatriado retornado. Los expertos lo llaman choque cultural inverso. "Creo que no hay realmente una manera de describir este sentimiento para quienes no lo han vivido. Es como una caída libre, como flotar <mark>sin rumbo</mark> en unas aguas tranquilas. Te sientes fuera de lugar", explica Corey Heller en su artículo "Returning Home After Living Abroad" ("Volver a casa tras haber vivido en el extranjero"), publicado en *Multilingual Living*.

Comienza cuando compruebas (<mark>en tus carnes</mark>, que dirían nuestras abuelas) que la vida ha seguido mientras tú no estabas. Era obvio, por supuesto. Sin embargo, hasta ahora, no te afectaba. No vivías el cambio de costumbres y rutinas, el cierre de los bares de siempre o la aparición de palabras como boda, hipoteca o bebé en el vocabulario de tus amigos. Y tú, que aparentemente estabas en casa, donde todo iba a ser fácil e ir rodado, te encuentras con que, desaparecida la euforia inicial, tienes que comenzar el proceso de readaptación a una vida que creías la de siempre, pero que resulta ser todavía más nueva que la que acabas de dejar atrás.

Y lo mismo: cuanto mayores hayan sido el tiempo fuera y la distancia, mayor será la tarea de reconstrucción y el riesgo de no sentirte nunca como en casa. "Si te quedas mucho tiempo [en tu país de acogida], nunca puedes volver a casa. Te vuelves un extranjero permanente, nunca lo suficientemente local y nunca satisfecho en casa", explica el artículo "'¿Hogar, dulce hogar?' Gestionando el choque cultural inverso", publicado en la revista *Forbes*.

Así que, ahí estás tú, intentando entender cómo es posible que la sensación de que todo sigue igual conviva con la realidad de que todo ha cambiado, incluido tú. "Vivir en otro país te cambia para siempre. Nunca serás el mismo y nunca verás las cosas de la misma manera", analiza Heller.

Tempus fugit para todos, y los cambios que implica el paso del tiempo tú los aprecias más en los que se quedaron y ellos en ti, que te marchaste. De hecho, muchas veces esperarán que te comportes como siempre habías hecho. En este sentido, la University Studies Abroad Consortium, de la Universidad de Nevada, recomienda "intentar ajustarse a la vida en el lugar de origen sin perder las ideas y valores que te formaron mientras estuviste fuera, y resistir a la tentación de volver a tu antiguo yo para satisfacer las expectativas de los demás".

Entre tanto desconcierto, búsqueda de sitio y más bajones anímicos de los que te esperabas, un día te descubres pensando con nostalgia en esa ciudad de acogida de la que antes tanto querías salir. Echando de menos la que fue tu casa en los últimos tiempos, pero que nunca llegaste a sentir como tal, de la misma forma que ahora no sientes este lugar. En definitiva, iniciándote en el síndrome del viajero eterno, de los que una vez se fueron y ahora no saben volver, de los que no saben a qué lugar pertenecen y qué lugar pueden considerar su hogar.

En su artículo, Heller reflexiona sobre ese sentirse fuera de casa en todo momento y trata de ponerle remedio. "Ya no me hago la pregunta de si algún día volveré a tener la sensación completa de un hogar. Ahora me pregunto cómo puedo sentirme en casa en el lugar en el que estoy en este momento, con estas experiencias, encontrando, así, en cada momento, la forma de volver a casa."

Fuente: *www.codigonuevo.com*

O DE ORÍGENES **B** | 133

PREPARAR EL DOCUMENTO

VOLVER A CASA

B.1 Fíjate en el título del texto. ¿Qué cosas pueden ser difíciles para una persona que vuelve a casa después de un tiempo fuera? Haz una lista.

→ El cambio de rutina

B.2 Compara la lista que has hecho con la de algunos compañeros y comentad por qué creéis que esas cosas son difíciles.

B.3 ¿Estás de acuerdo, entonces, con el título del texto? ¿Volver a casa es difícil? ¿Qué hace que una persona que ha vivido en el extranjero decida volver a su país de origen?

ENTENDER EL DOCUMENTO

CHOQUE CULTURAL INVERSO

B.4 Lee el texto y resume cada párrafo en una frase.

B.5 Prepara cinco preguntas de comprensión lectora para tu compañero. Luego, házselas y responde a las que él te haga.

B.6 ¿El balance que hace la autora del retorno a casa es bueno o malo? ¿Crees que se arrepiente de haberse ido o de haber vuelto? ¿Por qué?

B.7 Subraya en el texto las frases que mejor reflejan lo que la autora quiere decir. Luego, explícale a un compañero por qué las has elegido.

> Yo he destacado "un día te descubres pensando con nostalgia en esa ciudad de acogida" porque creo que el texto intenta explicar...

TRABAJAR EL LÉXICO

EXPRESIONES

B.8 Explica qué significan las siguientes colocaciones con el verbo sentirse. ¿Podrías traducirlas a tu lengua? ¿Conoces alguna más?

sentirse → pletórico   fuera de lugar   como en casa

B.9 ¿Cómo describe la autora el retorno al país de origen? ¿Se trata de experiencias, de sensaciones o de metáforas? Busca ejemplos y comentadlo en parejas.

> Aquí dice que el retorno es "sentirse pletórico". Eso es una sensación, que puede que haya experimentado.

B.10 Fíjate en estas expresiones subrayadas en el texto: a destajo, sin rumbo, en tus carnes. ¿Entiendes qué significan? Ahora piensa: ¿con cuáles de estos verbos se podría combinar cada una?

viajar	contaminar	experimentar	currar	hablar
construir	vender	andar	vivir	caminar	producir
sufrir	pasear	trabajar	padecer	navegar	pagar

ESE SENTIRSE...

B.11 Estos ejemplos describen alguna de estas tres situaciones. ¿A cuál o cuáles crees que se refieren? ¿Se te ocurre alguna más?

1. Estar de vacaciones es...
2. Estar enamorado/a es...
3. Sentir vergüenza es...

☐ ese sonreír sin motivo aparente.
☐ ese buscar cualquier excusa para veros.
☐ ese no ser capaz de mirar a nadie a los ojos.
☐ ese deambular absorto/a por la calle.
☐ ese querer desaparecer de la faz de la Tierra.
☐ ese ilusionarte con las cosas más insignificantes.
☐ ese descubrir nuevos horizontes.
☐ ese desconectar de todo y de todos.
☐ ese sentir mariposas en el estómago.
☐ ese decirte a ti mismo/a: "tierra, trágame".
☐ ese desear que el tiempo se detenga.

B.12 Describe una situación o sensación en dos o tres frases con ese + infinitivo y, luego, léeselas a un compañero. ¿Sabe de qué se trata? ¿Sabes qué describen sus frases?

TRABAJAR LA GRAMÁTICA
COMPARATIVAS CORRELATIVAS

B.13 Observa esta frase del texto. ¿Podrías expresar lo mismo con una estructura diferente?

"Normalmente, **cuanto mayores** hayan sido el tiempo fuera y la distancia, **mayores** serán estas sensaciones."

→ Gram., p. 185 > **23.2**

B.14 Fíjate en estas frases, que contienen la estructura presentada en B.13, e inventa un final lógico para cada una.

1. Cuanto mayor es el número de seguidores que tienen en Instagram,
2. Cuanto más tiempo pases fuera de casa,
3. Cuanto más te esfuerzas por agradar a todo el mundo,
4. Cuantos menos días estés medicándote,
5. Cuanto menor era el tiempo que pasaba con mis hijos,
6. Cuanto más consientes los caprichos a un niño,
7. Cuanto menos esfuerzo exigía a los empleados,
8. Cuanto mayores eran los dolores,

OBSERVAR EL DISCURSO
CONTRASTES

B.16 ¿Cómo describe la autora la vuelta a casa, de manera positiva o negativa? ¿En qué te basas? Ejemplifícalo con expresiones y frases concretas.

B.17 La autora del texto usa la segunda persona para contar su experiencia. Fíjate en esta frase. ¿De qué otras formas lo podría haber dicho sin usar el *tú*? ¿Qué consigue con ello?

"Comienza cuando compruebas que la vida ha seguido mientras tú no estabas."

B.18 Marca en qué punto de la tabla está el texto. Después, comenta con un compañero lo que has marcado y por qué.

formal ○——○——○——○——○ informal
lejano ○——○——○——○——○ cercano
impersonal ○——○——○——○——○ personal

B.15 Construye frases con los elementos de las etiquetas usando las estructuras anteriores, como en el ejemplo.

índice de paro • crecimiento   *doler • quejarse*
consumo de azúcar • riesgo de diabetes   *pensar • preocuparse*
venta • beneficios   *carne roja • colesterol*   *presupuesto • calidad*

→ Cuanto menor sea el índice de paro, mayor será el crecimiento económico de un país.

ACTUAR
SENTIMIENTOS ENCONTRADOS

B.19 ¿Crees que estas situaciones pueden provocar emociones contradictorias? ¿Se te ocurren otras situaciones que despierten sentimientos encontrados? Comentadlo en pequeños grupos.

ser despedido del trabajo   *jubilarse*
esperar/tener un hijo   *terminar los estudios*
ver que tus hijos se independizan

B.20 ¿Has vivido alguna de las situaciones anteriores o conoces a alguien que lo haya hecho? ¿Cómo te sentiste o se sintió esa persona?

B.21 Elige una de las situaciones de B.19 y escribe una entrada de blog en la que expongas ese contraste de emociones.

< ¡Compártelo!   #cdec1_sentimientosencontrados

O DE ORÍGENES **C** | 135

C LA ALEGRÍA DEL BARRIO

El documental La alegría del barrio, *de Carlos Callero, recoge una serie de actuaciones y entrevistas a músicos y vecinos del barrio del Raval de Barcelona que participaron en el festival "La alegría del barrio" (2007), cuyo objetivo es fortalecer el sentimiento de pertenencia al Raval a través de la diversidad cultural que lo identifica, creando así espacios de colaboración, convivencia e integración social y cultural más allá de fronteras y prejuicios.*

→ Prepárate en casa: *Vídeo + transcripción*

PREPARAR EL DOCUMENTO

EL RAVAL: PRIMERAS IMPRESIONES

C.1 Empieza a ver el vídeo y fíjate en las imágenes. ¿Cómo es el barrio del Raval?

C.2 ¿Reconoces la música que suena? ¿Qué estilo musical dirías que es? ¿Sabes de dónde viene? Puedes buscar información en internet.

ENTENDER EL DOCUMENTO

EL RAVAL Y SU MÚSICA

C.3 Sigue viendo el vídeo y toma notas de cómo se describe el barrio del Raval. ¿Coincide con lo que habéis comentado en C.1?

C.4 En el siguiente fragmento hablan los integrantes del grupo Papawa. ¿Qué dicen sobre la música, el barrio y sus orígenes? ¿Crees que se sienten orgullosos de sus raíces? ¿Qué papel tiene la música en sus vidas?

PEDRO REYES — RICARDO TARRAGONA Jr. — SAM MOSKETÓN

C.5 Termina de ver el vídeo. Según el entrevistado, ¿cuáles son los nexos más importantes con la cultura de origen? ¿Estás de acuerdo? Comentadlo en clase y proponed otros que también consideréis importantes.

C.6 En el vídeo se cita esta famosa frase del escritor Jorge Luis Borges. ¿Cómo la interpretas? ¿Estás de acuerdo? Coméntalo con un compañero.

> "Felizmente no nos debemos a una sola tradición, podemos aspirar a todas."

TRABAJAR EL LÉXICO

EXPRESIONES

C.7 Lee estas frases del reportaje. ¿Entiendes el significado de las expresiones destacadas? ¿Cómo lo dirías en tu lengua?

1. "Es un barrio que **palpita**."
2. "**El corazón de la ciudad** de Barcelona."
3. "Hay que reconocer que todavía hoy en día [el Raval] **tiene mala prensa**."
4. "Es un barrio **de tradición** rumbera."
5. "**Estamos en ello** todavía, cantando rumba."
6. "La rumba, en nosotros, está **dentro de nuestra sangre**."
7. "Esa **chispa** aparece en el escenario."
8. "Es **parte de mí**."
9. "Tú sabes que cuando emigras se produce un **desarraigo**, ¿no?"
10. "Y la única forma de **aferrarte** es a tus amigos, que sean **paisanos** tuyos, a la comida de tu país, que **te recuerda a** tu mamá y a tu abuelita."

C.8 Escribe frases sobre tu barrio o ciudad y su gente usando algunas de las expresiones anteriores.

ser el corazón de   *tener buen/mala prensa*   *ser parte de*
ser de/tener tradición   *estar/llevar en la sangre*

TRABAJAR LA GRAMÁTICA

POR MUCHO QUE

C.9 ¿Qué significa esta frase? Reformúlala usando *aunque*.

> "El Raval, **por mucho que** digan las instituciones, hay que reconocer que todavía hoy en día tiene mala prensa."

Gram., p. 183 ▸ 19.2

C.10 Fíjate en las frases (1-5) y responde a estas preguntas.

- ¿A qué hace referencia cada una de las frases: al pasado, al presente o al futuro?
- ¿Qué tiempos y modos verbales son posibles para referirse al pasado, al presente y al futuro, respectivamente?
- Fíjate en las frases 1-2 y 4-5. ¿En cuáles queda más claro que la persona ha estudiado?

1. Por mucho que estudio, no apruebo.
2. Por mucho que estudie, no apruebo.
3. Por mucho que estudie, no aprobaré.
4. Por mucho que estudiaba, no aprobaba.
5. Por mucho que estudiara, no aprobaba.

O DE ORÍGENES | C | 137

C.11 Fíjate en el ejemplo y reacciona con alguna de las construcciones anteriores.

1. — Mario está siempre muy **atento** en clase.
   — *Ya, pero por mucho que esté atento, no es suficiente para aprobar la asignatura. También tiene que estudiar.*

2. — ¿Que Noemí ha pedido un préstamo? ¡Pero si tiene mucho **dinero**!
   — ....

3. — Lo que le pasa a Matías con los exámenes es que es un **despistado**.
   — ....

4. — Para mí ese chico es un **héroe**; no tiene que dar explicaciones a nadie.
   — ....

5. — Tu hermano ya **les ha contado** varias veces a tus padres su visión del asunto.
   — ....

> **Expresar grado** ¡atención!
>
> En estas construcciones alternan los cuantificadores **mucho**, **más** y **muy** sin cambio de significado:
>
> - El Raval, **por mucho que** digan las instituciones, hay que reconocer que todavía hoy en día tiene mala prensa.
> - El Raval, **por más que** digan las instituciones, hay que reconocer que todavía hoy en día tiene mala prensa.
> - El Raval, **por (muy)** insistentes que sean las instituciones en decir lo contrario, hay que reconocer que todavía hoy en día tiene mala prensa.

OBSERVAR LA PRONUNCIACIÓN

LENGUA ORAL

C.12 🎧 21–22 Lee estos fragmentos del reportaje y fíjate en cómo pronuncian los entrevistados las expresiones destacadas. ¿Qué fenómenos observas?

"[...] a través de la música se desarrolla **todo el mundo** y **todo el mundo** entiende, pues, su música y ves otras músicas del mundo, ¿no? Y es muy bonito eso **para... para el** barrio."

Ricardo Tarragona Jr., músico. Tarragona (España)

"Tú sabes que cuando emigras se **produce** un desarraigo, ¿no? [...] para tener un rato de **esparcimiento**, para alegrarte un poco la vida. [...] **Decía** que... '**Felizmente** no nos debemos a una sola **tradición**, podemos aspirar a todas'."

Enrique Romero, periodista. Bogotá (Colombia)

ACTUAR

EL CORAZÓN DE LA CIUDAD

C.13 En grupos, investigad sobre algún barrio o lugar que os interese y preparad una presentación. Tened en cuenta estos aspectos u otros que creáis pertinentes.

- El origen del barrio: ¿cómo se fundó y quién lo hizo?
- ¿Cómo ha evolucionado?
- ¿Cuál es el perfil de sus habitantes? ¿Cuáles son sus orígenes?
- ¿Tiene alguna peculiaridad (música, comida, costumbres, celebraciones...)?
- ¿Por qué lo habéis elegido?

◁ ¡Compártelo! #cdec1_elcorazónde

Mi hispanidad

Óscar González García | 12/10/2015

> "El patriotismo es el último refugio de los canallas."
> Samuel Johnson

Mi hispanidad no la representa una bandera, tenga los colores que tenga y cuelgue de donde cuelgue, ni un jefe del Estado a quien no puedo elegir. Tampoco quienes gastan 800 000 euros en un desfile militar, mientras muchos malviven. No hay pulserita, ni frontera, ni sevillana de las que se ponían sobre los antiguos televisores que represente cómo aprecio mi patria.

No puedo decir, como Fernando Trueba —a quien muchos critican ahora, pero seguro que celebraron su Óscar como un gol de la selección—, que no me haya sentido español ni cinco minutos de mi vida, pero no me han ofendido sus palabras. La forma en que amo mi país no tiene que ver con competiciones absurdas ni con creer que lo nuestro es mejor que lo de otros, cosa que no demuestra más que absoluta ignorancia.

Mi amor a mi tierra proviene de entender que mi sangre contiene gotas indoeuropeas, fenicias, griegas, romanas, germánicas, árabes, bereberes, judías y puede que hasta francesas. Sin embargo, ninguno de los éxitos de los españoles del pasado es mérito mío y, por lo tanto, encuentro absurdo sentir orgullo por ellos, como tampoco me siento culpable de los muchos desaguisados que han provocado mis compatriotas. No necesito fechas que conmemoren victorias o derrotas, reales o inventadas, para sentirme más de un lugar, [...].

Nadie me preguntó si quería nacer en esta parte del mundo, pero así sucedió. La nacionalidad no es más que una cuestión de suerte… ¡Y tanta suerte! [...] Gracias a eso pude aprender el castellano, lengua que comparto con miles de personas, y me permite disfrutar plenamente de la literatura de Eduardo Mendoza o Javier Marías en su versión original. Ser español es, sin duda, una suerte. [...]

Quienes pertenecen a una misma nación comparten una lengua, una cultura y unas costumbres, historia o religión. Es por eso que forzosamente profesamos afinidad con quienes nos rodean y desarrollamos un sentimiento de pertenencia a un conjunto. Esto, bien entendido, no es malo, pero nunca debería ir acompañado de rechazo a los demás.

Mi patria son mi familia y mis amigos; los platos que comía de pequeño y que hoy día cocino, las canciones que he escuchado y cantado con otros que también se las sabían, las series de dibujos que aún comento con amigos y los libros que me mandaban leer en la escuela. Todo eso lo comparto con buena parte de los otros españoles, pero me cuesta mucho identificarme con quienes descalifican y pretenden que su sentimiento de patria es el único válido. La patria son las personas que la forman; personas que trabajan duro y que hacen frente día a día al duro devenir de unos tiempos inciertos. Mi tierra es la que labraron mis abuelos con gran esfuerzo derramando sudor y lágrimas, algunos sangre, que ninguna bandera enjugó. [...]

Yo me siento más del país de los que trabajan a diario por mejorar la situación de quienes los rodean, de la nación de los que acuden a ayudar a los demás cuando hay catástrofes sin importarles las fronteras que deben cruzar, de la tierra de quienes ayudan a sus semejantes sin pedirles el carnet de identidad. En esa patria, que debería ser la de todos, también hay españoles, y no necesita banderas.

Fuente: adaptado de www.astorgaredaccion.com

O DE ORÍGENES | 139

COMPETENCIA CRÍTICA

HISPANIDAD RELATIVA

D.1 Lee el texto. ¿Crees que el autor se siente orgulloso de su patria? Si no, ¿cómo se siente respecto a ella?

D.2 ¿Te parece adecuado el título? ¿Por qué crees que se usa la palabra mi? Propón otro que sintetice la tesis del autor en una sola frase.

D.3 Fíjate en las partes del texto subrayadas. ¿A qué personas, acontecimientos o contexto histórico hacen referencia?

D.4 Este artículo se publicó en la sección de opinión de un periódico digital español, *Astorga Redacción*. Entra en su página web y observa las secciones, los temas que tratan, etc., y contesta:

- ¿Qué opinión te merece esta publicación?
- ¿Crees que este artículo se podría haber publicado en un periódico de tirada nacional?

D.5 Fíjate en la fecha de publicación del artículo. ¿Qué relación tiene ese día con el título? ¿Qué nombres se le dan a ese día? Puedes informarte en internet.

D.6 ¿Qué es la patria para el autor? ¿Y qué no lo es? Recoge esta información en una tabla.

¿Qué es la patria?	¿Qué no es la patria?
	→ Creer que lo tuyo es mejor que lo de los otros.

D.7 ¿Cuáles de las cosas de la lista anterior representan mejor para ti la idea de patria? Ordénalas de más a menos representativas y, luego, compara tu lista con la de otros compañeros. ¿Se os ocurren otras cosas?

D.8 ¿Qué te parece el recurso de enumerar ejemplos y usar la negación para definir un concepto? ¿Qué crees que aporta a este texto?

D.9 Usa el recurso de la enumeración y la negación para describir alguno de los siguientes conceptos.

la amistad   *la felicidad*   *la madurez*   *la igualdad*

la justicia   *la solidaridad*   *la libertad de expresión*

ACTUAR

MI PATRIA

D.10 Piensa en tu país. ¿Qué cosas te gustan y qué cosas no? ¿De qué te sientes orgulloso? ¿Qué aspectos consideras criticables? Escribe un artículo crítico, tomando como ejemplo el que has leído. Puedes hablar de estos aspectos u otros.

su cultura   *su gastronomía*
su gente   *sus tradiciones*
sus líderes   *...*

< ¡Compártelo!   #cdec1_mipatria

¿QUÉ HAS APRENDIDO?

1. Piensa en alguien u observa una fotografía y describe con detalle sus rasgos faciales.

....
....
....
....
....
....
....

2. Escribe una frase con cada una de estas combinaciones.

pasear sin rumbo   sentirlo en tus carnes
trabajar a destajo   sentirse fuera de lugar

1. ....
2. ....
3. ....
4. ....

3. Explica cómo te sientes en estas situaciones.

- Cuando cumples años.
- Cuando estás hasta las cejas de trabajo.
- Cuando vas a emprender un viaje.
- Si algún amigo te decepciona.
- Cuando se trunca algún plan que tenías muchas ganas de llevar a cabo.

4. Reescribe estas frases usando la estructura *cuanto más/mayor/menos/menor*, como en el ejemplo.

1. Una gran fortuna conlleva grandes preocupaciones.
 → *Cuanto mayor sea tu fortuna, mayores serán tus preocupaciones.*

2. Si tu nivel de instrucción es alto, tienes más opciones de encontrar un trabajo bien remunerado.

3. Si te esfuerzas mucho, lo notarás en los resultados.

4. Si te cuidas más, te sentirás mejor.

5. Aprovecha para adquirir experiencia en este puesto y así estarás mejor preparado.

6. No obligues a Arturo a hablar contigo de ese asunto y verás como acaba acudiendo a ti.

→ Gram., p. 185 ▸ **23.2**

5. ¿Qué dirían estas personas en estas situaciones? Escríbelo usando *por más/mucho/muy*.

1. Un padre a su hijo que está llorando porque no quiere comerse el pescado.
 → *Por mucho que llores,*

2. Un joven que dice a sus padres que quiere dejar los estudios. Ellos lo intentan convencer para que no lo haga.

3. Un paciente con sobrepeso le cuenta a su médico que quiere adelgazar. Hace mucho deporte, pero no consigue bajar de peso.

4. Un profesor a un estudiante que ha estudiado mucho, pero ha suspendido el examen, y quiere que le cambie la nota.

5. Un estudiante que comparte piso se queja de que su compañero deje sus cosas en los espacios comunes.

→ Gram., p. 183 ▸ **19.2**

6. Lee estas frases de un diálogo y piensa en qué situación se podrían decir. Después, escribe un breve diálogo que incorpore las tres frases.

- Sí, es cierto... y te sientes cada vez más incomprendida.
- Y, sobre todo, ese sentirte controlado todo el tiempo...
- Por mucho que los quieras, tienes que defender tu libertad.

7. ¿Qué es lo más importante y útil que has aprendido en esta unidad?

8. ¿Qué es lo que te ha parecido más difícil?

9. ¿En qué aspectos has mejorado?

10. ¿Qué puedes hacer a partir de ahora para afianzar los contenidos que te resultan difíciles?

R de red

A REDES SOCIALES

ENTRAR EN EL TEMA

TU PERFIL

Lee los cuatro perfiles de usuario de las redes sociales. ¿Te identificas con alguno? ¿Haces algunas de las cosas que se describen? ¿En qué medida? Coméntalo con algunos compañeros con ayuda de las expresiones de abajo.

EL *GOURMET*
Para ti, no hay mayor placer culinario que fotografiar la comida. Un buen plato se saborea mejor cuantos más "me gusta" recibe. Nunca comes solo, siempre lo haces con tus mil seguidores en Facebook, a los que deseas una buena digestión mientras buscas el mejor ángulo para la fotografía de tu postre.

EL *COTILLA*
¿Para qué pedirle una taza de arroz a tu vecino y así ver cómo le han quedado las reformas cuando puedes echarle un vistazo a su perfil de Facebook? Antes de que existieran las redes sociales tenías que preguntarle al panadero cómo iba el embarazo de tu vecina. Ahora todo es más sencillo: puedes fisgar en la vida de cientos de personas a la vez... y sin que nadie se entere.

EL *SELFIEMANÍACO*
Junto a la entrada del término *selfie* de la Wikipedia deberían poner tu foto. Tu *selfie*, mejor dicho. Gracias a tu pasión por los autorretratos, tus amigos pueden asegurar que has estado en el museo del Prado, en las cataratas del Iguazú, en la catedral de Milán, en Buenos Aires y en la tasca de tu barrio. ¿Que qué has hecho en todos esos sitios? Nada, *selfies*.

EL *ACTIVISTA*
Cuelgas cincuenta noticias al día sobre asuntos sociales, diez convocatorias de manifestaciones a las que nunca irás y treinta memes sobre políticos. Tus argumentos son tan incontestables que estás deseando que alguien te lleve la contraria para mostrarle tu manual del perfecto activista. Si alguna vez recibes menos de ciento cincuenta comentarios en tu muro, piensas que el mundo se está llenando de conformistas, pero gracias a ti todo cambiará.

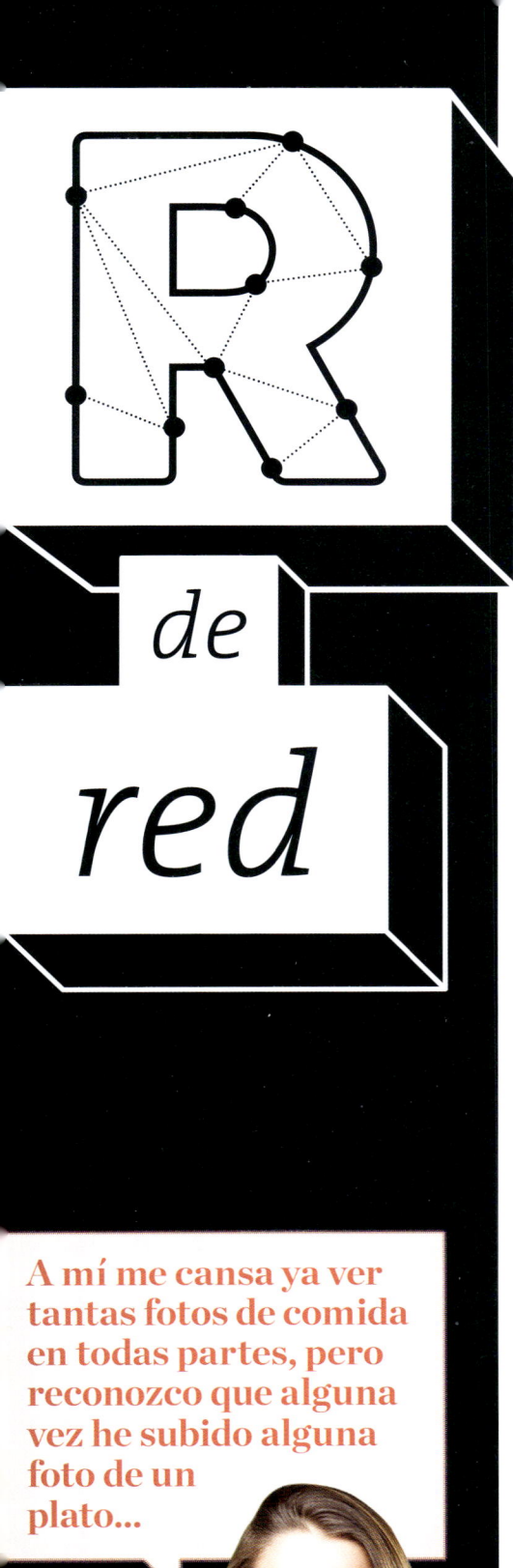

> A mí me cansa ya ver tantas fotos de comida en todas partes, pero reconozco que alguna vez he subido alguna foto de un plato...

- *seguir* > una publicación > un blog > a alguien
- *compartir* > información > opiniones > archivos > enlaces
- *colgar/subir* > archivos > fotos > música > vídeos
- *enterarse de* > eventos > noticias
- *agregar* > amigos > contactos > a alguien
- *publicar* > información > fotos
- *crear* > grupos > eventos
- *mantener* > el contacto (con)
- *etiquetar* > a alguien
- *cotillear/chismorrear/fisgar*

→ 🏠🖥 Prepárate en casa: ¿Qué sabes?

TWITTER Y FACEBOOK

A — Twitter

Marianna @mari74
Después de ochocientos veranos muriendo de calor, mis padres han puesto aire acondicionado en el salón. #ole

Juan @juanca
Saludar a alguien, que te devuelva el saludo y darte cuenta, al estar a un metro, de que en realidad es un total desconocido. #ole
RETWEETS 20 · ME GUSTA 38
7:12 – 30 nov. 2016
3 · 5 · 38

Sergi @sergiii
Por primera vez en tres semanas, llegué antes que el profesor… #bravo

Montserrat @montse
Cuando tu día no puede ir peor, se te mete un mosquito en el ojo. #bravo
RETWEETS 5 · ME GUSTA 8
20:07 – 10 nov. 2016
1 · 5 · 8

Pablo @pablo
Me encanta ver cómo la gente pasa por mi twitter a ver lo que pongo y no interactúa. #unaplauso

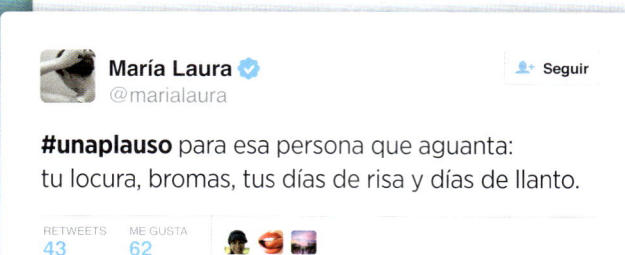

María Laura @marialaura
#unaplauso para esa persona que aguanta: tu locura, bromas, tus días de risa y días de llanto.
RETWEETS 43 · ME GUSTA 62
10:14 – 8 dic. 2016
8 · 43 · 62

B — Facebook

Alicia · 20 horas
Segunda vez que me llaman "gorda"… pero que imbéciles hay por el mundo en serio!! ¡QUE OS DEN!

Me gusta · Comentar · Compartir

María González, John Carpenter y 20 personas más
5 veces compartido

Belén Aliii pasa d esa gentuza!!!! Que hay mejor q tener buenas curvas!!! Mas vale eso q huesos…
Me gusta · Responder · 19 horas

Alicia Tía, es que es muy fuerte, estoy harta de que utilicen ese calificativo para meterse con la gente!! la peña es idiota, de verdad. No tienen ni idea!!
Me gusta · Responder · 19 horas

Hugo Yo soy gordo y qué… que digan lo que quieran!!! Soy feliiiiiiiiiiiz jajaja 😂😂😂
Me gusta · Responder · 19 horas

Alicia Jajaja. No, si yo también soy feliz.
Me gusta · Responder · 18 horas

Lola Tu goorda? 😮 eiing? si no lo estas… tienes un cuerpazo. Olvídate de esa gentuza! K tienen muy poka vida y se andan metiendo en la d los demás y para kolmo utilizando calificativos "de su nivel". Ánimo! Pork la gente k te kiere es la k está a tu alrrededor y t lo demuestra cada día con eso t basta y te sobra no krees? Mua ❤️❤️
Me gusta · Responder · 18 horas

Eva Seguro q te lo dirán por envidia de la belleza que te sobra y ellos nunca podrán tener, porq no creo que te sobren kilos, lo que te sobra es belleza… asi q a palabras necias, oidos sordos, bellezón!!
Me gusta · Responder · 18 horas

Alicia Eres un solete grandote.
☀️☀️☀️☀️☀️
Me gusta · Responder · 18 horas

Belén La belleza no se mide por el exterior, sino por el interior. Todo lo superficial se pierde con los años…! Ni caso, bonita!
Me gusta · Responder · 17 horas

Alicia Yaaaa, tía, pero es que menudo bajón.
Me gusta · Responder · 17 horas

→ 🏠🖥 Prepárate en casa: *Texto mapeado*

Fuente: Twitter y Facebook

PREPARAR EL DOCUMENTO

TWITTER Y FACEBOOK

B.1 ¿En qué se parecen y en qué se diferencian Twitter y Facebook? En parejas, decid características importantes de estas dos redes sociales.

ENTENDER EL DOCUMENTO

TUITS

B.2 Observa las etiquetas (#unaplauso, #ole y #bravo) de los mensajes de Twitter. ¿Cuáles se usan con ironía y cuáles no?

B.3 Busca en Twitter más ejemplos con las etiquetas anteriores. Ponedlos en común y decidid si se usan de manera irónica.

MENSAJES DE FACEBOOK

B.4 Lee la conversación de Facebook y resúmela en dos frases.

B.5 De los participantes en la conversación, ¿quién...

- niega que Alicia esté gorda?
- apoya a Alicia?
- se identifica con Alicia?
- resta importancia a que Alicia esté gorda?
- defiende a Alicia?

TRABAJAR EL LÉXICO

SOLETE Y SOLAZO

B.6 En la conversación de Facebook aparecen las palabras gentuza, solete, grandote, bellezón y cuerpazo. ¿Qué significan? ¿Las conocías?

B.7 Mira estas palabras agrupadas según los sufijos. ¿Las conoces? Por grupos, pensad cuál es el significado de cada uno y completad el cuadro de la derecha. Podéis buscar ejemplos de uso en internet.

-azo/a	-ón/ona	-ote/a	-ete/a
pelazo	simplón/ona	amigote/a	amiguete
notaza	facilón/ona	guapote/a	vejete
temazo	peliculón	fortote/a	abuelete
detallazo	notición	feote/a	majete/a
estilazo	dramón	rarote/a	
artistazo/a	problemón	malote/a	

- Añade un matiz de simpatía o complicidad al nombre o adjetivo al que se aplica. →
- Intensifica el significado del adjetivo o nombre al que se aplica, sea negativo o positivo. →
- Aumentativo; añade un matiz de simpatía al nombre o adjetivo al que se aplica. →
- Añade una apreciación positiva, en calidad o tamaño, al nombre al que se aplica. →

B.8 Lee estas frases. ¿Cómo cambian de significado cuando se usa la palabra con sufijo? ¿Alguna de las dos opciones te parece más adecuada en cada caso?

1. Mira esta chica, qué pelo/pelazo tiene. ¡Qué envidia!
2. Uf, no me apetece nada ver esta película. No estoy de humor para un drama/dramón.
3. Es un niño feo/feote, pero muy simpático.
4. Fui al parque ayer y un viejo/vejete me estuvo contando los cambios y las obras que se han hecho allí. Sabía un montón de cosas. La verdad es que estuvo bien.

B.9 Escribe frases con algunas de las palabras de B.7 y piensa: ¿en qué cambiaría la frase si usaras la palabra sin sufijo? Comparte tus frases con algunos compañeros y comentadlo. ¿En qué contextos se podrían usar?

B.10 Escribe tres tuits usando en cada uno alguna de las palabras de B.7 y ponles una etiqueta (#unaplauso, #ole o #bravo).

TRABAJAR LA GRAMÁTICA

QUE INDEPENDIENTE

B.11 Lee estas dos frases de la conversación de Facebook. ¿Las entiendes? ¿Qué valor tiene que + subjuntivo cada una? Indícalo con el número correspondiente.

1. "¡QUE OS DEN!"
2. "Que digan lo que quieran."

☐ Expresa indiferencia o conceder permiso.
☐ Expresa buenos o malos deseos.

→ [6] Gram., p. 186 → 24.1

R DE RED

B.12 Reacciona usando **que** + subjuntivo, como en el ejemplo. Ten en cuenta la intención con la que lo dices: expresar indiferencia, proponer una solución, conceder permiso o expresar buenos o malos deseos.

1. Me dijo que estaba pensando no ir a tu cumple. → *Pues que no venga.*
2. Cris dice que te va a llamar para hablar del viaje.
3. Creo que Marta se ha enfadado con nosotros.
4. Mario es un poco quisquilloso con los restaurantes; no sé si le va a gustar el que elijamos.
5. Creo que a tu madre no le ha gustado lo que le hemos comprado.
6. Silvia quiere pedir dinero a sus padres para el viaje.

B.13 Compara tus frases con las de un compañero. ¿Detectas enfado, indiferencia, etc.? ¿Habéis reaccionado de la misma forma?

B.14 Escribe tres frases como las de B.12 y léeselas a un compañero, que tendrá que reaccionar.

OBSERVAR EL DISCURSO

HABLAR EN LAS REDES

B.15 En las redes sociales son muy frecuentes los recursos que imitan la entonación y el lenguaje no verbal. Busca algunos en la conversación de Facebook. ¿Cómo interpretas tú estos recursos?

B.16 Y en tu lengua, ¿cómo son este tipo de textos? ¿Se usan los mismos recursos? ¿Cuáles usas tú más?

B.17 Imagina que Alicia escribe al consultorio de una revista. Fíjate cómo cambia la manera en que cuenta lo que le ha pasado y redacta la respuesta que daría la asesora, transformando lo que le dice Lola.

Cuéntame...

P: *"Últimamente no consigo salir de un estado de enfado continuo. La razón es que varios conocidos me han llamado gorda. En todos los casos, usaron ese calificativo para insultarme y no como sugerencia amable para que perdiera peso. Me parece intolerable que se utilice como insulto algo que puede suponer un problema físico o de salud para muchas personas."*

Alicia R. (Tenerife)

R: *Querida Alicia,*

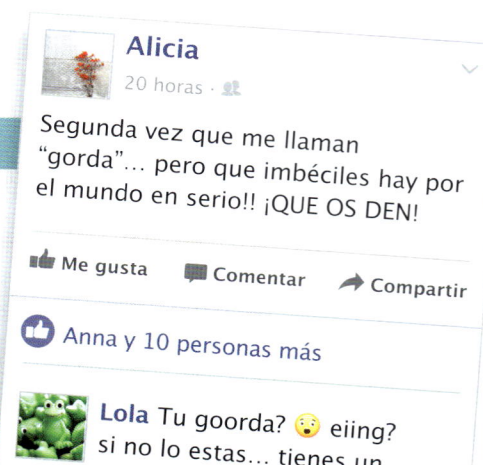

Alicia · 20 horas

Segunda vez que me llaman "gorda"... pero que imbéciles hay por el mundo en serio!! ¡QUE OS DEN!

👍 Me gusta   💬 Comentar   ➤ Compartir

👍 Anna y 10 personas más

Lola Tu goorda? 😮 eiing? si no lo estas... tienes un cuerpazo. Olvídate de esa gentuza! K tienen muy poka vida y se andan metiendo en la d los demás y para kolmo utilizando calificativos "de su nivel". Ánimo! Pork la gente k te kiere es la k está a tu alrrededor y t lo demuestra cada día con eso t basta y te sobra no krees? Mua ❤️ ❤️

Me gusta · Responder · 18 horas

ACTUAR

FISGONES EN FACEBOOK

B.18 Edu ha colgado este comentario en su muro de Facebook. En parejas, escribid tres comentarios de respuesta teniendo en cuenta estos perfiles. Podéis añadir otras opiniones.

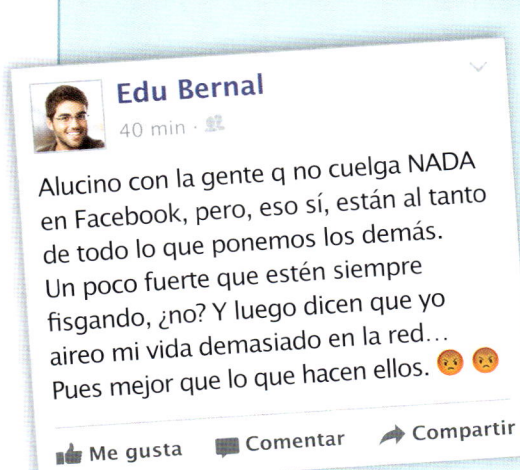

Edu Bernal · 40 min

Alucino con la gente q no cuelga NADA en Facebook, pero, eso sí, están al tanto de todo lo que ponemos los demás. Un poco fuerte que estén siempre fisgando, ¿no? Y luego dicen que yo aireo mi vida demasiado en la red… 😡😡 Pues mejor que lo que hacen ellos.

👍 Me gusta   💬 Comentar   ➤ Compartir

Carolina
Está muy de acuerdo con la opinión de Edu, y muy cansada de que personas que no interactúan se pasen el día cotilleando la vida ajena en la red.

Luz
Cree que precisamente Edu, muy amigo suyo, no pone demasiadas cosas en la red, y le gustaría saber más de él porque vive en otro país.

Álvaro
Está harto de que la gente use la red para poner tonterías que no interesan a nadie.

< ¡Compártelo!
#cdec1_facebook

C ¿ENTRE VIVIRLO Y CONTARLO? CONTARLO

R DE RED | C | 145

¿Qué es Are you app?

Es una web serie de humor que recrea situaciones cotidianas en las que aplicaciones como WhatsApp y las redes sociales son las protagonistas. La serie, que se puede ver en los canales de Movistar (empresa española de telefonía móvil) de YouTube, Tuenti y Facebook, aborda, a través de sketches de unos cinco minutos, la influencia diaria y la revolución social que han generado las aplicaciones de teléfono móvil. Los espectadores pueden participar en el desarrollo del guion a partir de anécdotas relacionadas con el uso de aplicaciones y redes sociales.

→ Prepárate en casa: *Vídeo + transcripción*

PREPARAR EL DOCUMENTO

TEMAS EN RED

C.1 En el vídeo que vas a ver se tocan estos temas. ¿Qué te sugieren?

- La cantidad de información personal disponible para los demás
- Los nuevos trabajos asociados a las redes
- Los cambios de rol de hombres y mujeres en las relaciones sentimentales
- Las diferencias en el uso de los medios digitales según la edad
- Las nuevas formas de relacionarse con amigos y con la pareja

ENTENDER EL DOCUMENTO

ARE YOU APP?

C.2 Este capítulo tiene tres tramas. Haz un resumen de cada una.

Samuel y Carla	Déborah y Álex	Álex y Carla

C.3 Piensa en los personajes. ¿Cómo se ven ellos y cómo los ven los demás? Escríbelo y, luego, comentadlo en pequeños grupos.

→ *Samuel se cree muy interesante y maduro, pero en realidad...*

C.4 Relaciona los temas de C.1 con lo que has visto en el capítulo de la webserie.

TRABAJAR EL LÉXICO

REFERIRSE A PERSONAS I

C.5 En el vídeo se usan estos calificativos. ¿A qué personaje se refieren en cada caso? Ve el vídeo de nuevo si lo necesitas.

friki rarito/a simple
maduro/a hiperactivo/a zumbado/a
bobo/a un marciano/una marciana
malote/a chungo/a majete/a

C.6 Usa algunas de las expresiones anteriores para describir a personas que conozcas.

→ Tengo un vecino que es muy majete. Una vez tenía que irme de vacaciones y no tenía con quien dejar al gato y él se ofreció a darle de comer todos los días.

C.7 En el vídeo se usan estas palabras para referirse a personas. ¿Las conocías? Una de ellas es un nombre colectivo, ¿cuál? ¿En qué contextos usarías estas palabras? ¿Conoces otras expresiones similares?

tronco/a la peña pibe/a
pavo/a macho

RELACIONES

C.8 Estas expresiones que se usan en el vídeo sirven para hablar de relaciones. ¿Entiendes qué significan? Fíjate en el ejemplo y tradúcelas a tu lengua.

1. "¿Sabes eso que sientes cuando **le gustas a una chica**?"
   → alguien gusta a alguien = quelqu'un plaît à quelqu'un
2. "**La ha dejado** el novio."
3. "**Ha pasado de** mí."
4. "**Me apetece** verte…"
5. "No **le guardo rencor**."
6. "Esta es que **me acosa**."
7. "Ahora no me contesta, **se está haciendo el duro**."
8. "[…] que **se cortaran** un poco."
9. "Y **se hace de rogar**."
10. "Uf, eso **me pone a mil**."
11. "Bueno, **nos lo estamos tomando con calma**, pero…"

C.9 Las expresiones anteriores no sirven exclusivamente para hablar de relaciones sentimentales. Piensa en qué otros contextos se podrían usar. Trabaja con un compañero.

> Creo que "gustar", referido a personas, se usa cuando apruebas lo que hace alguien. Por ejemplo, si tienes un compañero de piso nuevo o si alguien hace algo bien y…

TRABAJAR LA GRAMÁTICA

QUE + INDICATIVO/SUBJUNTIVO

C.10 Lee estas dos frases extraídas del texto. ¿Por qué en un caso se usa el indicativo y en el otro, el subjuntivo?

"¡Y Tuenti! ¡**Que no tiene** Tuenti!"

"Oye, **que sepas**, eh, que es de mala educación estar con el móvil y no hacer caso a la persona con la que estás."

G Gram., p. 186-187 ▸ 24.1, 24.2

C.11 Escribe una intervención para completar estos diálogos. Luego, inventa dos más.

1. → Oye, si no te va bien quedarte con los niños, lo entiendo…
   Que no me importa, te lo he dicho cincuenta veces.
2. ....
   Que conste que ya os dije que esto iba a pasar.
3. ....
   Que quede claro que yo no sabía nada.
4. ....
   Que no viene. ¿Te lo puedes creer?
5. ....
   Que sepas que ya me lo han contado todo…
6. ....
   Que no insistas más, que no voy a ir.
7. ....
   Que no cunda el pánico. Nos sacarán de aquí enseguida.

C.12 Observa esta frase. ¿Con qué intención se dice? Marca qué frase o frases de abajo tienen la misma intención.

"**¿A que** me lo tiro? ¿Qué te va?"

- [ ] **¿A que** tengo razón?
- [ ] Iré **a que** me den algo para el dolor. No aguanto más.
- [ ] **¿A qué** venía todo lo que le dijiste? No se lo merecía, está pasando por un mal momento.
- [ ] **¿A que** se lo cuento todo?

➡ [G] Gram., p. 187 ▸ **24.3**

C.13 La frase que has leído en C.12 la decía Carla. Ponte en el papel de los otros tres personajes de la serie y escribe una frase que empiece por **¿A que...?** para cada uno de ellos.

- Samuel:
- Álex:
- Déborah:

OBSERVAR EL DISCURSO

REFERIRSE A PERSONAS II

C.14 ¿Qué valor tiene la expresión *de estas* en la siguiente frase? Márcalo.

"Salió una crítica (en internet) **de estas** de gente que opina en blogs y movidas **de estas**."

- [ ] Le da importancia o prestigio a algo o alguien.
- [ ] Le resta importancia o prestigio a algo o alguien.

C.15 Reescribe estas frases usando la expresión *de estos/as* o *de esos/as*.

1. Es un tío que trabaja en una discoteca.
2. Es una serie que ponen en un canal privado después de comer.
3. Escribe en un blog sobre restaurantes de moda y otras cosas.
4. No deberías dejar que Carlitos comiera tantos dulces y *snacks* que venden en las máquinas expendedoras.
5. En la plaza Mayor hay una feria de artesanía. Seguro que encuentras algún colgante o pañuelo para tu madre.

C.16 Ahora observa estas otras dos frases del vídeo. ¿Entiendes las dos expresiones marcadas? ¿Las usarías en cualquier contexto?

"**Esta** no tiene ni dieciocho."

"Estaba escribiendo a Déborah y sin querer le mandé su wasap a **una tal** Carla 'piscina'."

C.17 Las frases de C.16 las dice Álex hablando de Carla. Imagina que eres Carla y escribe una frase con cada expresión hablando de Álex.

LENGUAJE VULGAR

C.18 Estas otras expresiones pertenecen a un lenguaje vulgar. Trata de decir lo mismo de manera no vulgar.

1. "[...] pone unas cosas [...] que **te meas de la risa**."
2. "Que lo decía de buen rollo... **Joder**."
3. "Puede que yo **la cagase**, vale."
4. "¡Buah! ¡Qué **cagada**!"
5. "¿A que **me lo tiro**?"
6. "Parecía el **puto** hombre del tiempo."

ACTUAR

DÉBORAH Y SAMUEL

C.19 En el capítulo que has visto, Déborah y Samuel no se conocen. Imagina una escena más del capítulo que hable sobre la relación de ellos dos, escribiendo lo que diría cada uno del otro. Trabaja con un compañero y, luego, representad en clase lo que habéis escrito.

→ He conocido a una chica genial, se llama Déborah y es bloguera...

Déborah y Samuel

◂ ¡Compártelo! #cdec1_déborahysamuel

UN 10 PARA...

R DE RED | 148

Prepárate en casa: *Texto mapeado*

Vota mi cuerpo (punto com)

JOSÉ MARTÍNEZ RUBIO. 20/04/2013 *"¿Por qué mentimos en internet?", dijo de repente interrumpiendo su discurso monótono en medio de la sala vacía...*

Siempre me he preciado de decir la verdad. Siempre o casi siempre. Uno tiene sus defectos, naturalmente, y lo digo así con una frase impersonal para que se note que tengo la vanidad como un mal vicio ético, estético y cosmético.

Hace poco intentaron convencerme de lo contrario, y de la manera más torpe. Era una de esas tardes en que uno acaba, casi sin quererlo, en una conferencia prácticamente a solas con el conferenciante. El caso es que allá estaba el conferenciante impartiendo lecciones sobre (coge aire y lee todo seguido) las nuevas formas de relación entre distintas subjetividades en la época contemporánea (pausa, respira, continúa) o el desarrollo de nuevas prácticas de actuación dentro de campos de comunicación e interacción virtuales.

"¿Por qué mentimos en internet?", dijo de repente interrumpiendo su discurso monótono en medio de la sala vacía. E hizo un silencio intimidatorio. "Oiga, mentirá usted", respondí para mis adentros. "Me refiero... no obviamente a mentir diciendo cosas que no son verdad...", y el mundo se paró, "...sino a mentir, digamos, sobreexcitando la realidad". Sobreexcitando. Juro que lo dijo.

"Quisiera presentarles una web que nos puede ilustrar sobre el particular", anunció. Y torpemente escribió una dirección sobre la barra del navegador, mientras el poco público que atendíamos con espanto leímos que tecleaba vota-mi-cuerpo-punto-com.

"No puede ser", pensé. Y eché una ojeada nerviosa a mi alrededor. El conferenciante empezó a teorizar sobre la proyección de imágenes que realizamos de nosotros mismos en nuestro entorno. Sobre esa sobreexcitación del yo. "Aquí se puede ver cómo fundamentalmente jóvenes escogen su posición en el mundo: su actitud, su ropa (o no), su gesto, su contexto, su atmósfera, su ambiente...", y en la pantalla, a tamaño natural, lucía un joven con el torso desnudo haciéndose una foto en el cristal de un cuarto de baño. "Pepex", de Girona.

"No puede ser", volví a pensar. "El enfoque seleccionado revela los rasgos destacables que el joven, la joven, o todos nosotros, en definitiva, pretendemos remarcar sobre nuestra personalidad y nuestro cuerpo". Y pasó a mostrarnos un contrapicado femenino que apuntaba donde tenía que apuntar, mientras una chica apretaba el mentón con firmeza y sostenía la mirada de ojos azules a la cámara. Era rubia, pero se llamaba "Ke_Morena", y era de Las Palmas.

"Perdone, lo de 'todos nosotros' le aseguro que no va por mí. En todo caso hable de Ke_Morena, de Las Palmas", le dije al acabar la conferencia, que, dicho sea de paso, fue aplaudida con total corrección (faltaría más...). "Joven, usted no ha aprendido nada", me soltó inesperadamente. "Debería saber que la verdad de lo que somos responde, en realidad, a una imagen que proyectamos insistentemente sobre los demás", continuó. "Yo escogí ejemplos deliciosos para contrastarlo". Se le veía mayor. Cansado. Aburrido. "Usted no hace nada distinto en su vida diaria", sentenció.

"Enseñe las fotos de sus vacaciones, comente la experiencia de montar en elefante, explique las razones de hacerse un tatuaje... yo no sé...", y comenzó a subir la voz y a bajar los párpados hasta mantener prácticamente cerrados los ojos. "Todo eso será falso", cortó. "No igual de falso que no hacerlo, me refiero, sino falso por sobreexcitación", y me dio un codazo amistoso y añadió con gracia: "Usted ya me entiende...".

Y la verdad es que no.

Dejamos la discusión en ese punto, y yo salí molesto por haber perdido la tarde entre mentiras. Al llegar a casa volví a meterme en la web. Vota mi cuerpo. Anduve mirando por arriba, por abajo, casi por dentro. Y en algún momento me animé: "¿Eres de verdad?", le escribí a Pepex y a Ke_Morena. Me recosté en la silla como esperando.

Él me respondió al momento: "¿Qué?", pero sin tilde ni nada. Ella tardó un poco más: "Yo sí. ¿Y tú?". Horror... "Yo no", le dije improvisando. Y me desconecté sin saber si estaba diciendo la verdad o no. Al día siguiente tampoco sabía si había dicho la verdad o no. Ni al otro. Ni siquiera ahora cuando escribo esto, yo, que siempre me he preciado de decir la verdad.

© Juanma García Escobar

Fuente: adaptado de http://epoca1.valenciaplaza.com

COMPETENCIA CRÍTICA

LA CONFERENCIA

D.1 Votamicuerpo.com es el nombre de una página web. ¿Cómo la imaginas? ¿Quiénes pueden ser los usuarios de esta página?

D.2 Lee el texto. ¿Qué tipo de texto es? ¿De qué trata? ¿Explica el autor en qué consiste la página votamicuerpo.com?

D.3 Busca con un compañero un título alternativo para el texto, que refleje su contenido.

D.4 ¿Qué opinión le merece la conferencia al autor del texto? ¿Y qué opina del conferenciante? ¿Cómo se refleja esto en el texto? Busca fragmentos que lo justifiquen.

D.5 De la siguiente lista de adjetivos, ¿cuáles aplicarías al conferenciante y cuáles al autor del texto? Escríbelo y, luego, coméntalo con un compañero.

irónico   sarcástico   prepotente   serio
formal   pedante   riguroso   perplejo
incrédulo   tradicional   intransigente

→ A mí me parece que el autor es incrédulo porque, una vez en su casa, siente la necesidad de comprobar que...

D.6 El texto tiene una carga humorística y sarcástica. ¿Cómo se refleja eso? Señala algunos ejemplos o pasajes que te resulten humorísticos.

D.7 ¿Qué dos posturas sobre las redes sociales muestra el texto? ¿Cuáles son la opinión del autor y del conferenciante, respectivamente?

D.8 ¿Por qué crees que el autor escribió el texto? ¿Crees que la anécdota es real?

Por el nombre, yo diría que se trata de una web en la que...

ACTUAR

ME QUEDÉ PERPLEJO

D.9 Escribe un artículo sobre alguna página web o aplicación que te haya sorprendido por su contenido, por el propósito que tiene, por el diseño, etc. Trata de darle un tono humorístico e irónico.

< ¡Compártelo!
#cdec1_perplejo

¿QUÉ HAS APRENDIDO?

1. Recuerda el uso irónico de etiquetas en Twitter (B.2 y B.3). ¿Qué otras etiquetas con valor irónico se te ocurren para los siguientes tuits?

1. Qué mejor manera que pasar la tarde del viernes subrayando.
2. Hoy voy a llegar a las diez a la oficina gracias al maravilloso servicio ofrecido por TRENFE.
3. Me encantan esos profesores que son tan egocéntricos y simpáticos.
4. Menos mal que ponéis que hace frío en redes sociales, si no ni me doy cuenta.
5. Me encantan los lunes, ¡¡¡yujuuuu!!!

2. Escribe contextos en los que se puedan producir las siguientes intervenciones. ¿Qué diferencias hay entre ellas (1-2, 3-4 y 5-6)?

1. Que me deja en paz y que ya no me manda más mensajes.
2. Que me deje en paz y que no me mande más mensajes.
3. Que no vuelva a recordarme el asunto; estoy harto del tema.
4. Que no vuelve a recordarme el asunto, que es cosa mía.
5. Que se lo pida él, ¿no?
6. Que se lo pide él. Pues mejor, porque es insufrible.

➡ Ⓖ Gram., p. 186-187 ▸ **24.1**, **24.2**

3. Escribe intervenciones posibles para las siguientes reacciones. No olvides añadir elementos trabajados en B.15 para representar la entonación y el lenguaje no verbal.

1. —
   —Ni caso, preciosa.
2. —
   —A mí me pasa lo mismo, que digan lo que quieran.
3. —
   —La verdad es que es muy fuerte.
4. —
   —¡¡¡A palabras necias, oídos sordos!!!

4. Reacciona a este comentario de Facebook. Puedes adoptar algunas de las posturas indicadas o pensar en otra reacción.

> **Andrés M**
> 15 min
>
> Mi hermana dice que en esta foto no salgo bien y me ha dado un disgustazo. Yo la cuelgo de todas formas.
>
> 👍 Me gusta 💬 Comentar ➤ Compartir

- Piensas que está guapísimo; su hermana no tiene razón.
- Tú tampoco eres fotogénico/a, pero crees que no hay que darle importancia al asunto.
- Restas importancia al hecho de que no salga bien en la foto.

5. Completa las siguientes intervenciones, como en el ejemplo.

1. *Llevamos dos horas esperando a Alberto*; ¿a que se ha vuelto a olvidar de la cena?
2. _____; ¿a que no te atreves a decírselo a ella?
3. ¿A que no sabías que _____?
4. _____; ¿a que como en casa no se está en ninguna parte?
5. _____; ¿a que no sabes qué estudié yo?

➡ Ⓖ Gram., p. 187 ▸ **24.3**

6. Piensa en tu círculo de amistades y conocidos y trata de describir su perfil de usuario en las redes sociales (Facebook, Instagram, Twitter, etc.). Aprovecha para usar los recursos léxicos y discursivos de la sección C de la unidad.

→ *Mi compañero de trabajo es de esos que se hacen el intelectual y que dicen que pasan de vídeos y movidas de estas de YouTube. Pero en el fondo...*

7. ¿Qué es lo más importante y útil que has aprendido en esta unidad?

8. ¿Qué es lo que te ha parecido más difícil?

9. ¿En qué aspectos has mejorado?

10. ¿Qué puedes hacer a partir de ahora para afianzar los contenidos que te resultan difíciles?

S de seducción

S DE SEDUCCIÓN **A** | 151

A PROFESIONALES DE LA SEDUCCIÓN

ENTRAR EN EL TEMA

¿QUÉ TE SEDUCE?

A.1 Piensa en qué sentido los siguientes profesionales tienen que "seducir" en el ejercicio de su profesión. Escríbelo y, luego, coméntalo con tus compañeros.

un/a profesor/a   un/a policía   un/a publicista   un/a médico/a
un/a vigilante jurado   un/a abogado/a   un/a vendedor/a ambulante
un/a periodista   un/a farmacéutico/a   un/a arquitecto/a   un/a fotógrafo/a

→ Yo creo que un profesor tiene que seducir en el sentido de que tiene que ganarse a los alumnos para que le presten atención, lo respeten…

A.2 ¿Qué te seduce de las personas? Márcalo. Luego, coméntalo con tus compañeros.

- [ ] su mirada
- [ ] su sonrisa
- [ ] su belleza
- [ ] su carácter
- [ ] su misterio
- [ ] su elegancia
- [ ] su tono de voz
- [ ] su historia
- [ ] su honestidad
- [ ] su forma de hablar
- [ ] su gestualidad
- [ ] su forma de caminar
- [ ] su manera de reír
- [ ] su inteligencia
- [ ] su fuerte personalidad
- [ ] su éxito profesional
- [ ] su sentido del humor
- [ ] sus gustos y aficiones, similares a los míos
- [ ] sus gustos y aficiones, diferentes de los míos

> A mí me parecen muy seductoras las personas que tienen una mirada profunda y sincera.

> A mí me seducen mucho la inteligencia y el sentido del humor. Por ejemplo, tengo un compañero de trabajo que…

→ Prepárate en casa: ¿Qué sabes?

LAS CLAVES DE LA SEDUCCIÓN

S DE SEDUCCIÓN | 152

→ 🏠💻 Prepárate en casa: *Texto mapeado*

ARMAS DE SEDUCCIÓN MASIVA

DESEAMOS FASCINAR CON UN GESTO, CON UNA PALABRA, CAER BIEN IRREMEDIABLEMENTE. ANHELAMOS PROVOCAR DESEO, AMOR, ADMIRACIÓN. EN DEFINITIVA, SEDUCIR. PERO ¿CÓMO? LA CLAVE ESTÁ EN NOSOTROS: EN NUESTRAS EMOCIONES Y EN NUESTRO CUERPO.

CARMEN GRASA

No importan las circunstancias, ni el momento, ni el lugar. Cuando entran en una sala, las miradas se levantan del suelo para posarse, sin remedio, en ellos. A su alrededor se crea un campo magnético que nos atrae, se convierten en el centro de atención. Caen bien irreparablemente, en solo unos segundos. Sus sonrisas, sus saludos, sus palabras, esa elegancia al moverse, despacio, como si hubieran inventado el tiempo y amoldaran el espacio a sus necesidades, nos fascinan. ==Sin esfuerzo aparente conquistan voluntades==. Quizá no sean bellos, ni las medidas de sus cuerpos, perfectas. Quizá su belleza no responda a los modelos sociales más apreciados. Pero nos hipnotizan, despiertan en nosotros emociones que van del deseo a la admiración, del enamoramiento romántico a la pasión. Son seductores, seductoras, que deslumbran sutilmente a hombres y mujeres sin distinción de edad, ni de raza. ==Derrotan tus defensas para adueñarse de tu corazón==, de tu mente. Y te dejas vencer, porque a su lado te sientes especial, casi tan maravilloso como ellos. Los expertos afirman que ==esa capacidad de persuasión== llevó en gran medida a Barack Obama a la Casa Blanca; hizo de Gandhi un líder indiscutible; convirtió a Picasso en un amante infatigable; ==levantó hasta los altares de la inmortalidad a Marilyn Monroe o a Greta Garbo==; ha hecho de George Clooney un hombre adorado en todo el mundo; de Iñaki Gabilondo, un líder de opinión; de Antonio Banderas, un galán cautivador, y de JFK y su esposa, Jacqueline Kennedy, ideales.

"La seducción en nuestra cultura tiene una connotación bastante negativa. La primera acepción de esta palabra nos habla de seducción como 'engañar con arte y maña'. Además, hay mucha vinculación con la parte más sexual del término. Pero todo depende de dónde pongamos el foco. Lo que está claro es que la seducción entendida como capacidad de influir en los otros se relaciona ahora con otro concepto, el del liderazgo, que culturalmente está muy bien valorado, y del liderazgo resonante, que es la capacidad para generar emociones positivas en los demás y canalizar la energía hacia un futuro inspirador", expone la psicóloga Mar Molina, directora del Centro Europeo de Coaching Ejecutivo.

ERUDITOS DE LAS EMOCIONES

A los grandes seductores de la historia, del presente y del futuro, "la seducción les nace desde dentro, no la piensan, fluye. Son espontáneos, encantadores, fascinantes, motivadores, atrayentes. Se sienten tan a gusto dentro de su piel que no están pendientes de lo que hacen ni de lo que dicen. Cuando estás ante un seductor natural solo notas que no está haciendo ningún esfuerzo, que se divierte y disfruta. ¿La clave de su éxito? Te entusiasma con su propio entusiasmo, te hace sentir bien con su propio bienestar y disfrutas con esa persona porque aprecias que está disfrutando contigo", describe Alberto Hidalgo, psicólogo y autor del libro *Psicología y seducción*. Diversas teorías inciden en que se trata de personas con un alto nivel de inteligencia emocional (IE), lo que las conduce a conocer perfectamente sus propias emociones y a saber gestionarlas del modo más eficaz. ==Son virtuosos de la empatía, magos del control emocional, dominan los juegos del misterio, de la gentileza y la coquetería==. Y esa sabiduría los hace desarrollar vastas habilidades sociales que desembocan en una capacidad asombrosa para reconocer los deseos y necesidades de los otros, sus inquietudes y turbaciones. "La seducción está íntimamente ligada al concepto de persuasión o capacidad para generar impacto e influencia en los otros. Un alto nivel de inteligencia emocional implica tener la competencia de influir en los otros, y esto nos lleva a la propia definición de seducción", incide Mar Molina.

"El éxito del seductor natural permanece y se incrementa con el tiempo, pues tiene como clave su propio bienestar interno", en palabras de Hidalgo, quien también describe al perfecto seductor estratega: "Sus acciones no parten del propio disfrute. Su objetivo no es compartir su bienestar contigo, sino conseguir resultados, un beso, una cita, sexo..., tratando de sentirse bien. Está pendiente de su forma de hablar, de su lenguaje, desarrolla técnicas de persuasión. En realidad, trata de imitar a un seductor natural, pero solo imita la parte externa de este, no se queda con su esencia. Puede tener éxito con todos estos elementos, pero será con mucho esfuerzo y su efecto seductor irá cayendo en picado con el tiempo". Y he aquí otra de las grandes cualidades de un seductor inteligente, natural y con mayúsculas: la generosidad. Es espléndido en los afectos, desprendido con la sensibilidad y despilfarra delicadeza. ==Un manirroto a la hora de invitarte al banquete de las emociones más positivas==.

Fuente: adaptado de *Es* (*La Vanguardia*), 9/3/2012

S DE SEDUCCIÓN | 153

PREPARAR EL DOCUMENTO

SEDUCTORES FAMOSOS

B.1 Mira estas fotos y las que que acompañan el texto. ¿Crees que son personas seductoras? ¿Por qué? ¿Se te ocurren otros nombres de famosos seductores?

ENTENDER EL DOCUMENTO

EL PODER DE LA SEDUCCIÓN

B.2 ¿Qué aspectos relacionados con la seducción trata el texto? Resume cada uno en un par de frases.

B.3 Busca en el texto respuestas para estas dos preguntas.
- ¿Cómo es y qué hace una persona seductora?
- ¿Cómo se siente la persona seducida?

B.4 Explica con tus propias palabras las frases subrayadas del texto.

B.5 ¿Conoces a alguien de tu entorno que encaje con la descripción de persona seductora que proporciona el texto? ¿Cómo es? ¿Qué hace? Explícaselo a tus compañeros.

TRABAJAR EL LÉXICO

PALABRAS DERIVADAS

B.6 Completa la tabla como en el ejemplo. ¿Qué relación tienen (en la mayoría de los casos) los adjetivos y los participios?

Verbo	Sustantivo	Adjetivo	Participio	Verbo	Sustantivo	Adjetivo	Participio
seducir →	la seducción →	seductor/a →	seducido/a	enamorar →			
fascinar →	→	→	→	persuadir →	→	→	→
atraer →	→	→	→	hipnotizar →	→	→	→
conquistar →	→	→	→	ilusionar →	→	→	→
engañar →	→	→	→	deslumbrar →	→	→	→

B.7 ¿Cuáles de los verbos de B.6 pueden tener para ti una connotación negativa? Compáralo con lo que opina un compañero. ¿Coincidís?

ÉXITO

B.8 Observa estos recursos para hablar de los cambios en la vida de una persona. ¿Entiendes cómo funcionan? Luego, lee el cuadro de abajo y compruébalo.

"Esa capacidad de persuasión **llevó** en gran medida **a** Barack Obama a la Casa Blanca; **hizo de** Gandhi **un líder** indiscutible; **convirtió a** Picasso **en** un amante infatigable; **ha hecho de** George Clooney **un hombre adorado** en todo el mundo."

- **Llevar** + algo / a alguien **a** + lugar real o metafórico
- **Hacer de** + algo/alguien + artículo + sustantivo (+ adjetivo)
- **Convertir** + algo/a alguien **en** + artículo + sustantivo (+ adjetivo)

B.9 A partir de estos verbos, crea expresiones usando las construcciones de B.8, como en el ejemplo.

- matar: → llevar a alguien a la tumba/muerte
- arruinar:
- alzar:
- hundir:
- idiotizar:
- cosificar:
- responsabilizar:
- encumbrar:
- humanizar:
- renovar:
- santificar:

S DE SEDUCCIÓN

B.10 Completa estas frases de manera lógica usando los recursos anteriores. Después, piensa en gente famosa y escribe frases similares. ¿Tus compañeros están de acuerdo?

1. *Patria*, una de las novelas más vendidas del año, ha llevado a Fernando Aramburu a _____ y ha hecho de él _____.
2. La ruptura con su mujer, el amor de su vida, lo convirtió en _____ y lo llevó a _____.
3. La lucha del Che Guevara contra el régimen cubano y su muerte prematura hicieron de él _____ y lo llevaron a _____.
4. _____
5. _____
6. _____

TRABAJAR LA GRAMÁTICA

COMO SI FUERA AYER

B.11 Marca qué función tienen las construcciones destacadas en estas dos frases del texto.

"[...] esa elegancia al moverse, despacio, **como si hubieran inventado** el tiempo y [como si] amoldaran el espacio a sus necesidades."

"Te escuchan de forma activa, **como si estuvieras** a punto de desvelarles el secreto mejor guardado del mundo".

☐ Hacer una comparación, a veces metafórica, para ejemplificar y facilitar la comprensión de una idea
☐ Hacer una hipótesis remota sobre algún aspecto

B.12 Fíjate en las frases anteriores. ¿Por qué en un caso se usa el pretérito imperfecto de subjuntivo y en el otro el pretérito pluscuamperfecto de subjuntivo? Relaciona.

Para comparar con algo que ha pasado.	1	A	Pretérito imperfecto de subjuntivo
Para comparar con algo que pasa o va a pasar.	2	B	Pretérito pluscuamperfecto de subjuntivo

→ Gram., p. 183 » 18.4

B.13 Estas expresiones son muy habituales en el español de España. Inventa un principio para formar frases con sentido.

1. → *Vive la vida* como si no hubiera un mañana.
2. _____ como si no existiera.
3. _____ como si te hubiera parido.
4. _____ como si no hubiera pasado nada.
5. _____ como si estuvieras en tu casa.
6. _____ como si se hubiera detenido el tiempo.
7. _____ como si fuera ayer.
8. _____ como si lo estuviera viendo.

OBSERVAR EL DISCURSO

¿QUÉ HACE EL AUTOR?

B.14 Vuelve a leer el texto "Armas de seducción masiva". Analiza cuáles de estas cosas hace el autor en cada párrafo. Luego, comentadlo en clase.

explicar   exponer   comparar   definir   desarrollar   citar   dar ejemplos   contraponer información

ACTUAR

¿CÓMO SEDUCEN?

B.15 Comentad en clase estas cuestiones.

- ¿Seducen de la misma manera hombres y mujeres?
- ¿Cuáles de las estrategias que describe el texto crees que se refieren a hombres o a mujeres?
- ¿Qué estrategias crees tú que utilizan unos y otros?

B.16 Piensa en una película, serie u obra de teatro en la que alguien seduzca o persuada a otra/s persona/s. ¿Cómo lo hace? ¿Consigue su objetivo?

MAD MEN
MILK
AMERICAN BEAUTY

B.17 Prepara una presentación que describa el comportamiento de ese personaje y alguna escena que lo ejemplifique.

→ Don Draper es el personaje protagonista de la serie de TV "Mad men". Es un conquistador y, a lo largo de la serie, seduce a un sinfín de mujeres. Pero más que eso, yo destacaría su faceta de seductor en el ejercicio de su profesión. Es publicista y su trabajo consiste en...

◁ ¡Compártelo!   #cdec1_seducción

S DE SEDUCCIÓN | C | 155

C ¿ESTÁN DE MODA LOS *INFLUENCERS*?

→ 🏠 🖥 Prepárate en casa: *Vídeo + transcripción*

PREPARAR EL DOCUMENTO

INFLUIR

C.1 En parejas, haced una lista de todas las palabras derivadas del verbo influir. Podéis consultar diccionarios.

C.2 Vas a ver un vídeo sobre los *influencers*. ¿Sabes qué son? ¿Qué relación tienen con el *marketing*? ¿Hay algún *influencer* famoso en tu país? Puedes consultar internet para recabar información.

ENTENDER EL DOCUMENTO

¿CÓMO SON LOS *INFLUENCERS*?

C.3 🎥 Ve el vídeo y trata de responder a las siguientes preguntas. Luego, compara tus respuestas con las de un compañero.

1. ¿Qué es un *influencer*? ¿Qué características tiene?
2. ¿Quiénes pueden ser *influencers*?
3. ¿Han existido siempre?
4. ¿Qué efecto tienen las redes sociales en el "fenómeno *influencer*"?
5. ¿Qué tipo de instituciones se valen de *influencers* y para qué?

C.4 ¿Con cuáles de las preguntas anteriores relacionas los siguientes fragmentos transcritos del vídeo?

A "Influye muchísimo la gente anónima, que no puedo citar y que, sin embargo, está conectada en redes y que tiene mucho impacto en la imagen que se tiene de tu compañía."

B "Todos los usuarios, desde que estamos en redes sociales, somos influyentes, y tenemos numerosos casos, en España y en otros países, donde vemos que una persona con pocos seguidores ha lanzado un mensaje y ha llegado a millones de personas y se ha convertido en influyente."

C "Una persona que tiene credibilidad, que tiene una motivación, una causa que le interesa, que quiere hacer algo al respecto y que tiene capacidad de influencia sobre un grupo de gente más grande."

D "Es razonable que las marcas y la comunicación de las marcas estén mirando a este nuevo entorno."

E "Realmente, a ver, masivamente no existe desde siempre porque no estaban las herramientas ni la tecnología; es decir, antes la influencia que tú podías abarcar era tu público cercano, tus amigos, tus familiares."

F "La entrada de las redes sociales es lo que ha dado la democratización de esa influencia. Antes la influencia la tenían quienes podían escribir en medios masivos."

C.5 🎥 Ve de nuevo el vídeo y prepara preguntas de comprensión para tu compañero. Luego, intenta contestar a las preguntas que tu compañero ha preparado para ti.

TRABAJAR EL LÉXICO

HABILIDADES

C.6 Las siguientes palabras y expresiones están relacionadas con el trabajo de los *influencers*. Clasifícalas en el lugar correspondiente de la tabla.

llegar a miles de personas | influir | una persona con criterio | promotor de una idea | prescribir | influyente | marcar tendencia | criterio | una autoridad | credibilidad | determinar la percepción que se tiene de un producto o de una marca | creíble | causar impacto en la imagen que se tiene de una compañía | líderes de opinión | meter ideas en la cabeza de la gente | movilizar opiniones | buena reputación en las redes | una comunidad de seguidores

Tener capacidad de	Tener	Ser

C.7 ¿Cuáles de las habilidades anteriores tienes tú? ¿Podrías ser un *influencer*? Coméntalo con algunos compañeros.

CANTIDAD

C.8 Lee estas frases del vídeo. ¿Entiendes las expresiones marcadas?

1. "En el sector al que nos dirigimos hay **una serie de** publicaciones que nos influyen mucho."
2. "Tenemos **numerosos** casos, en España y en otros países, donde vemos que una persona con pocos seguidores ha lanzado un mensaje y ha llegado a millones de personas."
3. "Es un grupo **reducido** de personas."

C.9 Estas otras frases también presentan expresiones (en negrita) para hablar de cantidades imprecisas o aproximadas. Di si significan mucho, poco o si expresan solo que es un valor aproximado.

1. Son **contados** los casos de accidentes por fallo mecánico.
2. Aunque un millón es una cantidad **considerable** para la mayoría de la gente, supone una cifra **insignificante** en el conjunto de la trama de corrupción del actual Gobierno.
3. Leonardo DiCaprio cobró una cantidad **nada despreciable** por su papel en *Titanic*.
4. Este fin de semana hemos hecho **la mar de** cosas; pasamos el sábado con la familia, después fuimos al cine y a cenar. Y el domingo lo pasamos en la playa.
5. El ganador de la lotería de esta semana ha cobrado **una barbaridad de** dinero.
6. Tiene muchos amigos, pero en los que confía se **cuentan con (los dedos de) la mano**.
7. Es una gozada la colección de discos de Bárbara. Tiene **a puñados**.
8. Hay que ver **la de** seguidores que tiene Reah, una *youtuber* de Valencia.
9. La gente sigue creyendo que aquel es el país de las oportunidades y que allí hay trabajo **a patadas**.
10. En España un profesor de lengua viene a cobrar mil **y pico** euros.
11. El ministro acaba de decir que van a gastar **la friolera de** doscientos millones de euros al mes.
12. Nuestra empresa espera obtener unas ganancias **del orden de** cinco millones de euros.
13. Madrid está a **cosa de** seiscientos kilómetros de Barcelona.
14. Tardaré **alrededor de** cinco horas en llegar.
15. Juan me ha enseñado la lista de invitados a su boda. Va a ir **mogollón de** gente.

C.10 ¿Cuáles de las expresiones anteriores te parecen informales o coloquiales?

C.11 Busca información en la web sobre tu país. Escribe algunas frases usando algunas de las expresiones anteriores.

ADJETIVOS TERMINADOS EN -BLE

C.12 Fíjate en el adjetivo destacado. ¿De qué palabra proviene? ¿Qué sentido aporta el sufijo -ble?

> "La connotación, un poco, de la palabra '**influenciable**' siempre me ha resultado negativa."

C.13 Lee los adjetivos de las etiquetas. ¿Con qué verbo relacionas cada uno? Si lo necesitas, consulta un diccionario.

audible	eludible	creíble	accesible	asequible
compatible	contrastable	cuestionable
presentable	inteligible	negable	salvable
viable	reprochable	deseable	mejorable
perceptible	revocable	aceptable

C.14 Escribe el contrario de los adjetivos anteriores.

→ Audible: inaudible

C.15 Elige la opción más adecuada en cada caso.

1. Las ballenas y delfines captan sonidos de baja frecuencia totalmente _____ para los humanos.
   a. inviables   b. inaudibles   c. ineludibles

2. La falta de presupuesto hace que los proyectos de mejora de las carreteras sean _____ en estos momentos.
   a. inviables   b. inaudibles   c. ineludibles

3. Es nuestro deber _____ dejar a nuestros hijos un mundo mejor.
   a. inviable   b. inaudible   c. ineludible

C.16 En parejas o en grupos de tres. El profesor asignará tres adjetivos a cada grupo. Elaborad tres enunciados para completar y tres opciones (como en C.15).

C.17 Formad nuevas parejas o grupos y tratad de resolver los ejercicios que han creado los otros. Ayudad a vuestros compañeros a resolver las dudas que tengan sobre las frases que habéis escrito.

TRABAJAR LA GRAMÁTICA

ORACIONES TEMPORALES

C.18 Fíjate en el uso de conforme. Marca qué valor tiene este conector.

1. **Conforme van pasando los años**, me doy cuenta de que muchas de las cosas que creía no son verdad.
2. La semana pasada me leí un libro superinteresante sobre alimentación. **Conforme leía**, me iba dando cuenta de que como fatal.
3. Los primeros meses en el trabajo fueron muy duros, pero, **conforme fui adquiriendo experiencia**, todo se hizo más fácil.
4. Ya sé que estás nervioso por el cambio de vida, pero ya verás que **conforme pasen los días** lo verás todo diferente.

☐ Incremento gradual   ☐ Inmediatez de una acción   ☐ Repetición

C.19 Reformula esta frase extraída del vídeo.

> "Hay gente con criterio, con argumentos, con autoridad, con conocimiento, y que, **conforme** lo demuestran, su criterio es tenido en cuenta."

→ Gram., p. 184 » 20

C.20 Los conectores a medida que y según tienen el mismo valor que conforme. Conjuga el verbo entre paréntesis y continúa las frases.

1. Aquel año, según (pasar) los meses, _____
2. Normalmente, todos los días, conforme (anochecer), _____
3. Mañana, a medida que (llegar) los invitados, _____

C.21 Prepara frases como las anteriores con los conectores de C.20. Un compañero las completará.

C.22 Escribe cómo ha cambiado tu ciudad, familia, círculo de amigos, etc. a lo largo de los años. Si lo prefieres, piensa en cómo cambia un paisaje durante 24 horas o 365 días (luz, colores, presencia de gente...).

→ Detrás de mi casa hay una calle muy tranquila, pero, a medida que avanza el día...

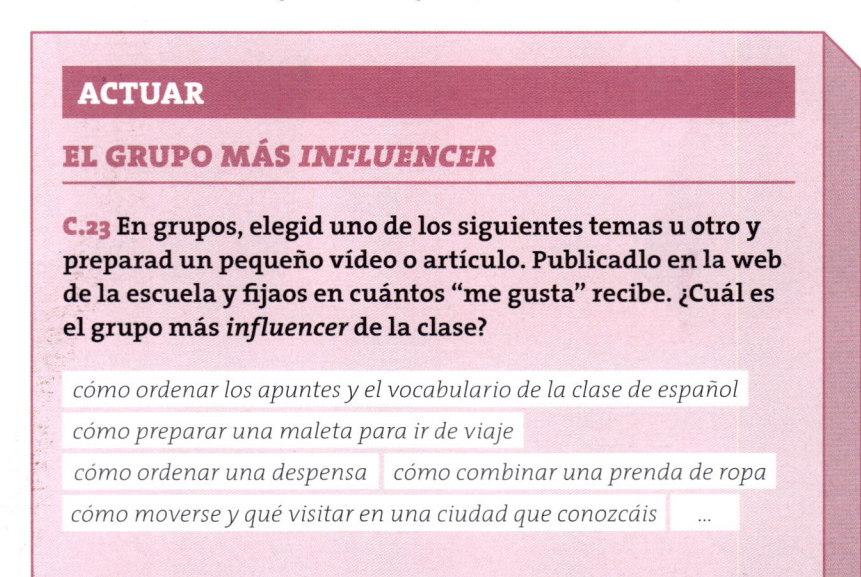

ACTUAR

EL GRUPO MÁS *INFLUENCER*

C.23 En grupos, elegid uno de los siguientes temas u otro y preparad un pequeño vídeo o artículo. Publicadlo en la web de la escuela y fijaos en cuántos "me gusta" recibe. ¿Cuál es el grupo más *influencer* de la clase?

- cómo ordenar los apuntes y el vocabulario de la clase de español
- cómo preparar una maleta para ir de viaje
- cómo ordenar una despensa
- cómo combinar una prenda de ropa
- cómo moverse y qué visitar en una ciudad que conozcáis
- ...

◁ ¡Compártelo! #cdec1_influencers

D UNA PAUSA PARA LA PUBLICIDAD

S DE SEDUCCIÓN | 158

→ 🏠 🖥 **Prepárate en casa:** *Texto mapeado*

1 En invierno, más que nunca, nuestras defensas tienen que ayudar a protegernos de los agentes externos que hay en el ambiente. Actimel puede ayudarlas, pero entiendo que para creer hay que ver, así que empecemos.

Muchos agentes externos entran por la boca al respirar, al comer... y cuando llegan al intestino
5 intentan atravesarlo para expandirse por todo el cuerpo. Por eso el setenta por ciento de las defensas están en el intestino.

¿Y cómo actúan las defensas?

Forman una barrera que ayuda a impedir la entrada de esos agentes, pero esta barrera se puede debilitar por el frío, la mala alimentación, el estrés... y entonces se crean huecos que aprovechan
10 estos agentes para colarse.

¿Cómo nos ayuda Actimel?

Como es un alimento, también llega al intestino, rellena los huecos y así ayuda a reforzar las barreras de las defensas.

Esto no es magia, es ciencia, y así lo han confirmado instituciones como la Universidad de Navarra.
15 En casa nos funciona; cada mañana Actimel, y todavía más en invierno.

Único, demostrado, ayuda a las defensas. Por eso Danone no lo fabrica para otras marcas.

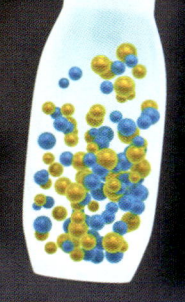

Fuente: Actimel, 2009

¿Qué es la intertextualidad?

La intertextualidad es la relación que existe entre dos o más textos. En publicidad, la intertextualidad es un recurso muy utilizado. A menudo podemos ver cómo las agencias utilizan referencias al cine, a la música o a personajes para crear sus anuncios, de manera que estos llegan mejor al espectador, siempre y cuando este tenga los datos suficientes para entender qué partes del anuncio hacen referencia a otros textos anteriores.

S DE SEDUCCIÓN | 159

COMPETENCIA CRÍTICA
¿UNA NOTICIA O UN ANUNCIO?

D.1 Vas a leer la transcripción de un anuncio televisivo protagonizado por una periodista española. Antes, comenta estas preguntas con algunos compañeros.

- ¿Qué opinas sobre el hecho de que un periodista haga publicidad?
- ¿Tú opinión cambia dependiendo del producto anunciado?
- ¿Con qué intención crees que las marcas recurren a ellos?
- ¿De qué manera piensas que eso puede afectar a los consumidores?

LA PUBLICIDAD QUE IMITA

D.2 Lee la transcripción del anuncio y fíjate en las imágenes para responder a las siguientes preguntas. Puedes ver el anuncio en internet.

- ¿Qué tipo de producto es?
- ¿Para qué sirve?
- ¿Da información suficiente sobre el producto?
- ¿A qué tipo de público se dirige el anuncio?

D.3 ¿Con qué tipo de producto intenta la marca que el espectador lo identifique? ¿En qué te basas?

D.4 ¿Qué efecto consigue con ello el anunciante? Ten en cuenta lo que habéis comentado en las tres actividades anteriores.

D.5 ¿Crees que este tipo de publicidad es lícita? ¿Por qué?

D.6 Observa estos titulares de noticias relacionadas con el anuncio y busca más información en internet. ¿Están justificadas las multas y denuncias?

Danone debe pagar multa por exagerar beneficios de Activia y Actimel
Fuente: www.bbc.com (2010)

PREMIO A LA MENTIRA PUBLICITARIA MÁS INSOLENTE
(GOLDENER WINDBEUTEL 2009)
Fuente: www.gastronomiaycia.republica.com

ACTUAR
INTERTEXTUALIDAD

D.7 Lee el cuadro sobre la intertextualidad (página izquierda) y observa estos anuncios. ¿Qué tipo de texto imitan o qué referencias evocan en el espectador?

Nuevo Altea XL. La familia al poder

Déjame que te cuente la historia del nuevo Altea XL: el coche más fantástico que jamás haya conducido una familia. Dicen que es grande como una ballena del Ártico y fuerte como un bisonte en estampida. Algunos incluso cuentan que, en su enorme interior, puede cobijar cientos de juguetes. Y que allí escondidos, protegidos por un ejército de airbags y todas las medidas de seguridad del mundo, duermen cada noche en sus 635 litros de maletero.

SEAT

Maldito coche.

Siempre pasa lo mismo. De repente aparece en tu retrovisor. Y no lo has visto venir.
Te pide paso. Te sitúas a la derecha y rápidamente te adelanta. Sin contemplaciones.
¡Maldito coche!
¿Qué tendrá bajo su capó que se destaca del resto, con una alegría y una soberbia que provocan la envidia?
¡Maldito coche! ¡Con qué aplomo acomete los trazados más sinuosos! Haciendo gala de un tren de rodaje excepcional.
Maldito, por su mecánica legendaria. Por su motor de inyección. Por sus 115 CV.
Maldito porque cuanto más lo conduces, más claras deja las diferencias: nervio, poderío, inigualables prestaciones. Porque unos pocos kilómetros son suficientes para valorar su inmejorable equipamiento: frenos ABS, dirección asistida, computadora de a bordo.
Maldito porque demuestra su seguridad activa y pasiva superando las más estrictas normativas internacionales.
¡Maldito coche por lo mucho que se hace desear! Sobre todo cuando el Golf GTI impone su categoría sin importarle en absoluto todo lo que se diga de él.

Volkswagen Golf GTI

Ahora el Golf con las mejores condiciones en los concesionarios Volkswagen

D.8 En grupos, vais a diseñar una nueva campaña para Actimel. Decidid qué tipo de texto queréis imitar (un cuento, un artículo, un poema…), a quién va dirigido, etc. Redactad el texto, diseñad el anuncio y presentadlo en clase.

¡Compártelo! #cdec1_intertextualidad

¿QUÉ HAS APRENDIDO?

1. Escribe a qué se debió el éxito de los personajes de la derecha. Fíjate en el ejemplo de Frida Kahlo y usa los recursos de B.8. Puedes buscar información en internet.

→ *Su gran capacidad para plasmar el dolor y el sufrimiento hizo de ella una de las artistas más admiradas del mundo.*

2. Conecta el principio de cada frase con su final más lógico.

Me vio y no me saludó; hizo como si...	1	A	me las pincharan con unas agujas.
Son muy amigos. Se llevan muy bien, como si...	2	B	fueran hermanos.
Ayer fui al gimnasio. Me duele todo el cuerpo como si...	3	C	nada hubiera pasado.
Tengo muchísima hambre, como si...	4	D	no hubiera comido en días.
Tengo las manos heladas; noto como si...	5	E	no me conociera.
No recuerda nada los malos momentos que pasó en su infancia, como si...	6	F	le dieran cuerda.
Habla y habla sin parar, como si...	7	G	quisiera borrarlos de su memoria.
Nos explicó la historia de la antigua Roma de una forma muy vívida, como si...	8	H	hubiera vivido en esos años.
A pesar de que su amigo lo engañó, él siguió tratándolo como si...	9	I	me hubieran dado una paliza.

3. En la actividad anterior hay dos frases que hacen referencia a sensaciones físicas (3 y 5). Piensa en algún dolor o molestia física y descríbela usando *como si* + subjuntivo.

→ *Me duele la cabeza como si me estuvieran dando martillazos.*

→ Gram., p. 183 ▸ **18.4**

4. Sustituye las palabras en negrita por alguna de las expresiones de C.9.

1. Son **muy pocos** los casos de ataques de tiburón en estas costas.
2. Con un euro te puedes comprar **algunos** caramelos.
3. Mi abuelo era riquísimo y dejó a mi tío **muchísimo** dinero.
4. Todo el mundo llevó algo a la fiesta y al final había **muchísima** comida.
5. Un menú del día **aproximadamente** cuesta once euros.
6. El hotel estaba **aproximadamente a** cien metros de la catedral.

5. Escribe una definición detallada y lo más completa posible de *influencer*. Puedes usar estas palabras y expresiones.

*credibilidad   influyente   prescriptor   marcas   seguidores
tendencia   líder   impacto   reputación   influencia
autoridad   percepción   movilizar*

6. Escribe un final para estas frases.

1. Conforme me voy haciendo mayor, _____
2. A medida que aprendo más español, _____
3. Ayer, mientras desayunaba, _____
4. Según iba hablando con Sara, _____

→ Gram., p. 184 ▸ **20**

7. ¿Qué es lo más importante y útil que has aprendido en esta unidad?

8. ¿Qué es lo que te ha parecido más difícil?

9. ¿En qué aspectos has mejorado?

10. ¿Qué puedes hacer a partir de ahora para afianzar los contenidos que te resultan difíciles?

T de tecnología

A | CAMBIOS TECNOLÓGICOS

ENTRAR EN EL TEMA

LA COMUNICACIÓN EN LA ERA DIGITAL

A.1 Observa estas viñetas y haz una lista de los cambios tecnológicos que sugieren. Después, añade otros cambios recientes relacionados con la tecnología.

HACE 15 AÑOS — HACE 15 MINUTOS

© Agustina Guerrero

"Hay cosas que no entran ni por casualidad en 140 caracteres."

© Liniers

- *jugar* > con el móvil > a videojuegos > a la videoconsola
- *aparato* > electrónico > de última generación
- *acceso a* > la información > la comunicación
- *formas de* > comunicarse > relacionarse
- *ordenador* > portátil > de sobremesa
- *tecnología* > digital > analógica
- *libro* > digital > electrónico > de papel
- *redes* > sociales
- *relaciones* > sociales
- *nuevas* > tecnologías
- *teléfono* > móvil > fijo
- *tableta* > digital > gráfica

A.2 Comenta con tus compañeros: ¿cómo han afectado estos cambios a nuestra forma de vida?; ¿os parecen todos positivos?

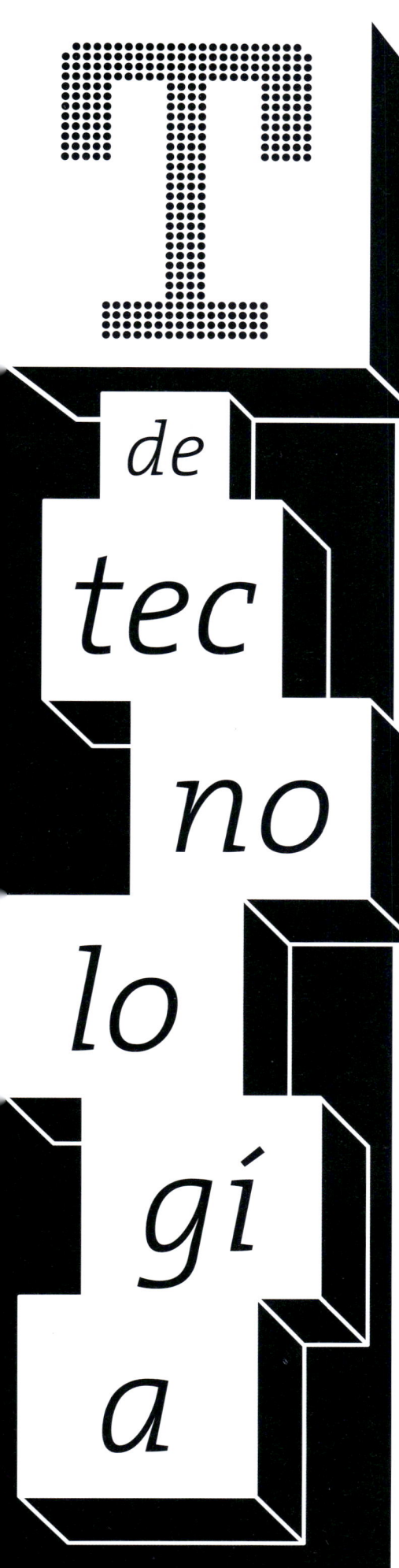

→ Prepárate en casa: ¿Qué sabes?

EL VALOR DEL CONOCIMIENTO

¿Quién es Eduard Punset?
Nació en Barcelona en 1936. Es un comunicador y divulgador científico muy popular en España. Es economista y durante los años 70 y 80 fue delegado del Fondo Monetario Internacional, ministro y eurodiputado. Más recientemente ha dirigido y presentado un programa de ciencia en la televisión y actualmente escribe libros de autoayuda y divulgación y colabora en la prensa.

→ Prepárate en casa: *Texto mapeado*

Los lectores preguntan
a **Eduard Punset**

Pregunta enviada por
Nuria Garitagoitia Fernández

¿Qué aporta más valor: la tecnología o el conocimiento?

No estamos acostumbrados a que después de tantos años de economía estancada y deprimida se siga sin ver la salida. Tras la Segunda Guerra Mundial, no es frecuente que los ciclos económicos tarden tanto tiempo en desplegarse. Por otra parte, la supuesta expansión de los países emergentes no es todo lo firme que se esperaba. Los núcleos de expansión, no necesariamente países, podría decirse que están en otra parte.

Al final, tal vez tengan razón los que advirtieron hace tiempo de que lo importante en el futuro no será tanto el ritmo de crecimiento como el conocimiento acumulado y disponible. Es decir, la tecnología. Hace algunas décadas, los científicos recordaron que el progreso tecnológico no es una ciencia divina que, de pronto, ayuda a dar saltos gigantescos, sino que es una combinación de tecnologías ya existentes que podemos encontrar en centros educativos, revistas, conferencias y reuniones inesperadas. España apenas está empezando este largo recorrido.

Un marciano que aterrizara de pronto en España seguro que recomendaría a sus amigos españoles gastar menos en agricultura y turismo y más en ciencia y tecnología. ¿Qué otras cosas aconsejaría un sabio marciano a sus amigos emprendedores españoles? Hablar menos y saber escuchar con la sonrisa en la boca. Es absolutamente indispensable conciliar entretenimiento y conocimiento. La experiencia de miles de profesores en miles de centros de enseñanza nos ha mostrado que es preciso distraer a la gente para que aprenda; si no se la distrae, no aprende.

De cara al futuro también resultará vital conocer las normas esenciales para trabajar en equipo. En España no solo se desconocen las reglas básicas del trabajo en equipo, sino que la envidia heredada tiende a mortificar a quien se le ocurra realizarlo.

Por último, yo no me canso de repetir a los alumnos que aprovechen el tiempo para aprender una segunda disciplina, que puede no estar relacionada para nada con la que fue su vocación primera. Si han terminado Biología, ¿por qué no intentar ahora aprender la tecnología de los computadores? En la vida laboral les van a pedir, con toda seguridad, que sepan algo de las dos carreras.

Tan importante como el dominio de la vida multicelular es saber trabajar en equipo, conocer distintos idiomas, haber congeniado con caracteres distintos y mentalidades diferentes. Cambiar de universo, si eso es posible. Profundizar en las nuevas técnicas de comunicación digital todo el mundo lo da por descontado, sin que se dé en la realidad. Hacer gala de menos contenidos académicos y más de otros que estén en sintonía con el corazón de la sociedad global.

Fuente: adaptado de *XL Semanal*, 24/11/2013

T DE TECNOLOGÍA | 163

PREPARAR EL DOCUMENTO

¿TECNOLOGÍA O CONOCIMIENTO?

B.1 Fíjate en el título del texto. ¿Qué responderías a esa pregunta? Coméntalo con algunos compañeros.

ENTENDER EL DOCUMENTO

PUNSET RESPONDE

B.2 Lee el texto y responde.

- ¿Qué respuesta da el autor a la pregunta?
- ¿Crees que contesta claramente?
- ¿Estás de acuerdo con lo que dice?

B.3 En parejas. ¿Qué significan los fragmentos subrayados en el texto? Discutidlos y explicadlos con vuestras palabras.

B.4 Habla con tus compañeros. ¿Qué imagen de España da el artículo en cuanto al desarrollo tecnológico? ¿Y en lo que se refiere a la manera de trabajar de los españoles?

TRABAJAR EL LÉXICO

ECONOMÍA Y TRABAJO

B.5 En el artículo aparecen varias combinaciones de palabras muy frecuentes relacionadas con el trabajo y la economía. Busca con qué palabras se combinan *economía*, *laboral* y *trabajo*.

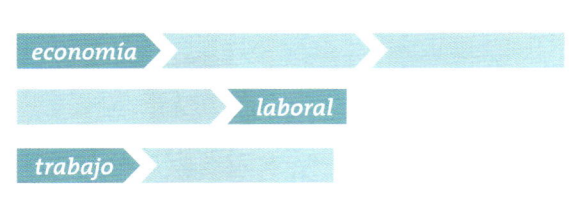

- economía →
- laboral →
- trabajo →

B.6 Crea otras combinaciones comunes con las palabras de B.5 y con estas.

jornada	precario/a	en recesión	sumergido/a	de mercado
manual	contrato	baja	calendario	de cara al público
temporal	intelectual	en expansión	(no) remunerado/a
a tiempo parcial	competitivo/a	doméstico/a	mercado
estrés	mundo	globalizado/a	precariedad	de oficina	fijo/a

B.7 Explica cómo es tu trabajo o cómo te gustaría que fuera usando algunos de los recursos de la actividad B.6.

> Yo trabajo media jornada en una oficina. Tengo contrato fijo y creo que es un trabajo que no está mal pagado.

ADJETIVOS TERMINADOS EN -NTE

B.8 Los adjetivos que terminan en *-ante*, *-ente* o *-iente* provienen de verbos. Completa esta tabla y añade dos más. Los cuatro primeros aparecen en el texto.

Verbo	Adjetivo
emerger	→ emergente
existir	→
importar	→
diferir	→
florecer	→
dominar	→
competir	→
insultar	→
herir	→
preocupar	→
	→
	→

B.9 ¿Qué combinaciones puedes hacer con estas palabras y los adjetivos anteriores? Luego, elige algunas y escribe tus propias frases de ejemplo.

cultura	carta	carácter	situación	economía	mercado
comentario	época	persona	respuesta	artista	actitud
idioma	civilización	negocio	rumor	empleado/a	tono

→ *Las economías emergentes son menos estables, pero ofrecen más posibilidades de inversión que las que ya están consolidadas.*

B.10 Traduce a tu lengua las combinaciones de palabras anteriores. ¿Tienen algo en común los adjetivos (proceden de verbos, tienen los mismos sufijos...)?

TRABAJAR LA GRAMÁTICA

CONTRASTE EL/LO

B.11 Observa esta frase extraída del artículo. ¿Por qué se usa lo y no el?

> "[...] lo importante en el futuro no será tanto el ritmo de crecimiento como el conocimiento acumulado y disponible."

B.12 Completa estas frases con el o lo. Luego, completa la explicación gramatical del cuadro de abajo.

1. .... más importante en el futuro será la innovación tecnológica.
2. .... más importante en el futuro será el responsable de innovación tecnológica.
3. En el trabajo, ... mejor es llevarse bien con todo el mundo.
4. En el trabajo, ... mejor es Juan, que se lleva bien con todo el mundo.
5. .... que vi en la tienda me encantó; tenían muchas cosas para regalar.
6. .... que vi en la tienda me encantó; era un modelo nuevo muy potente.
7. .... que quiero no es eso; creo que no me has entendido bien.
8. .... que quiero no es ese; prefiero el que está ahí, en el escaparate.

el/lo

- .... se refiere a algo no determinado y puede sustituirse por expresiones como: *la cosa, la parte, el aspecto...*
- .... se refiere a un sustantivo masculino identificable en ese contexto.

→ G Gram., p. 172 » 1

TODO LO + ADJETIVO/ADVERBIO + QUE

B.13 Reescribe estas frases, como en el ejemplo.

1. La expansión de los países emergentes no es **todo lo** firme **que** se esperaba.
   → *La expansión de los países emergentes no es tan firme como se esperaba / es menos firme de lo que se esperaba.*
2. La nueva red informática no es **todo lo** segura **que** dijeron.
3. Tu forma de trabajar no es **todo lo** eficiente **que** crees.
4. El progreso tecnológico no es **todo lo** rápido **que** quisiéramos.
5. Lo hice **todo lo** bien **que** pude.
6. Ayer Neymar no jugó **todo lo** bien **que** sabe.
7. La película fue **todo lo** buena **que** esperábamos.

→ G Gram., p. 186 » 23.3

B.14 Fíjate en los verbos que siguen a que en las frases anteriores. ¿Qué tiempos se usan? ¿Entiendes por qué?

B.15 Escribe tus propios ejemplos con la construcción todo lo + adjetivo/adverbio + que. Piensa en situaciones concretas relacionadas con tus estudios, tu trabajo, situaciones de tu vida cotidiana, etc.

> Mi trabajo no está todo lo bien pagado que debiera.

OBSERVAR EL DISCURSO

FORMALIDAD, INFORMALIDAD Y HUMOR

B.16 En el artículo que has leído, el autor mezcla formalidad e informalidad y utiliza el humor para acercarse al lector. ¿Qué fragmentos del texto te parecen más informales? ¿Cuáles son humorísticos?

ACTUAR

LOS LECTORES OPINAN

B.17 Escribe un comentario al artículo de Punset con tu opinión. Fíjate en este modelo.

> Comentar 👍3 👎4
>
> Tengo la sensación de que el autor no responde a la pregunta de la lectora, que, personalmente, me parece muy interesante. Además, no estoy del todo de acuerdo con lo que dice: ¿cómo puede relativizar la importancia del crecimiento económico, del que depende toda la economía mundial? Por otra parte, el autor critica la mentalidad española cuando afirma que los españoles no saben trabajar en equipo y que son envidiosos, pero mi experiencia profesional me indica todo lo contrario.

⤴ ¡Compártelo! #cdec1_punset

C LA REVOLUCIÓN DIGITAL

T DE TECNOLOGÍA | 165

LA SOCIEDAD DIGITAL
Genís Roca

→ 🏠 💻 Prepárate en casa: *Vídeo + transcripción*

PREPARAR EL DOCUMENTO

CAMBIOS CRUCIALES

C.1 Estos cuatro momentos (1-4) han sido cruciales para la humanidad. Comenta con tus compañeros, usando las estructuras que te proponemos abajo, qué acontecimientos de la lista (a-h) asociarías a cada uno y anota las frases.

Hace 2,9 millones de años
Los hombres aprenden a fabricar instrumentos de piedra.
1

Hace 10.000 años
Se domestican algunas especies vegetales y animales.
2

Siglo XVII
Se inventa la máquina de vapor.
3

Hacia 1950
Se empieza a desarrollar la tecnología digital.
4

a. la mejora de la supervivencia de la especie
b. el comienzo de la distribución del trabajo
c. el crecimiento de las ciudades
d. el desarrollo de la agricultura y la ganadería
e. el éxodo rural
f. la industrialización
g. el paso de la vida nómada a la vida sedentaria
h. la posibilidad de comunicarse en tiempo real con todo el mundo

→ *La mejora de la supervivencia de la especie tiene que ver con la fabricación de instrumentos de piedra.*

La industrialización	está relacionada con	la invención de...
	tiene que ver con	la fabricación de...
	fue consecuencia de	el desarrollo de...
	se produjo después de	

La invención de...	dio lugar a	la industrialización.
La fabricación de...	posibilitó	
La domesticación de...	hizo posible	

166 | T DE TECNOLOGÍA C

ENTENDER EL DOCUMENTO

LA SOCIEDAD DIGITAL

C.2 Ve el vídeo y toma nota de las transformaciones sociales y momentos de la historia que se mencionan. ¿Coincide con lo que habéis dicho en la actividad C.1?

C.3 Explica lo que quiere decir Genís Roca con este comentario. ¿Entiendes por qué se ríe el público?

"Soy arqueólogo. [...] y me especialicé en Paleolítico Inferior. Es una carrera con muchas salidas. No hay nadie que haga Paleolítico Inferior y dude de la capacidad de salidas profesionales que puede tener esto. Tengo compañeros en todos los sectores."

C.4 Después de ver el vídeo, ¿podrías explicar qué es una **tecnología disruptiva**? ¿Para el conferenciante es algo positivo o negativo? ¿Y para ti?

TRABAJAR EL LÉXICO

UNA TECNOLOGÍA DISRUPTIVA

C.5 Los verbos marcados en estas frases relacionan hechos. Termina las frases con las ideas que ha dado el conferenciante o con otras que tengan sentido.

1. Una tecnología relevante es la que **altera** *el sistema productivo.*
2. La fabricación de instrumentos de piedra **hace posible**
3. La domesticación de las especies **da lugar a**
4. La invención de la máquina de vapor **comporta**
5. La tecnología digital **influye en**
6. La aparición de internet **implica**
7. El fácil acceso a la comunicación **ha supuesto**

EXPRESAR CAMBIOS

C.6 En la conferencia, Genís Roca habla del acceso al conocimiento de las últimas cuatro generaciones. ¿A cuál perteneces tú? ¿Añadirías algún cambio importante?

1900-1930
Abuelo de Genís
Mi abuelo, cuando quería escuchar música, iba al baile y, cuando quería ver una película, iba al cine. El cine se empezó a **popularizar** en los años veinte.

1930-1960
Padre de Genís
La radio **acercó** la música y las noticias a la gente. Se **normalizó** el acceso a los contenidos desde las casas.

1960-1990
Genís
Los televisores entraron en los hogares. Las cámaras de fotos y de vídeo **se empequeñecieron**, se volvieron más manejables y **se abarataron**.

desde 1990
Hijos de Genís
Internet **facilita** la publicación de contenidos de texto, audio y vídeo. Nos hemos convertido en editores de material escrito y audiovisual.

C.7 Los verbos destacados en la actividad anterior provienen de adjetivos. Completa la tabla y marca los prefijos y los sufijos.

Adjetivo o adverbio	Verbo que significa "entrar en esa situación o estado"
pequeño/a	→ empequeñecer(se)
grande	→ agrandar(se)
cerca	→ acercar(se)
lejos	→ alejar(se)
caro/a	→
barato/a	→
pobre	→
rico/a	→
popular	→
fácil	→
difícil	→
normal	→
digital	→
simple	→

TRABAJAR LA GRAMÁTICA

VERBOS CON SE

C.8 Los verbos de la actividad anterior admiten dos construcciones distintas: una con pronombre y otra sin él. Mira estos ejemplos y completa la regla.

- La crisis **ha abaratado** los precios de muchos productos.
  Los precios **se han abaratado** a causa de la crisis.
- Los dos países **han normalizado** sus relaciones.
  Las relaciones entre los dos países **se han normalizado**.
- Microsoft **acercó** los ordenadores a los hogares.
  Los ordenadores **se acercaron** a los hogares.

verbos con se

- Si la persona, animal o cosa que experimenta el cambio aparece como sujeto, usamos un verbo ....
- Si la causa del cambio aparece como sujeto, usamos un verbo ....

→ Gram., p. 172 › 2

USO DEL IMPERFECTO DE SUBJUNTIVO

C.9 Las siguientes expresiones pueden ir seguidas de sustantivo o de un verbo conjugado en subjuntivo. Transforma las frases que has creado en la actividad C.1 usando el subjuntivo.

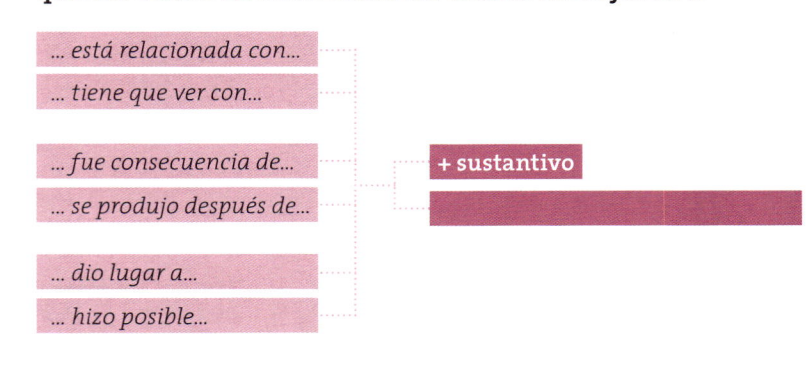

- ... está relacionada con...
- ... tiene que ver con...
- ... fue consecuencia de...   + sustantivo
- ... se produjo después de...
- ... dio lugar a...
- ... hizo posible...

- El cultivo de los cereales dio lugar a la sedentarización.
  → *El cultivo de los cereales dio lugar a que los hombres fueran sedentarios / se quedaran a vivir en el mismo lugar todo el año.*

→ Gram., p. 180 › 15

OBSERVAR EL DISCURSO

CONFERENCIAS Y PRESENTACIONES

C.10 La conferencia que hemos visto tiene un carácter divulgativo y va dirigida a un público no especializado. Lee estas recomendaciones para presentaciones de este tipo y ve el vídeo de nuevo. Fíjate en si el ponente las aplica.

RECOMENDACIONES

Conferencia o presentación oral

- **Presentarse de una manera que despierte la simpatía del auditorio**, por ejemplo, contando alguna anécdota con la que el público pueda sentirse identificado.
- **Plantear un problema o tesis** desde el principio **y dar soluciones o argumentos** a lo largo de la presentación.
- **Emplear un lenguaje llano y personal**, adecuado al tipo de destinatario que buscamos.
- **Repetir las ideas importantes más de una vez**, de distintas maneras, **y dar ejemplos** concretos para aclarar conceptos abstractos o generales.
- **Apoyarse en esquemas y elementos visuales** que sean atractivos y fáciles de recordar.
- **Utilizar moderadamente el lenguaje corporal**: mirar al público, mantener los brazos a la altura del vientre y abrirlos al hablar, mostrar las palmas de las manos, no moverse bruscamente, etc.

ACTUAR

CAMBIOS DISRUPTIVOS

C.11 En parejas o grupos, preparad una presentación (de unos tres minutos) sobre un acontecimiento histórico-social que haya originado cambios importantes. Tened en cuenta las recomendaciones anteriores.

¡Compártelo! #cdec1_cambiosdisruptivos

La aparición del turismo

La invención de la televisión

La aparición del rock'n'roll

La aparición y evolución del diseño de moda

EXPUESTOS Y VIGILADOS

El País   Opinión 43

Por Vicente Verdú

Estamos vigilados

Todos sufrimos la sensación de una amenaza acrecentada en los últimos tiempos. La amenaza del terrorismo o del secuestro exprés, la amenaza de la falsificación, la copia pirata, la mentira política, la manipulación y la conspiración. Como consecuencia y tras unas primeras resistencias, el sistema panóptico de seguridad ha ido ganando terreno en las ciudades. En Gran Bretaña, después del agua, el gas, la electricidad y las telecomunicaciones, la televigilancia se ha convertido en la quinta red urbana del país, y algo semejante ocurre en Estados Unidos.

Vigilar y castigar. Vigilar y transmitir información a través de múltiples redes que disgregan la identidad en partículas cada vez más vulnerables a la explotación y a la sumisión. La policía vigila las calles; los seguratas, los comercios, los bancos y los portales; los jefes vigilan a los empleados dentro mismo de internet, la población entera se ve permanentemente fichada por sus tarjetas de crédito, sus carnets, sus tiques, las afiliaciones, las *cookies* del ordenador.

Y, por si faltaba poco, el programa Echelon de la National Security Agency (NSA), una agencia de información creada por Estados Unidos, Reino Unido, Canadá, Australia y Nueva Zelanda, se ocupa de controlar todo el tráfico internacional vía satélite, siendo capaz de aislar determinadas palabras o frases a partir de miles de mensajes.

Cada día, millones de llamadas telefónicas, de correos electrónicos, de SMS, de télex son cribados, seleccionados y analizados por esta central de inteligencia dos veces mayor que la CIA y varias veces más poderosa.

En cuestiones de vigilancia y seguimiento todo parece poco, mientras, simultáneamente, el ciudadano ha visto recortados sus grados de libertad y privacidad. "Vislumbro un mundo", decía Joseph Brann, director de la COPS, policía de comunidad norteamericana, "en que la policía será la gente, y la gente, la policía".

Ese mundo ha llegado ya. ¿O qué otra naturaleza le corresponde a la más que diligente actuación del videoaficionado en cualquier hora y lugar? El mundo, sus parajes más remotos, sus incidentes más imprevistos, sus sorpresas más insólitas, se desperezan hoy ante el ojo atento de una o más cámaras.

El grueso de la población, vigilada y vigilante, se halla revuelta en la promiscuidad de la visión, la obscenidad del ojo. Pero ¿esto provoca angustia? ¿Insoportable malestar? Ni mucho menos.

Antes, solo unos cuantos personajes gozaban de la distinción de ser observados, televisados, radiados. Este tratamiento ha ido perdiendo, sin embargo, su carácter elitista. La democratización de los medios significa, ante todo, la satisfacción del deseo, propio del ciudadano común, de convertirse en suceso mediático, elemento válido para ser transmitido por televisión y lograr la identidad espectacular propia de la época. ∎

Fuente: adaptado de *El País*, 17/2/2006

Prepárate en casa: *Texto mapeado*

¿Qué es El País?
El País, con sede en Madrid, es el periódico con mayor difusión de los que se editan en España. Según Wikipedia, "[en su fundación] fue tenido por referente del centroizquierda español y de tendencias socialdemócratas. Sin embargo, y tras sucesivos cambios accionariales, ha sido acusado de haber evolucionado hacia posturas cercanas al liberalismo".

T DE TECNOLOGÍA | 169

COMPETENCIA CRÍTICA

BAJO VIGILANCIA

D.1 Mira estas imágenes. ¿Qué sugieren con respecto a la relación entre la tecnología y las personas? En parejas, ponedles un título.

A

© Paweł Kuczyński

B

¡ATENCIÓN!
LUGAR EQUIPADO CON CÁMARAS DE SEGURIDAD
UD ESTÁ SIENDO GRABADO

D.2 Lee el artículo de Vicente Verdú. ¿Qué párrafos relacionarías con la imagen A de la actividad anterior? ¿Y con la imagen B? ¿Y con ambas?

D.3 Marca en qué punto de la escala crees que está el artículo y luego piensa: ¿a quién va dirigido el artículo?; ¿cuál es el objetivo del autor? Comentadlo en clase.

informal	● ● ● ● ●	formal
no especializado	● ● ● ● ●	especializado
subjetivo	● ● ● ● ●	objetivo
persuasivo	● ● ● ● ●	explicativo
coloquial	● ● ● ● ●	culto

D.4 Responde a estas preguntas y justifica tus respuestas con fragmentos del texto.

- Según el autor, ¿les molesta a los ciudadanos el hecho de estar siempre bajo vigilancia?
- ¿Esta situación se ve como algo positivo o más bien como algo negativo?

D.5 Resume la opinión del autor en una o dos frases. ¿Estás de acuerdo con él? Coméntalo con un compañero y explicad vuestro punto de vista a la clase.

ACTUAR

CARTA AL DIRECTOR: CÁMARAS DE VIGILANCIA

D.6 Lee esta información sobre una iniciativa del Ayuntamiento de Madrid. ¿Te parece apropiada la instalación de nuevas cámaras de vigilancia? Habla con un compañero.

Instalación de nuevas cámaras de vigilancia
Objetivo: mejorar la seguridad ciudadana

- El plan cuenta con 600 000 € de presupuesto.
- 46 nuevas cámaras se sumarán a las 147 que ya existen en la zona.
- La actuación se realizará en el centro de Madrid.
- Las cámaras pueden rotar 360 grados
- y están programadas con un algoritmo protector de la intimidad. (La imagen se desactiva si la cámara apunta al interior de una vivienda).
- Reducen un 10% la criminalidad.

Fuente: Ayuntamiento de Madrid y *El País*

D.7 Escribe una carta al director (250 palabras) con tu opinión sobre el tema de la actividad D.6. Ten en cuenta estas recomendaciones.

RECOMENDACIONES

Texto de opinión para un medio público

- **Recuerda bien el objetivo:** quieres manifestar un punto de vista personal, pero debes presentar los hechos de forma objetiva y comprensible para quien no los conoce.
- **Organización de la información:** se debe presentar de forma clara y ordenada. Se suele ir de lo general a lo particular.
- **Párrafos:** conviene no desarrollar más de un aspecto por párrafo. El primer párrafo tiene que atraer la atención del lector, y los últimos pueden sintetizar el punto de vista del autor.
- **Punto de vista personal:** los comentarios valorativos, que buscan influir en la opinión del lector, tienen que apoyarse en la descripción de los hechos.

¡Compártelo! #cdec1_videovigilancia

¿QUÉ HAS APRENDIDO?

1. Dibuja dos mapas conceptuales en torno a los dos temas principales de la unidad: **tecnología y desarrollo** y **trabajo y economía**. Puedes seguir el criterio que te resulte más útil para recordar las nuevas palabras y expresiones (temático, categoría gramatical, etc.).

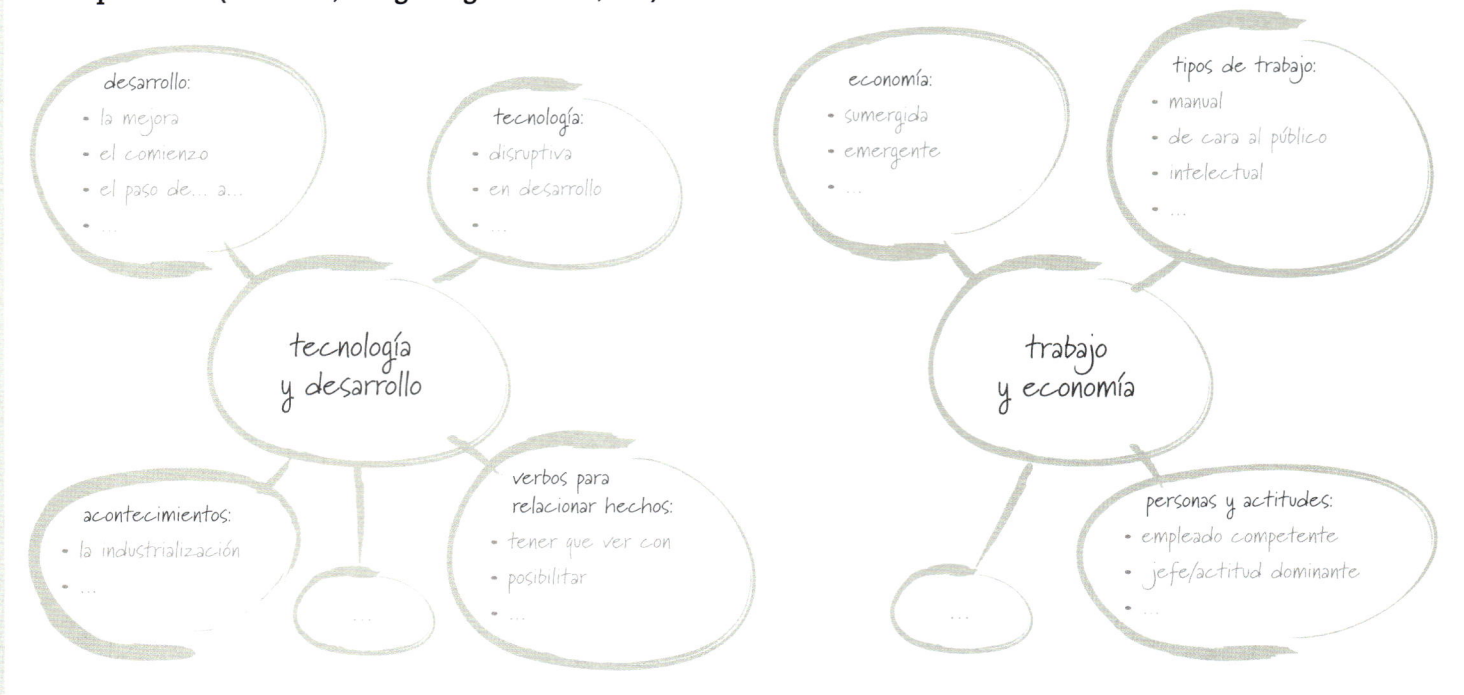

tecnología y desarrollo

- desarrollo:
  - la mejora
  - el comienzo
  - el paso de... a...
  - ...
- tecnología:
  - disruptiva
  - en desarrollo
  - ...
- acontecimientos:
  - la industrialización
  - ...
- verbos para relacionar hechos:
  - tener que ver con
  - posibilitar
  - ...

trabajo y economía

- economía:
  - sumergida
  - emergente
  - ...
- tipos de trabajo:
  - manual
  - de cara al público
  - intelectual
  - ...
- personas y actitudes:
  - empleado competente
  - jefe/actitud dominante
  - ...

---

2. Lee estos fragmentos de la conferencia "La sociedad digital", de Genís Roca, y observa los elementos destacados. ¿**Lo** significa lo mismo en todos los casos? ¿Entiendes por qué se usa?

"Para un arqueólogo, cuando nosotros encontramos un objeto lítico en un yacimiento, **lo** datamos, un objeto óseo, **lo** que sea, **lo** datamos."

"La sustitución de **lo** analógico por **lo** digital nunca **lo** propone la ciudadanía, siempre viene propuesto por la industria."

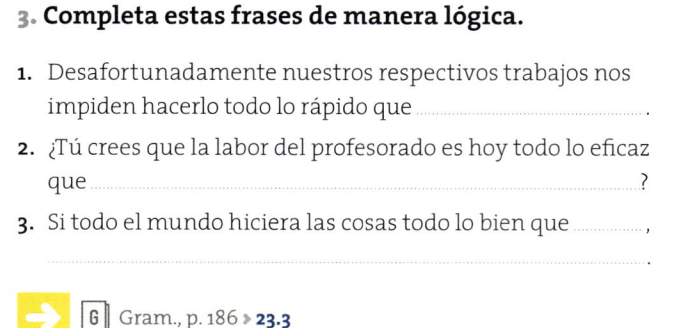

→ [G] Gram., p. 172 ▸ **1**

3. Completa estas frases de manera lógica.

1. Desafortunadamente nuestros respectivos trabajos nos impiden hacerlo todo lo rápido que _____.
2. ¿Tú crees que la labor del profesorado es hoy todo lo eficaz que _____?
3. Si todo el mundo hiciera las cosas todo lo bien que _____,

→ [G] Gram., p. 186 ▸ **23.3**

4. Dibuja una tabla como esta con verbos que has aprendido en la unidad y escribe un ejemplo para cada caso.

Verbos como empequeñecer	Verbos como dar lugar a
- Empequeñecer: Los móviles se fueron empequeñeciendo, pero ahora cada vez son más grandes. - Aratarse:	- Dar lugar a: La fabricación y el uso de instrumentos de piedra dio lugar al bipedismo. - Suponer:

→ [G] Gram., p. 180 ▸ **15**

---

5. ¿Qué es lo más importante y útil que has aprendido en esta unidad?

6. ¿Qué es lo que te ha parecido más difícil?

7. ¿En qué aspectos has mejorado?

8. ¿Qué puedes hacer a partir de ahora para afianzar los contenidos que te resultan difíciles?

APÉNDICE G | 171

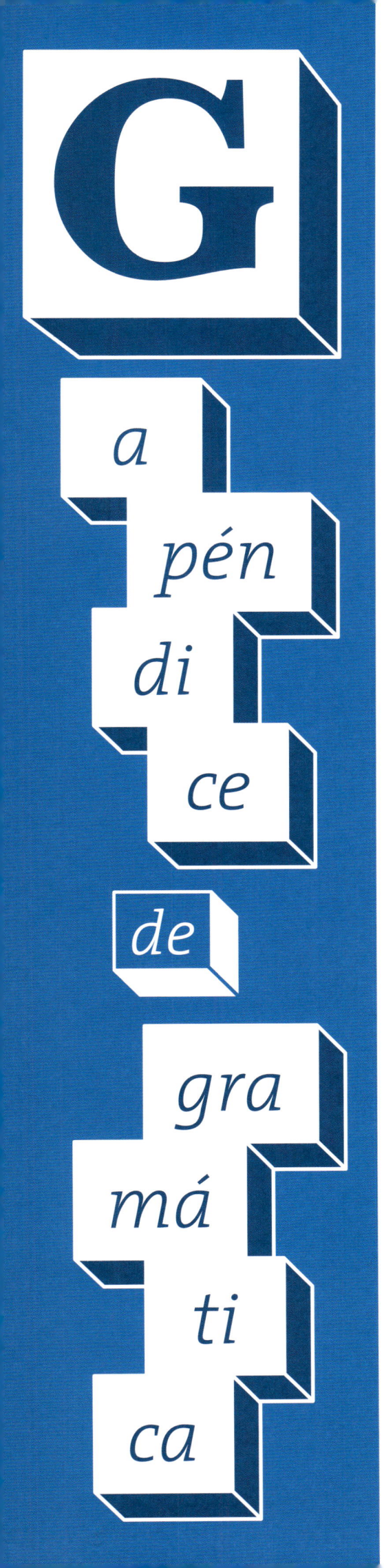

PRONOMBRES

1 LO NEUTRO 172
2 VALORES DE **SE** 172
3 PRONOMBRES REFLEXIVOS TÓNICOS ... 173

PREPOSICIONES Y ADVERBIOS

4 POR Y **PARA** 174
5 USOS Y VALORES DE **HASTA** 175
6 SIQUIERA 175
7 ADVERBIOS TERMINADOS EN **-MENTE** ... 175

VERBOS

8 FUTURO Y CONDICIONAL (HIPÓTESIS) ... 175
9 PERÍFRASIS VERBALES (DE OBLIGACIÓN Y DE FASE) ... 176
10 PARTICIPIO PRESENTE 178
11 INFINITIVO (SIMPLE/COMPUESTO) 178
12 GERUNDIO 178
13 VERBOS DE SENTIMIENTO 179

ORACIONES SUBORDINADAS

14 ESTILO INDIRECTO 179
15 CORRELACIÓN TEMPORAL EN SUBJUNTIVO ... 180
16 ORACIONES FINALES 180
17 ORACIONES Y CONECTORES CONSECUTIVOS ... 181
18 ORACIONES CONDICIONALES 181
19 ORACIONES CONCESIVAS 183
20 ORACIONES TEMPORALES 184

DISCURSO

21 RECURSOS DE ATENUACIÓN Y REFUERZO ... 184
22 RECURSOS DE GENERALIZACIÓN 185
23 RECURSOS DE COMPARACIÓN 185
24 QUE INDEPENDIENTE 186
25 SI INDEPENDIENTE 187

ÍNDICE TEMÁTICO 188

1 LO NEUTRO

Normalmente, los determinantes **el/la** sirven para identificar el nombre al que acompañan.

– *Prefiero la casa que visitamos ayer.*
– *El piso de Manuela tiene terraza.*

Sin embargo, también pueden emplearse en construcciones sin un nombre explícito, cuando es fácil identificar a qué nombre se refieren por el contexto.

– *La casa que hemos visto hoy me encanta.*
– *Pues yo prefiero la que visitamos ayer.*

– *¿Ya habéis decidido en qué piso vais a vivir?*
– *Todavía no. Mi piso es más grande, pero el de Manuela tiene terraza.*

En construcciones sin nombre, podemos usar los determinantes masculino y femenino (**el/la**) o el neutro (**lo**). Usamos las formas **el/la** cuando nos referimos a una entidad masculina o femenina identificable en el contexto.

– *Yo me pondré el traje negro.*
– *Pues entonces yo me pondré el rojo.*

En cambio, usamos la forma neutra **lo** cuando nos referimos a entidades abstractas (las cosas, las ideas, las palabras de alguien).

– *Para mí, lo más importante* (❯ la cosa más importante) *para aprender español es la gramática.*
– *Yo creo que aprender es lo más bonito de la vida.* ❯ la cosa más bonita
– *Lo que no entiendo* (❯ la cosa que no entiendo) *es por qué no me enviaste un mensaje.*
– *¿Te has enterado de lo de Paco?* ❯ el asunto de Paco, lo que le ha ocurrido a Paco
– *No estoy de acuerdo con lo que ha dicho Ana.* ❯ las palabras que ha dicho Ana

Esta diferencia es importante para comprender si alguien está haciendo referencia a una entidad específica, identificable en el contexto, o no.

– *Le he comprado el que quería.* ❯ me refiero a una entidad específica, de género masculino, que mi interlocutor conoce (un disco, por ejemplo)
– *Le he comprado lo que quería.* ❯ no me refiero a una entidad específica; podría ser un disco, una camisa u otra cosa

2 VALORES DE SE

La forma **se** tiene funciones diferentes en español. A continuación, se explican las nueve funciones principales.

Se como variante de le

Se usa la forma **se** (en lugar de **le**) cuando se combina **le** con un pronombre átono de tercera persona (**lo/la/los/las**).

– *Le envió un mensaje a Ana.* ❯ *Se lo envió.*
– *Le pintó la casa a Ana.* ❯ *Se la pintó.*
– *Le llamó tonto a Luis.* ❯ *Se lo llamó.*

Se como pronombre reflexivo

Se usa la forma **se** (de la serie reflexiva **me/te/se/nos/os/se**) cuando el sujeto del verbo coincide con el objeto directo o indirecto. En estos casos, se puede añadir **a sí mismo/a**.

– *Ana maquilla a su hermana.* ❯ *Ana la maquilla.*
– **Ana maquilla a Ana.* ❯ *Ana se maquilla (a sí misma).*

– *Ana puso la chaqueta a su hermana.* ❯ *Ana le puso la chaqueta.*
– **Ana puso la chaqueta a Ana.* ❯ *Ana se puso la chaqueta (a sí misma).*

– *A Ana le gusta otra persona.*
– **A Ana le gusta Ana.* ❯ *Ana se gusta (a sí misma).*

Se como pronombre recíproco

Se usa la forma **se** con las acciones recíprocas. En estos casos, se puede añadir **uno/a/os/as a otro/a/os/as** o **mutuamente**.

– *Ana quiere a su hermana y su hermana quiere a Ana.* ❯ *Ana y su hermana se quieren (una a otra).*
– *Ana le envió mensajes a su hermana y su hermana le envió mensajes a Ana.* ❯ *Ana y su hermana se enviaron mensajes (mutuamente).*

Se como marcador de procesos internos

Con ciertos verbos, la forma **se** sirve para expresar que no hay un agente que realice la acción del verbo. Esta acción se realiza sola sobre el objeto.

– *Ana abre la puerta.*
– *La puerta se abre.*

– *Ana rompió el ordenador.*
– *El ordenador se rompió.*

Funcionan de esta manera verbos como **mover/moverse**, **cubrir/cubrirse**, **llenar/llenarse**, etc.

Se como bloqueador del agente

Con todos los verbos, la forma **se** permite eliminar de la frase el agente de la acción: en la construcción sin **se** el agente es específico (Ana), mientras que en la construcción con **se** el agente es inespecífico (cualquiera, no importa).

– *Ana vende pisos.*
– *Se venden pisos.*

Esta construcción admite dos variantes: pasiva e impersonal. En la variante pasiva, el nombre concuerda con el verbo. En la variante impersonal, el verbo se mantiene en tercera persona del singular.

– *El hospital contrató a 40 médicos.*
– *Se contrataron 40 médicos.*
– *Se contrató a 40 médicos.*

Se como modificador de la construcción de un verbo

Existen verbos que pueden construirse con o sin **se** sin modificar su significado, pero sí su construcción gramatical: la construcción con **se** exige una preposición delante del complemento.

– *Ana olvidó una cita.* ❯ *Ana se olvidó de una cita.*

– *Ana lamenta lo que dijo.* ❯ *Ana se lamenta de lo que dijo.*

Funcionan de esta manera verbos como **aprovechar/aprovecharse** (**de**), **confesar/confesarse** (**de**), etc.

Un caso especial lo constituyen los verbos que describen estados psicológicos, en los que normalmente una situación causa una sensación en una persona.

– *A Ana le molesta el ruido.* ❯ *Ana se molesta por el ruido.*

Sin **se**, la situación (el ruido) funciona como sujeto y la persona como objeto indirecto (OI). Con **se**, la persona es el sujeto, mientras que la situación en un complemento introducido por preposición. Funcionan de este modo verbos como **asustar/asustarse**, **preocupar/preocuparse**, **alegrar/alegrarse**, etc.

Se como modificador del significado de un verbo

Existen verbos que pueden construirse con **se** y sin **se**, pero que tienen significados distintos.

– *Ana ocupa el despacho nuevo.* ❯ *Ana se ocupa de la comunicación de la empresa.*

– *Ana acuerda los precios con los clientes.* ❯ *Ana se acuerda de los precios de hace diez años.*

Funcionan de esta manera verbos como **aplicar/aplicarse**, **dedicar/dedicarse**.

Se como modificador de perspectiva

Con algunos verbos, la presencia de **se** sirve para marcar una diferencia de perspectiva: el verbo significa lo mismo, pero la construcción focaliza el inicio o el final del evento.

1 **Ir/irse**: **irse** focaliza el punto de partida (salir de algún lugar).

– *Fue a casa.* ❯ *Se fue de casa.*

2 **Dormir/dormirse**: **dormirse** focaliza el momento de entrar en el sueño.

– *Durmió ocho horas.* ❯ *Se durmió a las once.*

3 **Comer/comerse**, **beber/beberse**, **leer/leerse**: la forma con **se** focaliza el proceso completo.

– *Comió paella.* (algo incontable) ❯ *Se comió una paella.* (completa)

Se como parte de un verbo pronominal

Algunos verbos se construyen exclusivamente con un pronombre reflexivo (**me/te/se/nos/os/se**). El verbo sin **se** no existe o es muy extraño.

– *Ana se quejó.* ❯ **Ana quejó.*

Funcionan de esta manera verbos como **atragantarse**, **enterarse**, **arrepentirse**, etc.

3 PRONOMBRES REFLEXIVOS TÓNICOS

Tienen significado reflexivo los pronombres que se refieren al sujeto de la misma oración.

– *Laura (S) se (reflexivo) miró en el espejo.*

Pronombres de sujeto	Pronombres reflexivos átonos	Pronombres reflexivos tónicos con preposición
yo	me	mí, conmigo
tú	te	ti, contigo
él, ella, usted	se	sí, él, ella, usted, consigo
nosotros/as	nos	nosotros/as
vosotros/as	os	vosotros/as
ellos, ellas, ustedes	se	sí/ellos/ellas, ustedes, consigo

Detrás de una preposición se usan las formas tónicas.

– *Siempre hablas de ti.*

Atención:

1 La preposición **con** tiene una forma especial en los pronombres reflexivos.

– *Llévalo contigo.*

2 Para la tercera persona gramatical (**él**, **ella**, **usted**), podemos usar la forma reflexiva (**sí**) o el pronombre de sujeto (**él**, **ella**, **usted**).

– *Siempre habla de sí.* ❯ *Siempre habla de él.*

La forma **sí** es más frecuente en registros formales.

3 El adjetivo **mismo** refuerza la interpretación reflexiva.

– *Siempre habla de él mismo.*

Normalmente, es un elemento opcional.

– *Siempre habla de él.*

No obstante, es obligatorio cuando en una frase se repiten un reflexivo átono y uno tónico.

– *Se hace daño a sí mismo.* ❯ **Se hace daño a sí.*

4 USOS DE POR Y PARA

Las preposiciones **por** y **para** tienen significados semejantes, que en muchas lenguas se expresan mediante una sola forma. En la siguiente tabla se intentan sintetizar los principales usos de ambas preposiciones.

	Por	Para
Espacio	‹**por** + **lugar**›: expresamos una ubicación aproximada. – *Estoy por el centro.* ▸ en un lugar indeterminado del centro ‹**por** + **lugar**›: expresamos el trayecto de un movimiento, real o figurado. – *Tuvimos que entrar por la ventana.* – *Te lo envié por correo.*	‹**para** + **lugar**›: expresamos dirección. – *Voy para el centro.* ▸ en dirección al centro, hacia el centro
Tiempo	‹**por** + **parte del día**›: ubicamos un evento en una parte del día. – *He preparado sopa por la mañana.* ▸ en ese momento	‹**para** + **momento**›: expresamos el plazo o el momento apropiado para algo. – *He preparado sopa para mañana.* ▸ comeremos la sopa mañana – *El ejercicio es para el jueves.* ▸ hay que entregar el ejercicio el jueves
Razón	‹**porque**/**por** + **infinitivo**/**nombre**/**pronombre**›: expresamos la causa, una situación previa que tiene un efecto. – *Estaba enfermo. Por eso me quedaba en casa.* ▸ estar enfermo es previo a quedarme en casa – *Me quedaba en casa porque estaba enfermo.*	‹**para** + **que**/**infinitivo**/**nombre**/**pronombre**›: expresamos la finalidad, una situación posterior que queremos conseguir con una acción. – *Tenía que cuidar a mi hijo. Para eso me quedaba en casa.* ▸ cuidar a mi hijo es posterior a quedarme en casa – *Me quedaba en casa para cuidar a mi hijo.* ‹**para** + **nombre**/**infinitivo**, oración principal›: expresamos un posible obstáculo para la afirmación de la oración principal. – *Para ser tan joven* (▸ aunque es muy joven), *es una persona muy madura.*
Personas	‹**por** + **nombre de persona**›: expresamos el agente, la persona que hace algo. – *Las cartas fueron escritas por su mejor amigo.* ▸ su mejor amigo escribió las cartas ‹**por** + **pronombre personal** (**mí**, **ti**, **él**, **ella**, **usted**, etc.)›: expresamos cómo nos afecta una acción. – *Por mí, podemos preparar una cena en casa.* ▸ no me molesta, lo prefiero ‹**hacer algo por alguien**›: realizar una acción en lugar de otra persona. – *Tengo que dar la clase por Patricia.* ▸ en lugar de Patricia, que no puede	‹**para** + **nombre de persona**›: expresamos el destinatario o beneficiario, la persona que recibe algo. – *Las cartas fueron escritas para su mejor amigo.* ▸ su mejor amigo era el destinatario de las cartas ‹**para** + **pronombre personal** (**mí**, **ti**, **nosotros**, etc.)›: introducimos nuestra opinión. – *Para mí, que no está en casa.* ▸ yo creo que no está en casa
Objetos	‹**nombre** + **por** + **infinitivo**›: expresamos que un objeto está pendiente de la acción que se indica en el verbo. – *Tengo un par de exámenes por corregir.* ▸ todavía no he corregido dos exámenes	‹**nombre** + **para** + **infinitivo**›: expresamos que el objeto sirve para la acción que se indica en el verbo. – *Tengo un boli nuevo para corregir.* ▸ el boli sirve para corregir
Otros	‹**nombre cuantificado** + **por** + **nombre**›: expresamos que la magnitud del primer elemento depende del segundo. – *Tenemos un ordenador por estudiante.* – *Nos vemos dos veces por semana.*	

5 USOS Y VALORES DE HASTA

La forma **hasta** funciona como una preposición que introduce el límite espacial o temporal de un evento.

– *Trabajo hasta las nueve todos los días.* ❯ el trabajo termina a las nueve
– *Voy caminando hasta casa.* ❯ el camino termina en casa

En sentido figurado, seguida de partes del cuerpo, podemos expresar molestia o enfado en situaciones informales.

– *Estoy hasta las narices.* ❯ muy enfadado

También funciona como un adverbio, sinónimo de **incluso**, que introduce un elemento extremo, que presentamos como el menos esperable de su clase.

– *La recepción fue un éxito. Asistió hasta (❯ incluso) el embajador.*
  ❯ no esperaba que asistiera el embajador
– *La casa es fantástica. Tiene hasta (❯ incluso) piscina.*
  ❯ no esperaba que tuviera piscina

Con este valor, puede combinarse con otros elementos de significado similar, como **incluso** o **y todo**.

– *Asistió hasta incluso el embajador.*
– *Tiene hasta piscina y todo.*

Las diferencias entre el uso como preposición y como adverbio también afectan a la gramática. Como preposición, **hasta** se combina con la serie de pronombres oblicuos (**mí/ti/sí**, etc.). En cambio, como adverbio, se combina con la serie de pronombres de sujeto (**yo/tú/él**, etc.).

– *El agua llegó hasta mí.* ❯ hasta el lugar donde yo estaba
– *Hasta yo me sorprendí.* ❯ incluso yo

6 SIQUIERA

Usamos el adverbio **siquiera** para destacar un elemento que consideramos el mínimo esperable en una situación, normalmente precedido de palabras de significado negativo.

– *Aprobó el curso sin ir a clase siquiera.* ❯ lo mínimo que espero de un estudiante que aprueba es que vaya a clase
– *Mi compañero de trabajo es muy reservado. No me contó siquiera que tenía un hijo.* ❯ lo mínimo que espero de un compañero de trabajo es que hable de su situación familiar

En estos contextos, normalmente se combina con la partícula **ni** (**ni siquiera**) para expresar una negación intensificada: al negar el elemento mínimo, también se niegan implícitamente otros elementos más esperables.

– *El piso que fuimos a ver era una estafa. No tenía ni siquiera cuarto de baño.* ❯ implica que tampoco tenía terraza, piscina o jacuzzi

Es posible expresar este significado con **ni**, **ni (tan) siquiera** o **siquiera**, aunque existen diferencias de estilo.

– *No tenía ni (tan) siquiera cuarto de baño.* ❯ estándar
– *No tenía ni cuarto de baño.* ❯ informal
– *No tenía siquiera cuarto de baño.* ❯ formal

Cuando **ni siquiera** precede al verbo, no es necesario usar la negación (**no**).

– *El piso que fuimos a ver era una estafa. Ni siquiera tenía cuarto de baño.*

Con menor frecuencia, usamos **siquiera** en contextos en los que no hay una negación previa. Se trata de contextos persuasivos, en los que **siquiera** introduce un elemento o argumento mínimo, que esperamos que nuestro interlocutor acepte.

– *Ve a ver a tu madre, siquiera un rato.* ❯ al menos, pásate un rato
– *Tienes que escucharlo, siquiera sea para confirmar que estás en desacuerdo.* ❯ aunque solo sea para confirmar que estás en desacuerdo

7 ADVERBIOS TERMINADOS EN -MENTE

Usamos los adverbios terminados en **-mente** para describir la manera en que realizamos una acción. Pero también los usamos para expresar nuestra evaluación de una situación.

– *Resolvió el problema lógicamente.* ❯ de forma lógica, recurriendo a principios lógicos
– *Lógicamente, resolvió el problema.* ❯ considero que es lógico que resolviera el problema

Funcionan de este modo, entre otros, los siguientes adverbios:

– *Desgraciadamente, no puedo aceptar su invitación.* ❯ me da pena no poder aceptar su invitación
– *Paradójicamente, Antonia Moya se reencontró con el flamenco en Nueva York.* ❯ es una paradoja que Antonia Moya se reencontrara con el flamenco en Nueva York
– *Afortunadamente, no se produjeron víctimas mortales.* ❯ es una suerte que no se produjeran víctimas mortales

Cuando los adverbios terminados en **-mente** sirven para expresar nuestra evaluación, están separados por una pausa del resto de la oración (una coma en la lengua escrita), y pueden situarse en posición inicial, intermedia o final.

– *Curiosamente, Juan y María suelen hacer vacaciones por separado.*
– *Juan y María, curiosamente, suelen hacer vacaciones por separado.*
– *Juan y María suelen hacer vacaciones por separado, curiosamente.*

8 FUTURO Y CONDICIONAL (HIPÓTESIS)

Usamos las formas de futuro (simple y compuesto) para hacer hipótesis sobre situaciones presentes.

– *¡Fíjate qué cara tiene Mario! ¡Está muy serio! ¿Qué le pasará?*
– *¡Qué raro! Habrá suspendido el examen o estará preocupado por otra cosa...*

Usamos el futuro simple para hablar de situaciones presentes no terminadas en el momento de hablar, de forma equivalente al presente.

Lo sé: presente	Lo supongo: futuro simple
– Luis no ha venido a trabajar.	– Luis no ha venido a trabajar.
– Es que *está* enfermo.	– *Estará* enfermo.
– ¿Dónde está el diccionario?	– ¿Dónde está el diccionario?
– *Está* encima de mi mesa.	– *Estará* encima de mi mesa.

Usamos el futuro compuesto para hablar de situaciones terminadas en el espacio actual (**hoy**, **esta mañana**, **esta semana**, etc.), de forma equivalente al pretérito perfecto.

Lo sé: pretérito perfecto	Lo supongo: futuro compuesto
– Tienes mala cara.	– Pepe tiene mala cara.
– Es que *he dormido* poco.	– *Habrá dormido* poco.
– ¿Dónde está el diccionario?	– ¿Dónde está el diccionario?
– Me lo *he dejado* en la universidad.	– Me lo *habré dejado* en la universidad.

Asimismo, usamos las formas de condicional (simple y compuesto) para hacer hipótesis sobre situaciones pasadas.

– ¿Viste qué cara tenía Mario ayer? ¡Estaba muy serio! ¿Qué le *pasaría*?

– ¡Ya! ¡Es raro! *Habría suspendido* el examen o *estaría* preocupado por otra cosa... No sé, ya hablaré con él...

Usamos el condicional simple para hablar de situaciones (terminadas o no) situadas en un espacio no actual (**ayer**, **la semana pasada**, **entonces**), de forma equivalente al pretérito imperfecto o indefinido.

Lo sé: pretérito imperfecto o indefinido	Lo supongo: condicional simple
– Luis no vino ayer a trabajar.	– Luis no vino ayer a trabajar.
– Es que *estaba* enfermo.	– *Estaría* enfermo.
– ¿Dónde pusiste el diccionario?	– ¿Dónde pusiste el diccionario?
– Lo *dejé* encima de mi mesa.	– No sé, lo *dejaría* encima de mi mesa.

Usamos el condicional compuesto para hablar de situaciones anteriores a un momento del pasado, de forma equivalente al pretérito pluscuamperfecto.

Lo sé: pretérito pluscuamperfecto	Lo supongo: condicional compuesto
– Ayer tenías mala cara.	– Pepe tenía mala cara ayer.
– Es que *había dormido* poco.	– *Habría dormido* poco.
– Ayer no encontré el diccionario.	– Ayer no encontré el diccionario de Luis.
– Es que se lo *había dejado* a Ana.	– Se lo *habría dejado* a Ana.

9 PERÍFRASIS VERBALES

Las **perífrasis verbales** son combinaciones de dos verbos: un verbo en forma personal y un verbo en forma no personal (**infinitivo**, **gerundio** o **participio**). El verbo en forma no personal mantiene su significado habitual, mientras que el verbo en forma personal tiene un significado más abstracto.

– *Tengo que comer.* ▸ obligación

– *Estoy comiendo.* ▸ acción en desarrollo

– *Voy a comer.* ▸ futuro, intención, inminencia

Usamos las perífrasis para expresar significados relacionados con la evaluación que hace el sujeto del evento descrito por la forma personal (obligación, posibilidad, capacidad, etc.) o con la estructura temporal de este evento (anterioridad, futuridad, habitualidad; inicio, desarrollo, final; etc.). En este apartado, nos ocuparemos de dos tipos de perífrasis: las de obligación y las de fase.

9.1 Perífrasis de obligación

Usamos cuatro perífrasis verbales para expresar obligación: <**deber** + **infinitivo**>, <**tener que** + **infinitivo**>, <**haber de** + **infinitivo**> y <**haber que** + **infinitivo**>.

– *El Estado debe garantizar el acceso a la sanidad.*

– *El Estado tiene que garantizar el acceso a la sanidad.*

– *El Estado ha de garantizar el acceso a la sanidad.*

– *Hay que garantizar el acceso a la sanidad.*

Las perífrasis <**deber** + **infinitivo**> y <**tener que** + **infinitivo**> se diferencian en el tipo de obligación que expresan: <**deber** + **infinitivo**> se relaciona con las normas aceptadas o deseables en un contexto, mientras que <**tener que** + **infinitivo**> se relaciona con las necesidades impuestas por la situación.

– *Algunos estudiantes tienen que faltar a clase.* ▸ se ven obligados a ello, por su situación personal, por ejemplo

– *Algunos estudiantes deben faltar a clase.* ▸ es lo que se considera deseable; esta frase resulta extraña

La perífrasis <**haber de** + **infinitivo**> tiene una interpretación cercana al futuro, especialmente en ciertas variedades del español.

– *Juan ha de venir la semana próxima.* ▸ va a venir la semana próxima

Finalmente, la perífrasis <**haber que** + **infinitivo**> se construye sin sujeto. Por ello, la usamos en contextos en los que queremos expresar recomendaciones generales o en contextos en los que no queremos o podemos identificar al sujeto al que atribuimos la obligación.

– *Para mantener el peso, hay que hacer ejercicio.* ▸ todo el mundo, en general

– *La situación de los refugiados es insostenible. Hay que hacer algo urgentemente.* ▸ alguien, los políticos, el Gobierno, los ciudadanos, etc.

9.2 Perífrasis de fase

Muchas perífrasis verbales sirven para poner de relieve en qué fase se encuentra un evento: inicio, desarrollo o final. A continuación, vamos a revisar el funcionamiento de algunas de estas perífrasis.

9.2.1 Inicio

‹comenzar a + infinitivo›, ‹empezar a + infinitivo› y ‹ponerse a + infinitivo›

Usamos estas perífrasis para indicar el inicio de la acción.

– *Comencé a estudiar español hace un año.*
– *Empecé a estudiar español hace un año.*
– *Me puse a estudiar español hace un año.*

‹**ponerse a** + **infinitivo**› tiene dos características especiales: (I) expresa un inicio rápido, sin transición, y (II) suele combinarse con sujetos agentes, que controlan la acción.

– *Mi abuela empezó a perder la memoria.* vs. **Mi abuela se puso a perder la memoria.*

Además de estas perífrasis, existen otras combinaciones que solo admiten un número restringido de infinitivos.

1. **romper a** → llorar · reír · gritar · aplaudir · llover
2. **echarse a** → llorar · reír · temblar
3. **echar a** → andar · caminar · correr · rodar

9.2.2 Desarrollo

seguir + gerundio / sin + infinitivo

Usamos ‹**seguir** + **gerundio**› para expresar la continuidad de un evento.

– *María sigue trabajando en la universidad.* ▸ María todavía trabaja en la universidad

En su forma negativa, ‹**seguir** + **sin** + **infinitivo**›, indica que un evento no se ha completado en contra de nuestras expectativas.

– *María sigue sin encontrar trabajo.* ▸ María todavía no ha encontrado trabajo, a pesar de que lleva un tiempo buscando

ir + gerundio

Usamos esta perífrasis para indicar que un evento se desarrolla de manera gradual, en diferentes fases o estadios, normalmente orientado hacia un resultado final.

– *Voy escribiendo algunas partes de mi tesis.* ▸ trabajo en mi tesis de forma intermitente, en diferentes fases
– *María va trabajando en la universidad.* ▸ hace diferentes trabajos o tareas, no trabaja de forma continua

En ciertos contextos, significa el inicio de un evento que se desarrolla de forma gradual.

– *Vayan preparando el material para el examen.* ▸ empiecen a sacar de sus bolsas las cosas que necesitan para hacer el examen

– *Por favor, no me esperéis, id comiendo el segundo plato.* ▸ empezad a comer el segundo plato

venir + gerundio

Usamos esta perífrasis para indicar que un proceso se desarrolla por fases a partir de un momento anterior, normalmente acompañada de complementos temporales que indican el límite inicial o final del proceso.

– *María viene trabajando en la universidad.* ▸ desde hace un tiempo
– *¿Y qué te parece lo que ha venido haciendo hasta ahora?*
– *Vengo pensando en este problema desde hace unos meses.*

Su significado es similar al de la perífrasis ‹**estar** + **gerundio**›. Sin embargo, esta última tiene un significado más general: no implica que el proceso se desarrolle por fases a partir de un momento anterior.

– *María está trabajando en la universidad.* ▸ ahora trabaja en la universidad, no sabemos desde cuándo
– *Estoy pensando en este problema desde hace unos meses.* ▸ pienso en el problema de forma continua, no por fases

Con verbos que describen medidas, tiene un valor de aproximación.

– *El litro de leche viene costando un euro.* ▸ cuesta aproximadamente un euro
– *En los últimos meses, vengo pesando unos setenta kilos.* ▸ peso aproximadamente unos setenta kilos

9.2.3 Interrupción

dejar + de + infinitivo

Esta perífrasis sirve para indicar que un evento se ha interrumpido.

– *María ha dejado de trabajar para la universidad.* ▸ María ya no trabaja para la universidad

A diferencia de ‹**terminar** + **de** + **infinitivo**›, usamos ‹**dejar** + **de** + **infinitivo**› cuando queremos poner de relieve que el evento no ha llegado hasta su final previsto, sino que se ha interrumpido antes de llegar a su final.

– *Los abogados terminaron de hablar.* ▸ la conversación llegó al final
– *Los abogados dejaron de hablar.* ▸ la conversación se interrumpió por algún motivo, un desacuerdo, por ejemplo

– *Rubén ha terminado de comer.* ▸ ha acabado su comida
– *Rubén ha dejado de comer.* ▸ está enfermo y no come, por ejemplo

Se usa especialmente para expresar la interrupción de un hábito:

– *Ana ha dejado de fumar.*
– *Laura ha dejado de dar clases por las tardes.*

En su forma negativa, ‹**no dejar** + **de** + **infinitivo**›, sirve para expresar que un evento continúa (a pesar de las expectativas contrarias).

– *María no ha dejado de trabajar en su tesis.* ▸ continúa trabajando en su tesis, aunque alguien pueda pensar lo contrario

9.2.4 Final

terminar + gerundio

Usamos esta perífrasis para situar una acción al final de una serie de acciones o eventos.

– *Ana terminó trabajando en la universidad.* ❯ después de diferentes experiencias profesionales

Normalmente implica una evaluación positiva o negativa de toda la secuencia de acciones.

– *Luis tuvo muy mala suerte. Era un deportista de éxito, pero tuvo una lesión y terminó trabajando en una oficina, que es algo que siempre había odiado.*

Es importante distinguirla de <**terminar** + **de** + **infinitivo**>, que expresa que un evento se ha completado hasta el final.

– *Terminamos de cenar.* ❯ comimos nuestra cena hasta el final
– *Terminamos cenando en un restaurante de comida rápida.* ❯ después de intentar conseguir mesa en otros restaurantes

10 PARTICIPIO PRESENTE

Los participios de presente se forman con los sufijos **-ante** (**amante**), **-ente** (**asistente**) y **-iente** (**durmiente**) y expresan un significado activo (**amante** ❯ la persona que ama; **asistente** ❯ la persona que asiste; **durmiente** ❯ la persona que duerme).

A diferencia de los participios pasados (**amado**, **dormido**), tienen un uso restringido. En ocasiones, funcionan como nombres: **amante**, **delincuente**, **dependiente**, etc.

En registros formales, los participios de presente se usan en construcciones que modifican a nombres, de forma equivalente a las oraciones de relativo.

– *Un dato personal es la información concerniente a individuos concretos.* ❯ que concierne a individuos concretos
– *Debes informar y garantizar el ejercicio de los derechos pertenecientes a los titulares de los datos personales.* ❯ que pertenecen a los titulares de los datos personales

11 INFINITIVO (SIMPLE/COMPUESTO)

La mayoría de los verbos que expresan sentimientos o reacciones emocionales (**gustar**, **odiar**, **agradecer**, **lamentar**, etc.) se construyen con infinitivos cuando coinciden el sujeto del infinitivo y el del verbo principal. En caso contrario, se construyen con la estructura <**que** + **subjuntivo**>.

– *Lamento darte esta noticia.* ❯ yo lo lamento y yo te doy la noticia
– *Lamento que no puedas venir a la fiesta.* ❯ yo lo lamento y tú no vienes

En los contextos en que es necesario el infinitivo, podemos usar un infinitivo simple (**hablar**) o compuesto (**haber hablado**). Usamos el infinitivo simple para expresar eventos simultáneos o posteriores al tiempo del verbo principal. En cambio, usamos el infinitivo compuesto para expresar eventos anteriores al tiempo del verbo principal.

– *Lamento no poder ir a tu fiesta.* ❯ la fiesta es ahora o más tarde
– *Lamento no haber podido ir a tu fiesta.* ❯ la fiesta ya ocurrió

Asimismo, usamos el infinitivo compuesto de forma independiente, como réplica a algo que ha dicho el interlocutor. Mediante esta construcción expresamos una recriminación: algo que nuestro interlocutor debería haber hecho y no hizo.

– *La cena está fría.*
– *Pues haber llegado antes.* ❯ deberías haber llegado antes y, de ese modo, habrías encontrado la cena caliente

12 GERUNDIO

Al igual que el infinitivo (**hablar**) y el participio (**hablado**), el gerundio (**hablando**) es una forma no personal del verbo, puesto que no tiene marcas de persona en su terminación. Por eso, generalmente se combina con un verbo en forma personal, con el que forma una perífrasis verbal.

– *Estaba hablando con Luis.*
– *Siguió hablando con Luis.*
– *Viene hablando mucho con Luis últimamente.*

Asimismo, el gerundio puede emplearse en otras construcciones para realizar diferentes funciones.

1. Describir la situación en que se encuentra una entidad cuando realiza una acción.

   – *Ana llegó a casa llorando.* ❯ Ana estaba llorando cuando llegó a casa

2. Describir la manera en que se realiza una acción.

   – *Entró en casa saltando por la ventana.* ❯ entró en casa de esa manera

3. Expresar una causa o una condición para que se cumpla la acción principal.

   – *Estudiando tan poco* (❯ si estudias tan poco), *no aprobarás el examen.*
   – *Estudiando a conciencia* (❯ como estudió a conciencia), *aprobó el examen.*

4. Expresar un obstáculo que no impide que se cumpla la acción principal.

   – *Estudiando poco* (❯ aunque estudió poco), *aprobó el examen.*

Generalmente el gerundio expresa tiempo simultáneo o anterior a un verbo principal.

– *Ana llegó a casa llorando.* ❯ mientras lloraba
– *Estudiando tan poco* (❯ antes del examen), *no aprobarás el examen.*

Generalmente, se considera incorrecto el uso del gerundio para expresar una relación de posterioridad. En esos casos, se recomienda usar una construcción coordinada con **y**.

– Incorrecto: **Nació en Valencia, traslandándose a León a los cinco años.*
– Correcto: *Nació en Valencia y se trasladó a León a los cinco años.*

13 VERBOS DE SENTIMIENTO

Generalmente los verbos que expresan sentimientos y reacciones emocionales suelen emplearse en la construcción <a alguien (CI) + [me/te/le/nos/os/les (CI)] + verbo + algo/alguien (S)>.

– A Ana le gusta la música.

– A ti te molesta el ruido, ¿no?

– A nosotros nos interesan las nuevas tecnologías.

– A ti te gusto yo.

Es posible expresar significados similares con la construcción <alguien (S) + [me/te/le/nos/os/les (CI)] + tener + sentimiento (cariño, simpatía, asco, etc.) + a alguien/algo (CI)>.

– Le tengo (yo) cariño a tu padre.

– Les tengo (yo) fobia a los gatos.

– Me tienes (tú) envidia, ¿eh?

– Te tiene (él/ella) mucha confianza.

Como sucede en otras construcciones, es normal repetir el pronombre de complemento indirecto. De hecho, las frases sin pronombre resultan extrañas, e incluso incorrectas con pronombres de primera o segunda persona.

– Le tengo cariño a tu padre.

– Tengo cariño a tu padre.

– Te tiene mucho cariño.

– *Tiene mucho cariño a ti.

14 ESTILO INDIRECTO

El estilo indirecto, o discurso referido, sirve para transmitir nuestras palabras o las de nuestros interlocutores.

– Me duele la cabeza.

– ¿Qué?

– Que me duele la cabeza.

– Ayer vi a Pablo y me dijo que le dolía la cabeza.

Para construir una frase en estilo indirecto, es necesario tener en cuenta tres aspectos: la intención comunicativa, el contexto espacio-temporal y la perspectiva temporal.

14.1 La intención comunicativa

La estructura de una frase en estilo indirecto depende de la intención comunicativa de las palabras que queremos transmitir: afirmar, negar, preguntar u ordenar.

1 Afirmar un hecho: <verbo (decir, afirmar, contar) + que + indicativo>

– Este año mejorarán los datos de empleo.
  • El ministro de Economía ha afirmado que este año mejorarán los datos de empleo.

2 Negar un hecho: <verbo (negar, rechazar) + que + subjuntivo> o <verbo (decir, afirmar, contar) + que + no + indicativo>

– No hemos subido los impuestos.
  • El ministro de Economía ha negado que el Gobierno haya subido los impuestos.
  • El ministro de Economía ha afirmado que el Gobierno no ha subido los impuestos.

3 Preguntar: <verbo (preguntar) + interrogativo (qué, quién, dónde...) + indicativo> o <verbo (preguntar) + si + indicativo> (respuestas de sí/no)

– ¿Cuándo van a bajar los impuestos?
  • El portavoz de la oposición ha preguntado cuándo va a bajar el Gobierno los impuestos.

– ¿Van a reducir los impuestos a los productos culturales?
  • El representante de la industria cultural ha preguntado si van a reducir los impuestos a los productos culturales.

4 Ordenar o pedir una acción: <verbo (exigir, pedir, ordenar) + que + subjuntivo>

– Señor presidente del Gobierno, reduzca de una vez los impuestos a los bienes culturales.
  • La directora de la Academia de Cine ha exigido al Gobierno que reduzca los impuestos a los productos culturales.

El verbo **decir** puede reproducir afirmaciones u órdenes. En función de ello, se construye con indicativo o con subjuntivo respectivamente.

– Yo me encargo de comprar el pastel.
  • María me dijo que se encargaba de comprar el pastel.

– Encárgate tú de comprar el pastel.
  • María me dijo que me encargara de comprar el pastel.

Además del verbo **decir**, que es el verbo más frecuente en el discurso indirecto, podemos usar otros verbos que describen con más precisión la intención comunicativa del sujeto:

aclarar	explicar	pedir
afirmar	exponer	precisar
asegurar	expresar	preguntar
comentar	insistir	proponer
contar	invitar	rechazar
declarar	manifestar	recordar
destacar	negar	repetir
exclamar	ordenar	sugerir

En algunos casos, podemos usar un único verbo para resumir las palabras de una conversación:

agradecer	disculparse	quejarse
dar las gracias	felicitar	reprochar
despedirse	protestar	saludar

– Vi a Juan, pero solo un momento. Me saludó, se disculpó porque tenía prisa y se despidió.

14.2 El contexto espacio-temporal

Al reproducir un mensaje, se altera la situación comunicativa original. Este cambio afecta a diferentes tipos de palabras:

1 Las marcas de persona
- *¿Estáis satisfechos con el acuerdo?*
  - *Me preguntó si estábamos satisfechos con el acuerdo.*

2 Las marcas temporales
- *Mañana te enviaré el trabajo.*
  - *Me dijo que me enviaría el trabajo al día siguiente.*

3 Las marcas espaciales (**ir**/**venir**, **traer**/**llevar**, **aquí**/**allí**)
- *Mañana te llevo los apuntes.*
  - *Me dijo que al día siguiente me traería los apuntes.*
- *Aquí no llueve mucho.*
  - *Me dijo que allí no llovía mucho.*
- *¿Voy a tu casa?*
  - *Me preguntó si venía a mi casa.*

14.3 La perspectiva temporal

Cuando reproducimos un mensaje, podemos mantenernos en la misma perspectiva temporal (si el verbo introductor está en presente o pretérito perfecto).

- *Estamos preparando una jornada de huelga general.*
  - *Los sindicatos informan/han informado de que están preparando una jornada de huelga general.*

Sin embargo, normalmente nos situamos en una perspectiva temporal diferente y usamos un verbo introductor en pasado (**dijo**, **manifestó**, **exigió**, etc.), y ello implica un cambio de los tiempos verbales, que experimentan un retroceso.

- *Estamos preparando una jornada de huelga general.*
  - *Los sindicatos informaron de que estaban preparando una jornada de huelga general.*

Tiempo original	Tiempo atrasado (dijo que...)
presente de indicativo – *Como mucho.*	pretérito imperfecto de indicativo – *... comía mucho.*
pretérito perfecto de indicativo – *He comido paella.*	pretérito pluscuamperfecto de indicativo – *... que había comido paella.*
pretérito indefinido – *Comí paella.*	pretérito pluscuamperfecto de indicativo – *... que había comido paella.*
futuro simple – *Mañana comeré paella.*	condicional simple – *... que al día siguiente comería paella.*
futuro compuesto – *Me habré comido la paella en cinco minutos.*	condicional compuesto – *... que se habría comido la paella en cinco minutos.*

Lo mismo sucede con las formas de imperativo y subjuntivo.

Tiempo original	Tiempo atrasado (me dijo que...)
imperativo – *Come.*	pretérito imperfecto de subjuntivo – *... que comiera.*
presente de subjuntivo – *¡Ojalá comamos paella!*	pretérito imperfecto de subjuntivo – *... que ojalá comiéramos paella.*
pretérito perfecto de subjuntivo – *¡Ojalá haya comido paella!*	pretérito pluscuamperfecto de subjuntivo – *... que ojalá hubiera comido paella.*

En ocasiones, podemos elegir usar una forma actual (presente, futuro) o atrasada (imperfecto, condicional) si queremos señalar que los eventos son actuales en el momento de transmitirlos.

- *Me dijo que me llamará esta tarde.* ❯ todavía no me ha llamado, me llamará más tarde
- *Me dijo que me llamaría esta tarde.* ❯ puede que me haya llamado o puede que me llame más tarde
- *Me dijo que está triste.* ❯ ahora también
- *Me dijo que estaba triste.* ❯ no sé si ahora también

15 CORRELACIÓN TEMPORAL EN SUBJUNTIVO

En las estructuras gramaticales <**verbo 1 (indicativo)** + **que** + **verbo 2 (subjuntivo)**>, el tiempo del verbo 2 depende del tiempo del verbo 1. Si el verbo 1 está en presente, pretérito perfecto o futuro, el verbo 2 suele estar en presente de subjuntivo.

- *Pido a los gobernantes que no aumenten los impuestos a los productos culturales.*
- *Ha pedido a los gobernantes que no aumenten los impuestos a los productos culturales.*
- *Pedirá a los gobernantes que no aumenten los impuestos a los productos culturales.*

En cambio, si el verbo 1 está en una forma de pasado o condicional, el verbo 2 suele estar en imperfecto de subjuntivo.

- *Pidió a los gobernantes que no aumentaran los impuestos a los productos culturales.*
- *Pediría a los gobernantes que no aumentaran los impuestos a los productos culturales.*

16 ORACIONES Y CONECTORES FINALES

Usamos las oraciones finales para expresar la finalidad o el objetivo de una acción. Normalmente se construyen con la expresión **para (que)**.

- *Fuimos a Barcelona para conocer a nuestro nuevo sobrino.*
- *He hecho comida de más para que puedas llevarte mañana al trabajo.*

Las oraciones finales admiten dos estructuras gramaticales <**nexo** + **infinitivo**> o <**nexo** + **que** + **subjuntivo**>. Usamos el infinitivo cuando los sujetos del verbo principal y el verbo de la oración final coinciden. Usamos **que** + subjuntivo cuando los sujetos de ambas oraciones son diferentes.

– *Fuimos a Barcelona para conocer a nuestro nuevo sobrino.*
  ❯ el sujeto es **nosotros**
– *He hecho comida de más para que puedas llevarte mañana al trabajo.* ❯ los sujetos son **yo** y **tú**

La estructura <nexo + **que** + subjuntivo> admite dos tiempos verbales: el presente y el imperfecto de subjuntivo. Usamos el presente para hablar de situaciones que son posteriores al momento de hablar (normalmente cuando el verbo de la oración principal está en presente, pretérito perfecto o futuro).

– *Hago siempre comida de más para que puedas llevarte al trabajo.*
– *He hecho comida de más para que puedas llevarte mañana al trabajo.*
– *Mañana haré comida de más para que puedas llevarte al trabajo.*

En cambio, usamos el imperfecto de subjuntivo para hablar de situaciones que son posteriores a un momento del pasado (normalmente cuando el verbo de la oración principal está en un tiempo de pasado o condicional).

– *Ayer hice comida de más para que pudieras llevarte al trabajo.*
– *Si tuviera tiempo, haría comida de más para que pudieras llevarte al trabajo.*

Además de **para** (**que**), podemos usar otros nexos finales:

1 **Neutros formales**: **con el objeto de** (**que**), **con el propósito de** (**que**), **con la intención de** (**que**), **a fin de** (**que**)
   – *Se ha creado un programa nocturno con la intención de permitir el acceso a estudiantes que trabajan.*

2 **Con verbos de movimiento o influencia**: **a** (**que**)
   – *Vinieron a dejarle comida al gato.*

3 **Con valor consecutivo y final**: **de modo que**, **de manera que**
   – *Se han creado nuevas zonas de estudio de modo que los estudiantes puedan trabajar de forma colaborativa.*

4 **Presenta la finalidad como un peligro o un hecho que se debe evitar**: **no sea/fuera que**, **no vaya/fuera a ser que**
   – *Vamos a salir ya, no vaya a ser que perdamos el tren.*

En la lengua oral espontánea también se introducen oraciones finales con la estructura <**que** + subjuntivo>.

– *Mírame, que vea lo que guapo que estás.*

17 ORACIONES Y CONECTORES CONSECUTIVOS

Para expresar consecuencia, podemos usar dos tipos de nexos: conjunciones, como **de modo que**, y conectores discursivos, como **en consecuencia**.

– *Hoy todos podemos dirigirnos a públicos masivos y globales gracias a las redes sociales, de modo que la presión que recae en el famoso para abanderar causas nobles se difumina.*

– *Tener la capacidad de llegar a grandes audiencias era un privilegio en manos de unos pocos, que, en consecuencia, se veían impelidos a aprovechar sus tribunas para defender las causas que consideraban más legitimadas.*

Las conjunciones consecutivas (**por lo que**, **de modo que**, **así que**, **de ahí** (**que**), entre otras) introducen oraciones subordinadas consecutivas y presentan las siguientes características: (I) ocupan la primera posición de la oración que introducen, (II) están separadas de la oración anterior por una coma o punto y coma y (III) no están separadas por un signo de puntuación de la oración que introducen.

– *No me encontraba bien, así que/de modo que/por lo que me quedé en casa.*

El nexo **de ahí** (**que**) presenta dos características especiales: (I) se construye con subjuntivo, puesto que presenta la consecuencia como un hecho ya conocido, y (II) puede construirse con una oración (con **que**) o con un nombre (sin **que**).

– *No me encontraba bien, de ahí que me quedara en casa.*
– *No me encontraba bien, de ahí mi silencio/que estuviera callado.*

Los conectores discursivos consecutivos (**por ello/eso**, **por** (**lo**) **tanto**, **por consiguiente**, **en consecuencia**, **consiguientemente**, **así pues**, entre otros) presentan las siguientes características: (I) pueden ocupar la posición inicial, intermedia o final de la oración y (II) están separados del resto de elementos de la oración mediante pausas (comas en la escritura).

– *La financiación de las pensiones no está asegurada. Por eso, se está planteando aumentar la edad de jubilación.*
– *La financiación de las pensiones no está asegurada. Se está planteando, por consiguiente, aumentar la edad de jubilación.*
– *La financiación de las pensiones no está asegurada. Se está planteando aumentar la edad de jubilación, por lo tanto.*

Asimismo, los conectores discursivos consecutivos pueden afectar a oraciones, pero también a partes de la oración.

– *Vivió una larga enfermedad que lo alejó de su trabajo, su familia, sus amigos y, en consecuencia, de la vida.*

Un caso especial es el nexo **pues**, que puede expresar causa y consecuencia. En posición inicial de la oración que introduce, expresa causa; en cambio, en posición intermedia o final, expresa consecuencia.

– *No pudo hacer frente a los gastos, pues (❯ porque) atravesaba un mal momento.*
– *Atravesaba un mal momento; no pudo, pues (❯ en consecuencia), hacer frente a los gastos.*

18 ORACIONES CONDICIONALES

Las oraciones condicionales se componen, normalmente, de dos partes: una oración subordinada (subrayada en los ejemplos), en que expresamos las circunstancias en las que resulta pertinente un enunciado, y una oración principal, en que se expresa ese enunciado, que puede ser una afirmación (*iremos a la playa*), pero también una pregunta (*¿tendremos clase mañana?*) o una invitación (*queda lasaña en el horno*).

– *Si hace buen tiempo el domingo, iremos a la playa.* ❯ iremos a la playa en esa situación

– *Si el profesor está enfermo, ¿tendremos clase mañana?* ❯ me pregunto si habrá clase a partir de esa situación

– *Si tienes hambre, queda lasaña en el horno.* ❯ te ofrezco lasaña en esa situación

18.1 Selección de tiempos y modos

El nexo condicional más frecuente es **si**, que se construye con verbos en indicativo y en subjuntivo, para expresar diversos grados de probabilidad. Con la estructura <**si** + **presente de indicativo**> presentamos una situación como probable, como algo que puede ocurrir, y suele ir acompañada de oraciones principales en presente/futuro de indicativo o imperativo. Con la estructura <**si** + **imperfecto de subjuntivo**>, presentamos una situación como algo improbable en el futuro o irreal en el presente, y suele ir acompañada de oraciones principales en condicional. Por último, con la estructura <**si** + **pluscuamperfecto de subjuntivo**>, presentamos una situación como algo irreal en el pasado, y suele ir acompañada de oraciones principales en condicional perfecto o pluscuamperfecto de subjuntivo (ambas formas se consideran correctas y expresan el mismo significado).

– *Si termino pronto de trabajar, te envío/enviaré un mensaje.* ❯ es probable que termine pronto de trabajar

– *Si terminas pronto de trabajar, llámame.*

– *Si terminara pronto de trabajar esta tarde, te enviaría un mensaje.* ❯ no creo que termine pronto de trabajar y, en consecuencia, no es probable que te envíe un mensaje

– *Si hablara neerlandés, habría conseguido ese puesto.* ❯ no hablo neerlandés y no conseguí el puesto

– *Si hubiera terminado pronto de trabajar, te habría/hubiera enviado un mensaje.* ❯ no terminé pronto de trabajar y no te envié un mensaje

Esta correspondencia no se cumple en todos los casos. En ocasiones, queremos expresar grados de probabilidad distintos para la oración principal y la subordinada.

– *Si tuvieras algún problema con el pantalón, te lo cambiamos en cualquier momento.* ❯ quiero expresar que es poco probable que tengas un problema con el pantalón y, al mismo tiempo, que es seguro que te lo cambiemos

– *Si estás libre el miércoles, podría buscar un hueco para vernos.* ❯ quiero expresar que quizá tú estés libre el miércoles, pero que no es seguro que yo pueda acordar una cita

Los nexos condicionales que no incluyen **si** (**en caso de que**, **siempre que**, **a no ser que**, etc.) se combinan exclusivamente con formas de subjuntivo (presente, imperfecto o pluscuamperfecto).

– *En caso de que salga pronto de trabajar, te enviaré un mensaje.*

– *En caso de que saliera pronto de trabajar, te enviaría un mensaje.*

– *En caso de que hubiera salido pronto de trabajar, te habría enviado un mensaje.*

18.2 Otros nexos condicionales

Podemos agrupar los nexos condicionales según su significado:

1 Sinónimos de **si** en un registro formal: <**en caso de (que)** + **sustantivo/subjuntivo**> y <**de** + **infinitivo simple/compuesto**>

– *En caso de emergencia, llame a la extensión 001.* ❯ si tiene una emergencia

– *En caso de que hubiera un accidente, llame a la extensión 001.* ❯ si hubiera un accidente

– *De ser ciertas las noticias, te concederán un aumento.* ❯ si fueran ciertas

– *De haberlo sabido, te habría llamado.* ❯ si lo hubiera sabido

2 Introducen un requisito para que algo se cumpla: <**a condición de (que)** + **infinitivo/subjuntivo**>, <**siempre que** + **subjuntivo**>, <**solo si** + **indicativo/subjuntivo (imperfecto o pluscuamperfecto)**>, <**con tal de (que)** + **infinitivo/subjuntivo**>, <**cuando** + **subjuntivo**>

– *Aceptaré su invitación a condición de que pueda llevar a un acompañante.*

3 Introducen una excepción: <**a menos que** + **subjuntivo**>, <**a no ser que** + **subjuntivo**>, <**excepto si/que** + **indicativo/subjuntivo**>

– *Los trabajadores tienen horario flexible a no ser que haya eventos especiales que obliguen a un horario fijo.*

18.3 <como + subjuntivo>

Además de los nexos anteriores, tiene también valor condicional la construcción <**como** + **subjuntivo**>. Con esta construcción, introducimos una situación contraria a nuestras expectativas, que pueden ser positivas o negativas.

– *Como apruebe el examen, doy una fiesta.* ❯ tengo pocas esperanzas de aprobar

– *Como vengan tus padres, vamos a tener que darles una explicación.* ❯ espero que no vengan tus padres

En muchos casos, tiene un matiz negativo, y se emplea para expresar advertencias o amenazas.

– *Como no tengas cuidado, te cortarás.*

– *Como no te comas la comida, no tendrás postre.*

Con este valor de advertencia o amenaza, podemos dejar implícita la oración principal, que nuestro interlocutor puede imaginar.

– *Como me vuelvas a gritar...* ❯ me iré, te dejaré de hablar, terminaré esta conversación...

– *Como digas algo...* ❯ no te vuelvo a contar nada, no te vuelvo a hablar...

Finalmente, en combinación con **no** (<**como no** + **subjuntivo**>), sirve para introducir una hipótesis improbable, que el hablante considera como la única explicación razonable para un problema o enigma.

– *No encuentro la tableta por ningún sitio.*

– *Ni idea. Como no la tengan los niños...* ❯ no sé si los niños están usando la tableta, pero creo que es la única explicación razonable

18.4 ‹como si + imperfecto/pluscuamperfecto de subjuntivo›

Con la estructura ‹**como si** + **imperfecto**/**pluscuamperfecto de subjuntivo**› describimos una situación comparándola con otra situación hipotética.

– *Me miraba como si fuera el demonio.* ❯ me miraba con odio o terror

Al igual que en las construcciones condicionales, usamos la forma del imperfecto de subjuntivo para expresar situaciones no terminadas. Es compatible con expresiones temporales de simultaneidad, como **ahora** o **en ese momento**.

– *Me habla como si fuera su enemigo.* ❯ ahora
– *Me habló como si fuera su enemigo.* ❯ en ese momento

Usamos la forma del pluscuamperfecto de subjuntivo para expresar situaciones terminadas. Es compatible con expresiones temporales de anterioridad, como **antes de ahora** o **antes de ese momento**.

– *Me hablas como si te hubiera insultado.* ❯ antes de ahora

Asimismo, podemos usar esta construcción de forma independiente, como respuesta a algo que nos parece inapropiado.

– *Te ordeno que me entregues las llaves.*
– *¡Como si fueras tú el dueño!*

19 ORACIONES CONCESIVAS

Las oraciones concesivas se componen, normalmente, de dos partes: una oración subordinada (subrayada en los ejemplos), en que expresamos circunstancias desfavorables (obstáculos) a lo que se afirma en la oración principal, que suele ser una afirmación (*iremos a la playa*), pero también una pregunta (*¿tendremos clase la semana que viene?*) o una invitación (*queda lasaña en el horno*).

– *Aunque llueva el domingo, iremos a la playa.* ❯ normalmente, si llueve, la gente no va a la playa
– *Aunque quizá ya lo haya dicho, ¿tendremos clase la semana que viene?* ❯ si alguien ya ha dado una información, no es pertinente volver a preguntar
– *Aunque a lo mejor ya has cenado, queda lasaña en el horno.* ❯ normalmente, si la gente ha cenado, no tiene más hambre

19.1 Selección de tiempos y modos

El nexo concesivo más frecuente es **aunque**, que se construye con verbos en indicativo y en subjuntivo, para expresar diversos matices. Con la estructura ‹**aunque** + **presente de indicativo**› presentamos el obstáculo como una situación real y novedosa.

– *Aunque me encuentro mal, iré a la cena.* ❯ es verdad que me encuentro mal y probablemente mi interlocutor no lo sabe

Usamos la estructura ‹**aunque** + **presente de subjuntivo**› cuando no podemos afirmar el obstáculo (no sabemos si es real o no) o no es necesario afirmarlo, porque lo presentamos como algo conocido en la situación.

– *Aunque mañana me encuentre mal, iré a la cena.* ❯ no afirmo si mañana me encontraré mal o no, porque aún no lo sé o porque no es importante
– *Ana, tienes mala cara. No te veas obligada a ir a la cena.*
– *No, ya hemos confirmado asistencia; aunque me encuentre mal, iré.* ❯ mi interlocutor ya sabe que me encuentro mal

Usamos la estructura ‹**aunque** + **imperfecto de subjuntivo**› cuando presentamos el obstáculo como una situación improbable en el futuro o irreal en el presente.

– *Aunque mañana me encontrara mal, iría a la cena.* ❯ no creo que mañana esté enfermo
– *Aunque tuviera veinte años, no haría deportes de aventura.* ❯ ya no tengo veinte años

Por último, usamos la estructura ‹**aunque** + **pluscuamperfecto de subjuntivo**› para presentar un obstáculo irreal en el pasado.

– *Aunque me hubiera encontrado mal, habría ido a la cena.* ❯ no me encontré mal, pero no habría sido un problema

19.2 Otras estructuras concesivas

‹si bien + indicativo›

Esta estructura es propia de la lengua formal. La frase con **si bien** reconoce como cierto un argumento y al mismo tiempo presenta ese argumento como más débil que el expresado en la oración principal.

– *Si bien las cifras de ocupación han mejorado, el panorama de desempleo sigue siendo alarmante.* ❯ acepto que es cierto que han mejorado las cifras de empleo, pero presento el desempleo como un problema grave

a pesar de (que)/pese a (que)

Las locuciones **a pesar de** (**que**) y **pese a** (**que**) son también propias de la lengua formal. Resultan muy útiles porque pueden combinarse con verbos en indicativo y subjuntivo, infinitivos, nombres y pronombres neutros.

– *A pesar de que las cifras de ocupación han mejorado, el panorama de desempleo sigue siendo alarmante.*
– *A pesar de que las cifras de ocupación hayan mejorado, el panorama de desempleo sigue siendo alarmante.*
– *Pese a mejorar, las cifras de desempleo siguen siendo alarmantes.*
– *A pesar de la mejora de las cifras de ocupación, el panorama de desempleo sigue siendo alarmante.*
– *Las cifras de ocupación han mejorado. Pese a ello/eso, el panorama de desempleo sigue siendo alarmante.*

‹por + más/muy/mucho + que + verbo›

Usamos la construcción ‹**por** + **más**/**muy**/**mucho** + **que** + **verbo**› para expresar que el grado o la cantidad de una entidad, expresada mediante un nombre, adjetivo, adverbio o verbo, no impide afirmar el contenido de la oración principal. En estas construcciones alternan los cuantificadores **más** y **muy**/**mucho** sin cambio de significado.

– *Por mucho/más café que beba, sigo teniendo sueño.* ❯ no importa la cantidad de café que beba

- *Por muy/más guapo que sea, siempre habrá alguien más guapo.*
  ▸ no importa lo guapo que sea
- *Por muy/más lejos que me fuera, siempre me encontraba.* ▸ no importa lo lejos que me iba
- *Por mucho/más que coma, nunca engorda.* ▸ no importa cuánto come

Estas estructuras se construyen habitualmente con subjuntivo, puesto que indican que el argumento no es relevante, pero también aceptan el indicativo cuando queremos afirmar el hecho que se describe.

- *Por más horas que trabaje, siempre queda algo por hacer.*
  ▸ no afirmo si trabajo muchas horas o no
- *Por más horas que trabajo, siempre queda algo por hacer.*
  ▸ afirmo que trabajo muchas horas

‹con + artículo (+ nombre/adjetivo) + que + indicativo›

En contextos informales, usamos la construcción ‹**con** + **artículo** (+ **nombre/adjetivo**) + **que** + **indicativo**› para contraponer un argumento, que presentamos como real, con una conclusión contraria.

- *Con el dinero que tiene* (▸ aunque tiene mucho dinero), *(y) nunca invita a nada.*
- *Con las horas que trabajo* (▸ aunque trabajo muchas horas), *siempre me quedan cosas por hacer.*
- *Con lo feo que es* (▸ aunque es muy feo), *liga muchísimo.*
- *Con lo que estudia* (▸ aunque estudia mucho), *no aprueba.*

Pueden usarse de forma independiente, normalmente como réplica a una intervención del interlocutor.

- *He suspendido el examen de conducir.*
- *¡Qué pena! ¡Con lo que habías estudiado!*

Esta construcción puede también recibir una interpretación causal.

- *Con lo que estudió* (▸ aunque estudió mucho), *suspendió el examen.*
- *Con lo que estudió* (▸ como estudió mucho), *aprobó el examen.*

‹aun + gerundio›

También expresa un significado concesivo la construcción ‹**aun** + **gerundio**›, que permite hacer referencia a situaciones presentes o pasadas.

- *Aun estudiando todos los días* (▸ aunque estudio todos los días), *no consigo buenas notas.*
- *Aun estudiando todos los días* (▸ aunque estudié todos los días), *no conseguí una buena nota.*

El adverbio aun no es obligatorio en esta construcción, pero se usa muy frecuentemente para destacar la interpretación concesiva, dado que el gerundio puede recibir distintas interpretaciones.

Estudiando todos los días [=¿aunque estudio todos los días, como estudio todos los días, si estudio todos los días?], *no consigo buenas notas.*

20 ORACIONES TEMPORALES

Usamos las oraciones subordinadas temporales para ubicar temporalmente un evento en relación con otro.

- *Voy al gimnasio cuando salgo de clase.*
- *Voy al gimnasio.* ▸ por las tardes, los viernes, después de clase, etc.

Las oraciones subordinadas temporales nos permiten expresar eventos posteriores, simultáneos o anteriores al evento expresado en la oración principal.

- *Hablé con Ana antes de hablar contigo.* ▸ primero hablé con Ana y después contigo
- *Hablé con Ana mientras preparaba la cena.* ▸ los dos eventos son simultáneos
- *Hablé con Ana después de cenar.* ▸ primero cené y después hablé con Ana

En cuanto a las construcciones que expresan simultaneidad, existen dos tipos. Las construcciones del primer tipo expresan solamente simultaneidad.

- *Escuchaba las noticias mientras preparaba la cena.*
- *Escuchaba las noticias cuando preparaba la cena.*
- *Escuchaba las noticias al mismo tiempo que preparaba la cena.*
- *Escuchaba las noticias a la vez que preparaba la cena.*

Las construcciones del segundo tipo expresan una relación entre dos eventos que se incrementan gradualmente. Por eso, se combinan con frecuencia con la perífrasis ‹**ir** + **gerundio**›.

- *A medida que iba estudiando, entendía mejor el tema.*
- *Conforme iba estudiando, entendía mejor el tema.*
- *Según iba estudiando, entendía mejor el tema.*

Estas construcciones se combinan con formas de indicativo cuando se refieren a eventos presentes o pasados.

- *Escucho las noticias mientras preparo la cena.*
- *Escuchaba las noticias mientras preparaba la cena.*

Con presente de subjuntivo, algunas de estas construcciones combinan un significado temporal (futuro) y condicional, especialmente **cuando** y **mientras**.

- *Cuando vayas a la universidad* (▸ si vas a la universidad), *recibirás tu asignación mensual.*
- *Mientras asistas a clase* (▸ si asistes a clase), *recibirás tu asignación mensual.*

21 RECURSOS DE ATENUACIÓN O REFUERZO

Contamos con diferentes recursos que nos permiten matizar cuál es nuestra posición con respecto de una determinada afirmación.

- *La imagen del fondo de pantalla refleja nuestra personalidad.*
- *En un cierto sentido, la imagen del fondo de pantalla refleja nuestra personalidad.*
- *Es evidente que la imagen del fondo de pantalla refleja nuestra personalidad.*

– *La imagen del fondo de pantalla refleja nuestra personalidad. De hecho, existen estudios que correlacionan estos dos aspectos.*

21.1 Recursos para atenuar una aserción

Al parecer / según parece / a lo que parece

Con estas expresiones, indicamos que poseemos un conocimiento indirecto de lo que estamos afirmando (se trata de una deducción o algo que hemos leído o escuchado en otro lugar).

– *Al parecer, la imagen del fondo de pantalla refleja nuestra personalidad.*

Uso del condicional

Con el uso del condicional, nos distanciamos de una afirmación al situarla en una situación hipotética.

La imagen del fondo de pantalla reflejaría nuestra personalidad. ▸ no lo afirmo

– *La imagen del fondo de pantalla refleja nuestra personalidad.* ▸ lo afirmo

De alguna manera / en cierto sentido

Con estas expresiones, indicamos que la afirmación que estamos realizando es aproximada y puede no ser completamente cierta.

– *De alguna manera, la imagen del fondo de pantalla refleja nuestra personalidad.*

21.2 Recursos para reforzar una aserción

Con toda probabilidad / con toda seguridad

Con estas expresiones, indicamos un alto grado de seguridad con respecto a la certeza de nuestra afirmación.

– *Con toda seguridad, la imagen del fondo de pantalla refleja nuestra personalidad.*

Sin (ninguna) duda / sin (ningún) género de duda

Con estas expresiones, indicamos nuestra total convicción en la certeza de nuestra afirmación.

– *Sin duda, la imagen del fondo de pantalla refleja nuestra personalidad.*

Es evidente que / está claro que

Con estas expresiones presentamos nuestra afirmación como un hecho evidente y compartido con otras personas.

– *Está claro que la imagen del fondo de pantalla refleja nuestra personalidad.*

De hecho / no en vano / en efecto / en el fondo

Con estas expresiones, introducimos un argumento que refuerza la afirmación anterior.

– *La imagen del fondo de pantalla refleja nuestra personalidad. En efecto, son muchos los experimentos que han demostrado una correlación significativa entre ambos aspectos.*

22 RECURSOS DE GENERALIZACIÓN

Algunas expresiones nos permiten evitar referirnos a nosotros mismos y presentar una afirmación como un hecho general.

– *Yo me planteo cambiar mi estilo de vida.*
– *Tú te planteas cambiar tu estilo de vida.*
– *Uno se plantea cambiar su estilo de vida.*
– *Cada cual se plantea cambiar su estilo de vida.*

23 RECURSOS DE COMPARACIÓN

23.1 Más / menos (x) que y más / menos (x) de

Usamos las construcciones comparativas para cuantificar una entidad a partir de la comparación con otra entidad.

– *Este año Barcelona ha recibido más turistas que el año pasado.* ▸ comparamos el número de turistas
– *Ana come más que su hermana.* ▸ comparamos la cantidad de comida que comen Ana y su hermana
– *Felipe es más guapo de lo que pensaba.* ▸ comparamos el grado de guapura con mis expectativas

Para introducir el segundo término de una comparación, podemos usar las formas **que** y **de**. Usamos la forma **que** cuando están implicadas dos entidades (personas, lugares o cosas) que se comparan.

– *Mario fuma más que su novia.* ▸ las entidades implicadas son Mario y su novia

Usamos la forma **de** para comparar una entidad con una situación que se toma como punto de referencia. Esta situación se expresa habitualmente mediante la construcción <**el/la/lo** + **que** + **verbo**>.

– *Mario fuma más de lo que debería.*
– *Mario come menos fruta de la que le recomendó la nutricionista.*
– *Mario hace más ejercicio del que yo pensaba.*

También se combina con **de** la construcción <**el/la/lo** + **adjetivo** evaluativo (**aconsejable**, **apropiado**, **deseable**, **esperado**, **justo**, **previsto**, **recomendable**, etc.)>.

– *Mario fuma más de lo debido.*
– *Mario come menos fruta de la recomendable.*
– *Mario hace más ejercicio del esperable.*

23.2 Cuanto más / menos (x), más / menos (x)

Usamos estas construcciones para expresar que el cambio (aumento o disminución) de una magnitud conlleva el cambio de otra magnitud.

– *Cuanto más estudio, menos lo entiendo.* ▸ la cantidad de horas de estudio es inversamente proporcional a la cantidad de comprensión
– *Cuanto mayor se hace, más se parece a su madre.* ▸ se parece más a su madre a medida que crece

El cuantificador **cuanto** concuerda con sustantivos y se mantiene invariable cuando se combina con adjetivos o adverbios.

– *Cuanta más fruta comas, mejor te encontrarás.*
– *Cuanto más guapos son, más creídos también.*
– *Cuanto más cerca vives, más tarde llegas.*

La frase con **cuanto** se construye habitualmente con presente o imperfecto de indicativo, para expresar hábitos presentes o pasados, o presente de subjuntivo, para expresar eventos orientados hacia el futuro.

– *Cuanto más como, más engordo.*
– *Cuanto más comía, más engordaba.*
– *Cuanto más comas, más engordarás.*

23.3 Otras construcciones

Más que vs. más de

Se usa la secuencia **más que** en dos contextos:

1 Para introducir un elemento, que se contrasta con otro que lo amplía o corrige.

 – *Necesitamos más que buenas palabras, necesitamos acciones concretas.*

2 En contextos negativos, para destacar un elemento presentándolo como la única opción.

 – *No hacía más que llorar.* ❯ lo único que hacía era llorar, solamente lloraba

Se usa la secuencia <**más de** + **cantidad**> para expresar una cantidad superior a la señalada.

– *Este semestre tengo más de cien estudiantes.*
– *Más de la mitad de los estudiantes suspendieron la prueba final.*

Las dos construcciones pueden aparecer en contextos negativos, pero con significados distintos.

– *No había más de cincuenta personas.* ❯ no sé cuántas personas había, pero creo que menos de cincuenta
– *No había más que cincuenta personas.* ❯ había solamente cincuenta personas

Antes que

Usamos la secuencia **antes que** para señalar que un elemento es preferible a otro.

– *Prefiere estudiar por la noche antes que madrugar al día siguiente.*

Con valor temporal, se usa la secuencia **antes de**.

– *Antes de hacer un examen, se queda estudiando hasta tarde.*

Mientras que

Usamos la secuencia **mientras que** para expresar un contraste entre dos situaciones.

– *María prefiere levantarse temprano para estudiar, mientras que yo prefiero quedarme estudiando hasta tarde.*

Con valor temporal, se usa la forma **mientras** (sin **que**).

– *Mientras María estudia, yo preparo la cena.*

Todo lo + adjetivo/adverbio + que

Usamos la construcción <**todo lo** + **adjetivo/adverbio** + **que**> para cuantificar el grado de un adjetivo o adverbio en relación con las capacidades del sujeto o las expectativas del hablante.

– *Cantó todo lo bien que pudo.* ❯ tan bien como pudo
– *Cantó todo lo bien que nos habían dicho.* ❯ tan bien como nos habían dicho

Generalmente se usa en contextos negativos para expresar que el grado del adjetivo o adverbio no satisface nuestras expectativas.

– *No fue todo lo buena que esperábamos.* ❯ esperábamos que fuera mejor
– *No cantó todo lo bien que sabe.* ❯ cantó peor de lo que sabe

Lo mismo

La expresión **lo mismo** es la combinación del determinante/pronombre neutro **lo** y el adjetivo **mismo**, y sirve para expresar coincidencia con un elemento identificable en el contexto.

– *Yo compro solo huevos de gallinas en libertad.*
– *Yo hago lo mismo.*
– *Siempre haces lo mismo: quedamos a una hora y te presentas media hora tarde.*

En combinación con **que**, usamos **lo mismo** para comparar dos situaciones contrapuestas, que sirven para ejemplificar una afirmación (subrayada en el ejemplo).

– *Mario es imprevisible. Lo mismo te llama todos los días que no te llama en un mes.*

Finalmente, también usamos **lo mismo** para introducir una hipótesis en situaciones informales, dando a entender que se trata de algo que acabamos de pensar, con un significado equivalente a **igual**.

– *¿Has visto mi teléfono?*
– *No. Lo mismo* (❯ igual) *te lo has dejado en el bar.*

24 QUE INDEPENDIENTE

24.1 <que + subjuntivo>

La construcción <**que** + **subjuntivo**> es una alternativa al imperativo para expresar deseo u obligación en diversas situaciones:

1 Expresar buenos deseos a nuestro interlocutor, muchas veces como forma de despedida.

 – *¡Que descanses!* ❯ antes de ir a dormir
 – *¡Que tengas suerte!* ❯ antes de un examen

2 Expresar malos deseos a nuestro interlocutor o a alguien no presente.

 – *¡Que te den!* ❯ en una discusión
 – *¡Que lo parta un rayo!* ❯ hablando mal de una tercera persona

APÉNDICE G | 187

3 Pedir deseos.

– ¡Dios mío, que se recupere pronto!

4 Expresar orden, obligación o permiso a una tercera persona.

– Yo no puedo ir a recoger a Laura a mediodía.
– Pues que se quede en el comedor del colegio. ❯ Laura debe quedarse en el comedor del colegio
– Mario no se encuentra bien hoy.
– Pues que se quede en casa. ❯ Mario puede quedarse en casa

5 Expresar una orden o una instrucción a una persona no identificable en la situación.

– ¡Que pase el siguiente! ❯ en la sala de espera el médico no sabe quién es el próximo paciente

6 Expresar obligación cuando no hay un sujeto que realice la acción del verbo.

– ¡Que conste que no estoy de acuerdo con ese plan! ❯ no hay un sujeto agente de **constar**

7 Expresar indiferencia.

– Dice Maribel que no le apetece venir a cenar.
– Pues que no venga. ❯ me da igual si no viene

8 Proponer una solución para una tercera persona.

– Miguel no sabe cómo arreglar la lavadora.
– Que llame a un fontanero. ❯ hablo con mi interlocutor y propongo una solución para un problema que afecta a una tercera persona

9 Repetir una orden o expresar una orden con insistencia.

– Ven.
– ¿Cómo?
– Que vengas. ❯ te repito que vengas, porque no me has entendido
– ¡Que me dejes tranquila! ❯ hablo con insistencia, porque mi interlocutor debería haberse dado cuenta de que me está molestando

24.2 ‹que + indicativo›

Usamos la construcción ‹**que** + **indicativo**› para relacionar lo que estamos diciendo con un contexto previo en diferentes situaciones:

1 Para repetir algo que ya hemos dicho o expresar insistencia.

– Estoy cansado.
– ¿Qué?
– ¡Que estoy cansado! ❯ te repito que estoy cansado porque no me has entendido
– ¿Vienes al cine?
– Que no voy. ❯ te lo digo con insistencia porque ya deberías saberlo

2 Para discrepar de nuestro interlocutor haciendo referencia a nuestro conocimiento compartido; en estos contextos alterna con (**pero**) **si**.

– Este año no hemos ido al cine.
– Que fuimos a ver la última de Almodóvar hace dos meses.
– Pero si fuimos a ver la última de Almodóvar hace dos meses.

3 Para avisar a nuestro interlocutor de algo que no ha percibido (con entonación exclamativa).

– ¡Que son las nueve! Tenemos que salir ya o perderemos el tren. ❯ acabo de mirar el reloj
– ¡Que ya empieza! ❯ estoy delante de la tele y empieza un programa que quería ver con mi pareja; la aviso

4 Para retomar un tema del que había hablado antes.

– Oye, que al final trabajo el viernes. ¿Intentamos lo del cine el sábado? ❯ ya habíamos hablado antes de ir al cine el viernes

24.3 ‹¿a que...?›

Usamos la construcción ‹**¿a que...?**› para intentar que nuestro interlocutor esté de acuerdo con lo que hemos dicho, a veces combinado con los adverbios **sí** y **no**.

– ¿A que me queda bien este pantalón? ❯ espero que mi interlocutor responda que sí
– Me queda bien este pantalón. ¿A que sí?
– No me queda bien este pantalón. ¿A que no?

También usamos esta construcción para expresar retos e incluso amenazas.

– ¿A que no sabes a quién vi ayer? ❯ trata de adivinarlo, te va a sorprender
– ¿A que termino antes que tú? ❯ reto a mi interlocutor a llegar antes que yo
– ¿A que te cuelgo el teléfono? ❯ amenazo a mi interlocutor con colgarle el teléfono

25 SI INDEPENDIENTE

Usamos la conjunción **si** para introducir oraciones independientes que cuestionan algún aspecto de la intervención anterior.

– ¿Vamos el domingo a la playa?
– ¡Si el lunes tenemos un examen! ❯ si el lunes tenemos un examen, no me parece adecuado ir a la playa el domingo

Con este valor de réplica, la construcción con **si** tiene las siguientes características: (I) no está acompañada de una oración principal, (II) tiene entonación exclamativa, (III) va muchas veces precedida de **pero** o **pues** y (IV) se combina solo con formas de indicativo.

– ¿Puedes ir tú a recoger a los niños?
– ¡Pero si salgo (~~salga~~) a las 19 h de trabajar! ❯ salgo a las 19 h de trabajar; no me da tiempo de recoger a los niños

Normalmente, usamos esta construcción para reaccionar a algo que ha dicho o hecho nuestro interlocutor, pero también podemos usarla para cuestionar el comportamiento de una tercera persona no presente en la situación.

– ¿Te puedes creer lo que me ha dicho Laura? ¡Que no quiere que vuelva a quedarme de canguro con los niños! ¡Pero si soy una persona responsable! ¡Pero si los he cuidado siempre bien!

ÍNDICE TEMÁTICO

¿A que...?: 187

A (que): 181

A fin de (que): 181

A medida que: 184

A menos que: 182

A no ser que: 182

A pesar de (que): 183

Adverbio:
    terminados en -mente: 175
    en *todo lo X que*: 186

Al parecer: 184

Antes de/que: 185

Así que: 187

Aunque: 183

Cada cual: 185

Comenzar a: 177

Como (no):
    nexo condicional: 182

Como si: 183

Con:
    oraciones concesivas: 184

Con el objeto de (que): 187

Con el propósito de (que): 187

Con la intención de (que): 187

Con tal de (que): 182

Con toda probabilidad: 185

Con toda seguridad: 185

Conforme: 184

Conmigo, contigo, consigo: 173

Condicional:
    condicional o futuro: 175-176
    simple o perfecto: 176
    como recurso de atenuación: 184-185
    en oraciones condicionales: 182

Consiguientemente: 181

Correlación temporal:
    en subjuntivo: 180
    estilo indirecto: 180
    oraciones condicionales: 182

Cuando: 184

Cuanto más/menos: 185

De + infinitivo: 182

De ahí que: 181

De alguna manera: 185

De hecho: 185

De manera/modo que:
    oraciones consecutivas: 181
    oraciones finales: 181

Deber + infinitivo: 176

Decir: 179

Dejar de + infinitivo: 177

Echar(se) a + infinitivo: 177

Empezar a + infinitivo: 177

En caso de que: 182

En cierto sentido: 184

En consecuencia: 181

En efecto: 185

En el fondo: 185

Estar + gerundio: 176

Excepto si/que: 182

Futuro de indicativo:
    futuro o condicional: 175
    simple o perfecto: 176

Gerundio:
    perífrasis con gerundio: 177
    usos: 178

Haber:
    como auxiliar de los tiempos compuestos: 175, 178

Haber de + infinitivo: 176

Haber que + infinitivo: 176

Hasta: 175

Incluso: 175

Infinitivo:
    simple o compuesto: 178, 182

Ir + gerundio: 177, 184

Lo: 172
    en *todo lo X que*: 186
    en *lo mismo*: 186

Más/menos:
    recursos para comparar: 185-186

Más que/más de: 185

Mayor/menor: 185

ÍNDICE TEMÁTICO

Mientras (que):
    oraciones temporales: 184
    recursos para comparar: 186

Mismo: 186

Ni: 175

Ni (tan) siquiera: 175

No en vano: 185

Para:
    para o *por*: 174
    para (que): 180

Participio:
    presente: 178

Perífrasis verbales:
    de obligación: 186
    de fase
        inicio: 177
        desarrollo: 177
        interrupción: 177
        final: 178

Pese a (que): 183

Ponerse a + infinitivo: 177

Por:
    por o *para*: 174

Por consiguiente: 181

Por lo que: 181

Por más/mucho/muy: 183

Presente de subjuntivo:
    correspondencia con el indicativo: 179-180

Pronombres:
    con verbos pronominales: 179
    lo: 172
    interrogativos: 179
    reflexivos tónicos: 173
    se: 172

Pues:
    oraciones consecutivas: 181

Que:
    con indicativo o subjuntivo: 186-187
    en oraciones finales: 181

Romper a + infinitivo: 177

Se: 172

Seguir + gerundio: 177

Seguir sin + infinitivo: 177

Según: 184

Ser:
    en oraciones finales: 181

Si:
    nexo estilo indirecto: 179
    oraciones condicionales: 181
    independiente: 187

Sí:
    pronombre reflexivo tónico: 173

Si bien:
    oraciones concesivas: 183

Siempre que: 182

Sin duda: 185

Siquiera: 175

Tener:
    valor pronominal: 179

Tener que + infinitivo: 176

Terminar + gerundio: 178

Terminar de + infinitivo: 178

Uno: 185

Venir + gerundio: 177

Verbos:
    de sentimiento: 179
    en condicional: 176, 180, 182, 184
    en futuro: 175-176, 180, 182
    en indicativo o subjuntivo: 179, 182, 183, 184, 186-187
    en infinitivo: 176-178, 180-181, 182, 183
    en infinitivo o subjuntivo: 180, 182
    en presente de subjuntivo: 179, 180, 181, 182, 183, 184, 186
    en imperfecto de subjuntivo: 179, 180, 181, 182, 183
    en pretérito perfecto de subjuntivo, 180, 182, 183
    en pluscuamperfecto de subjuntivo: 180, 182, 183, 186

Y todo: 175

NOTAS

NOTAS